日本の聖地解剖図鑑

監修／岡本亮輔
Ryosuke Okamoto

著／えいとえふ
atof

聖地の成り立ちを知れば
日本の今と昔がわかる

JN189909

X-Knowledge

はじめに

日本神話の最高神・天照大御神《あまてらすおおみかみ》を祀る伊勢神宮《いせじんぐう》。

日本一の高さを誇る霊峰・富士山。

樹齢七千年ともいわれる縄文杉《じょうもんすぎ》。

映画『君の名は。』で有名になった須賀《すが》神社横の階段。

この中で「聖地」はどれでしょうか？

答えは……すべてです。

由緒ある神社仏閣も、豊かな自然景観も、アニメの舞台も、そこに「物語」があり、広く知られているならば、「聖地」として成立します。

そもそも「聖地」とはなんでしょうか。本来、聖地とは「宗教上、重要な聖なる土地」を表します。西洋では聖地＝エルサレム（三つの宗教の聖都）を指すほど、宗教的伝承と結びついた言葉です。

ただ、現代の私たちが特定の場所を指して「聖地」というとき、必ずしも宗教的な意味を含んでいるわけではなさそうです。アニメや映画などのファンが縁《ゆかり》ある土地を巡ることを「聖地巡礼」といいますし、近年のパワースポット・ブームの影響も相まって、もっとライトな感覚で、聖地に親しんでいるのではないでしょうか。

聖地という言葉が日本で広く使われるようになるのは明治時代からで、それまで神仏の霊験あらたかな場所は「霊場《れいじょう》」と呼ばれていました。現在、聖地という言葉は、宗教的な解釈を超えて、どんどん広がりつつあります。

本書では、聖地とは「特別な物語があり、広く共有されている場所」と定義しています。誰もが知る有名な場所から、知る人ぞ知る地元の名所まで、なるべく幅広く、各都道府県につき一か所以上は紹介するように厳選しました。特におすすめのアクションがある場合、「歩く」「飲む」などのアイコンつきで紹介しています。地図やルートもできるだけ盛り込んだので、聖地巡りのおともとして、本書を活用していただけたら幸いです。

本書の制作にあたり、基盤となる考えを示してくださり、的確なアドバイスをくださった監修の岡本亮輔先生、本当にありがとうございました。そして素晴らしいイラストの数々を描いてくださった古賀マサヲ様、デザイナーの米倉英弘様、ＤＴＰの竹下隆雄様、エクスナレッジ編集の久保彩子様、本書の制作に関わってくださったすべての方、そして、この本を手に取っていただいた読者の皆様に、この場を借りて深くお礼申し上げます。

えいとえふ

二〇二五年四月

目次

3章 岩石・樹木の聖地

4章 水辺の聖地

5章 神々や英雄の聖地

6章 霊験あらたかな聖地

本書の見方

DATAについて

その聖地に行くと、主にどんな効果があるのか（ご利益）と、主に何をすればいいのか（アクション）を紹介しています。

DATA
ご利益：パワーチャージ
アクション：山に登る

アイコンについて

その聖地ならではのおすすめのアクションを紹介しています。

豆知識について

知ることでその聖地をもっと楽しめる豆知識を紹介しています。

※本書に登場する神様の表記は独自の基準で統一しており、各神社の御祭神の表記と異なる場合があります。

聖地とは特別な「物語」が共有される場所

たとえばこんな場所が聖地になりやすい！

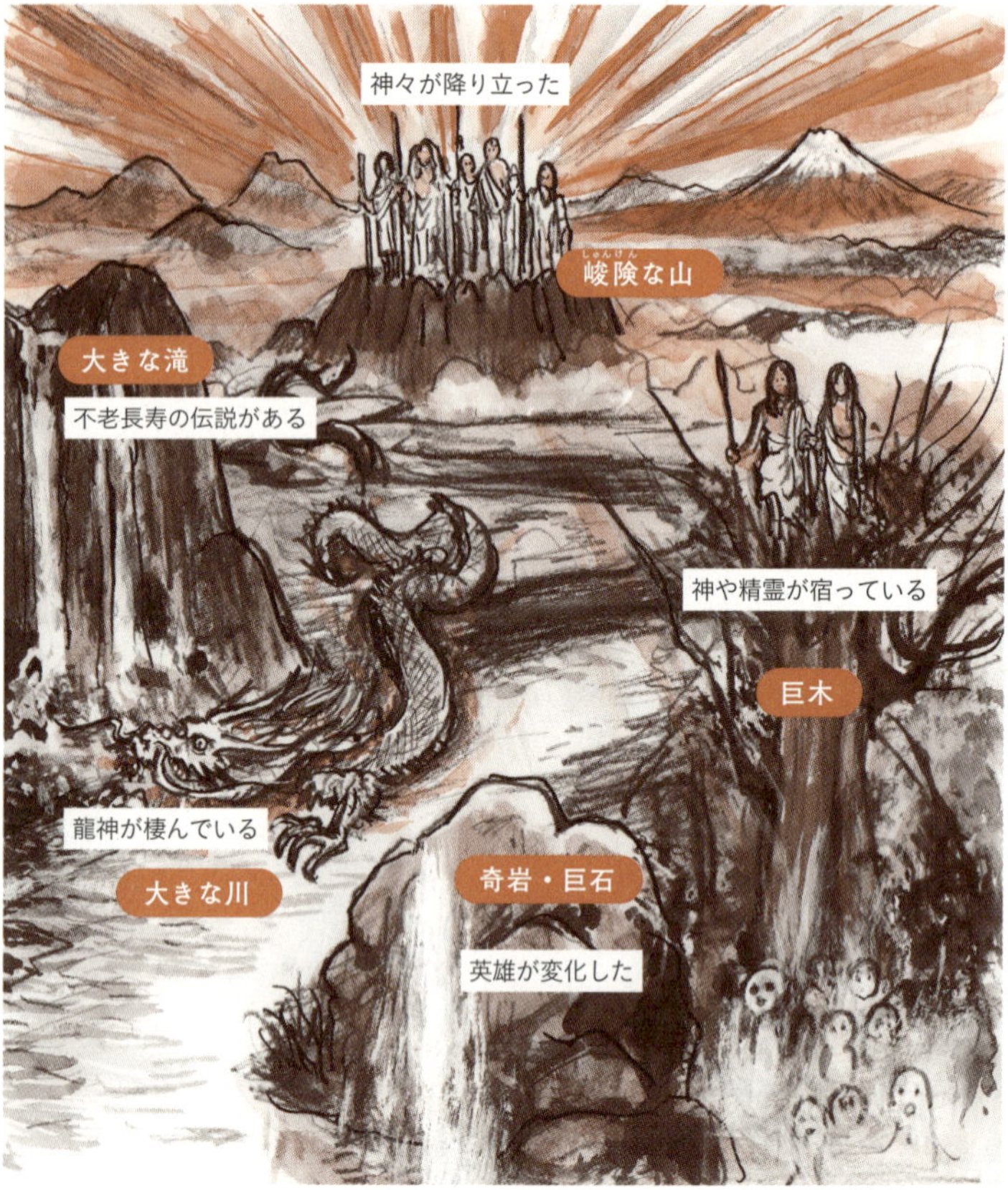
神々が降り立った
峻険《しゅんけん》な山
大きな滝
不老長寿の伝説がある
神や精霊が宿っている
巨木
龍神が棲んでいる
大きな川
奇岩・巨石
英雄が変化した

日本における「聖地」の定義

ほとんどの聖地には「そこに神様が現れた」「英雄が活躍した」というように、なんらかの物語が紐づいている。その物語が、メディアや噂話を通じて多くの人々に共有され、舞台となった場所は聖地として認知されるようになる。

そこで、本書では日本の聖地を「特別な物語があり、人々に広く共有されている場所」と定義してみる。誰も知らない場所は、聖地として成立しないからだ。

さらに、特別な物語は多くの場合、険しい山や川、滝、入江、巨木や巨石といった、自然環境に恵まれた場所で発生しやすいようだ。

日本の信仰と聖地誕生のフロー

信仰の流れ

アニミズム（精霊信仰）

日本では自然の中に神様や精霊のような存在がいると信じられてきた。自然物はもちろん、天候など自然現象も意思や霊魂をもつものとしてとらえられた。

土着の信仰 日本神話の神々

日本神話の神々は『古事記』や『日本書紀』に登場する。その他、自然そのものの神（自然神）や、人々の間で自然発生的に生まれた神（民間神）もいる。

仏教など（海外の宗教）

伝来

神仏習合

6世紀に伝来した仏教が、日本古来の神道と融合。祭祀場（神社やお寺）が作られるようになった。一方、山や木など自然を御神体として祀る、古代の信仰も残される。

物語の誕生

日本独自の聖地誕生

神仏習合して日本独自の信仰体系が生まれるなか、どの段階においてもそれぞれに特別な物語が生まれ、その物語に紐づいた場所が聖地となっていった。

アニミズムと聖地の深い関係

では、なぜ自然豊かな場所に聖地が生まれやすいのだろうか。それは日本の宗教観と深い関係がありそうだ。

日本には古くからアニミズム（精霊信仰）、つまり「ありとあらゆるものに霊魂が宿る」という宗教観（＝古神道）がある。特異な自然物には神々が宿ると考えられたため、そこから物語（神話や伝説）が発生し、聖地となっていったのだろう。

近年話題の「アニメ聖地」

特別な物語があり、広く共有されている場所が聖地だと解釈すると、アニメ聖地も聖地の条件を満たしている。だが、数百〜数千年の長い歴史をもつ寺社の由緒に対し、1クールごとに新たな聖地が誕生するアニメ聖地は、歴史の持続性という点で決定的な違いがあるといえる。

聖地ってなんだろう？

日本における聖地の「三類型」

自然景観の聖地

峻険《しゅんけん》な山や奇岩、樹木、川や滝など、「自然」そのものを御神体として祀る、古代の信仰スタイルが前面に出ている聖地。

富士山（→P30）

縄文杉《じょうもんすぎ》（→P76）

那智《なち》の滝（→P98）

日本における「聖地」の定義

一言で「聖地」といっても、時代や場所によって、その成立過程や歴史はまちまちだ。古くから伝わる聖地をあえて分類するなら、

①自然景観の聖地
②神話・伝説の聖地
③歴史上の人物の聖地

の三つに分けることができる。

ただこうした分類はあくまで便宜的なもので、とらえ方はさまざまだ。すべての要素をもつ聖地もあるだろうし、②よりも①に重きを置いて聖地を定義する人もいるかもしれない。独特の信仰体系をもつ日本においては、こうした多様性も聖地の特徴といえるだろう。

神話・伝説の聖地

世界を創造した神様や、英雄的に活躍する神様など、主に日本神話に登場する神々の「物語」が前面に出ている聖地。

高千穂《たかちほ》（→P24）

出雲《いづも》大社《おおやしろ》（→P22）

太宰府天満宮《だざいふてんまんぐう》（→P136）

歴史上の人物の聖地

誕生地や埋葬地、神様として祀られた社など、その場所に関わりをもつ歴史上の偉人、英雄などの「人物」が前面に出ている聖地。

義経《よしつね》神社（→P131）

人はどうして聖地を生み出すのか？

特定の場所を「聖地」として見つめるとき、私たちはその場所を軸として「世界」をとらえ直しているともいえる。科学が未発達だった古代社会では、世界はいつだって謎に満ちていた。そんな曖昧模糊《あいまいもこ》とした世界に物語が紐づき、秩序と意味を与えた場所が、聖地だ。そう考えると、人が聖地を生み出そうとするのは「世界を理解したい」と思う人間の本能なのかもしれない。

近年のパワースポット・ブーム

パワースポットという言葉は、和製英語。聖地とパワースポットは重なり合っており、場所としての違いは曖昧。情報の拡散が広くて速い現代においては、近年のパワースポット・ブームによりこれまで目立たなかった寺社が再注目されるなど、聖地をライトに親しむ風潮が広がっている。

富山県
立山(→P37)
美女杉(→P83)
剱岳(→P168)

長野県
戸隠山(→P50)
飯縄山(→P61)
諏訪湖(→P90)
戸隠神社(→P117)
諏訪大社(→P121)
善光寺(→P153)
分杭峠(→P167)

長野県・岐阜県
御嶽山(→P61)

岐阜県
養老の滝(→P99)
倭建命の像(→P123)

青森県
恐山(→P38)
十二本ヤス(→P81)
龍馬山義経寺(→P131)
竜飛崎(→P131)
キリストの墓(→P142)

青森県・秋田県
白神山地(→P56)

秋田県
大湯環状列石(→P68)

山形県
出羽三山(→P34)
南洲神社(→P141)

新潟県
新潟総鎮守白山神社(→P154)

北海道
大雪山(→P59)
藻岩山(→P59)
千本ナラ(→P80)
阿寒湖・屈斜路湖・摩周湖(→P100)
登別地獄谷(→P108)
義経神社(→P131)
船魂神社(→P131)

福島県
恵日寺(→P138)
中野不動尊(→P162)

栃木県
日光三山(→P44)
華厳滝(→P99)
大手神社(→P139)
大原神社(→P139)
子の権現(→P139)
佐野厄よけ大師(→P155)

茨城県
筑波山(→P46)
鹿島神宮(→P120)
大雄山海禅寺の七騎塚(→P138)
東福寺(→P138)
延命院(→P139)

東京都
高尾山(→P47)
縁切榎(→P83)
蛇窪神社(→P95)
湯島天満宮(→P137)
将門塚(→P139、P169)
神田明神(→P139)
深大寺(→P140)
西郷隆盛像(→P141)
水天宮(→P156)
豊川稲荷東京別院(→P156)
東京大神宮(→P157)
穴八幡宮(→P157)
浅草寺(→P159)
明治神宮(→P160)
江戸のパワースポット巡り(→P184)

岩手県
鬼の手形(→P74)
浄土ヶ浜(→P104)
神山の秘水(→P106)
高館義経堂(→P131)
千手院(→P131)

宮城県
釣石(→P72)
四口の神竈(御釜神社)(→P84)
金蛇水神社(→P94)
鹽竈神社(→P151)
金華山黄金山神社(→P162)

群馬県
妙義山(→P56)
草津温泉(→P109)

群馬県・長野県
浅間山(→P57)

埼玉県
三峰山(→P58)
秩父今宮神社(→P93)
将門の首塚(→P139)
秩父札所三十四観音霊場巡り(→P186)

千葉県
成田山新勝寺(→P139)
八幡の藪知らず(→P169)

静岡県
久能山(→P37)
秋葉山(→P60)
来宮神社の大楠(→P78)
焼津神社(→P123)
草薙神社(→P123)
修善寺(→P129)
伊豆山神社(→P133)
三嶋大社(→P133)
八幡神社(→P133)

静岡県・山梨県
富士山(→P30)

山梨県
昇仙峡(→P75)
金櫻(→P82)
山高神代桜(→P82)
忍野八海(→P96)

神奈川県
箱根山(→P48)
箱根神社(→P48、P133)
江の島(→P101)
銭洗弁財天宇賀福神社(→P105)
白旗神社(→P130)
鶴岡八幡宮(→P132)
佐助稲荷神社(→P132)
しとどの窟(→P133)
法華堂跡(→P133)
寒川神社(→P152)
鎌倉五山巡り(→P182)

沖縄県
琉球王国の聖地(→P164)

本書に登場する聖地一覧

福岡県
英彦山(→P63)
志賀海神社(→P102)
太宰府天満宮(→P136)
沖ノ島・宗像大社(→P148)

佐賀県
武雄の大楠・夫婦檜(→P79)

長崎県
和多都美神社(→P103)
雲仙地獄(→P108)
ながさき巡礼(→P188)

熊本県
阿蘇山(→P62)

大分県
宇佐神宮(→P161)

宮崎県
高千穂(→P24)
天逆鉾(高千穂峰)(→P25、P84)
亀石(→P73)
青島神社(→P102)
みそぎ池・江田神社(→P116)
天岩戸神社(→P117)
天安河原(→P117)
南洲神社(→P141)

鹿児島県
桜島(→P63)
屋久島・縄文杉(→P76)
蒲生の大楠(→P81)
龍宮神社(→P103)
熊曽の穴(→P123)
南洲墓地(→P141)
南洲神社(→P141)

岡山県
鬼ノ城(→P124)
矢喰の岩(→P125)
楯築神社(→P125)
血吸川(→P125)
赤浜(→P125)
鯉喰神社(→P125)
吉備津神社(→P125)

広島県
弥山(→P53)
素盞嗚神社(→P118)
厳島神社(→P146)

山口県
防府天満宮(→P137)
楊貴妃の墓(→P142)
琴崎八幡宮(→P163)

鳥取県
天の真名井(→P106)
白兎神社(→P158)

島根県
出雲大社(→P22)
隠岐の島(→P104)
比婆山久米神社(→P115)
黄泉比良坂(→P115)
天が淵(→P119)
八重垣神社(→P119)
須我神社(→P119)
須佐神社(→P119)
稲佐の浜(→P121)

滋賀県
多賀大社(→P115)

滋賀県・岐阜県
伊吹山(→P54)

石川県
モーゼの墓(→P142)
珠洲岬(→P166)
入らずの森(氣多大社)(→P168)

福井県
若狭神宮寺の閼伽井(→P107)

京都府
稲荷山(→P52)
貴船神社(→P92)
天橋立(→P114)
元伊勢三社(→P117)
八坂神社(→P118)
晴明神社(→P126)
一条戻橋(→P127)
遍照寺(→P127)
真如堂(→P127)
安井金比羅宮(→P134)
白峯神宮(→P135)
北野天満宮(→P137)
元三大師堂(→P140)
京都五社巡り(→P178)

京都府・滋賀県
比叡山(→P40)

島根
鳥取
石
長崎
佐賀
福岡
山口
広島
岡山
福井
兵庫
京都
岐阜
大分
愛媛
香川
滋賀
熊本
高知
徳島
大阪
鹿児島
宮崎
奈良
三重
愛知
和歌山

徳島県・高知県・愛媛県・香川県
四国八十八ヶ所巡り(→P174)

徳島県
弘法の霊水(→P107)

香川県
善通寺(→P128)
出釈迦寺(→P128)
弥谷寺(→P128)
満濃池(→P128)
金刀比羅宮(→P134、P150)
八十場の清水(→P135)
青海神社(→P135)
白峯寺(→P135)
白峯陵(→P135)

愛媛県
道後温泉(→P109)

高知県
唐人駄場遺跡(→P69)
御厨人窟・神明窟(→P129)

奈良県
吉野山(→P32)
大和三山(→P36)
三輪山(→P55)
御蓋山(→P57)
石舞台古墳(→P70)
室生龍穴神社(→P88)
春日大社(→P120)
石上神宮(→P121)
菅原天満宮(→P137)

大阪府
大鳥大社(→P122)
白鳥陵古墳(→P123)
信太森神社(→P127)
今宮戎神社(→P163)

兵庫県
石の宝殿(生石神社)(→P84)
伊弉諾神宮(→P115)
淡路島(→P155)

愛知県
熱田神宮(→P122)

三重県
伊勢神宮(→P18、P117)
花の窟神社(→P115)

和歌山県
高野山(→P42)
金剛峯寺(→P42、P129)
ゴトビキ岩(→P71)
那智の滝(→P98)

和歌山県・三重県・奈良県・京都府
熊野古道巡り(→P176)

和歌山県・奈良県・大阪府
葛城山系(→P60)

京都府・大阪府・兵庫県・和歌山県・奈良県・滋賀県・岐阜県
西国三十三所巡り(→P180)

column

聖地にまつわる基本用語

本書に登場する大切な言葉や専門用語を集めた。
用語に目を通せば、理解の助けになるはずだ。

神道
古来、日本人の暮らしの中から生まれた信仰。自然神、日本神話に登場する神々、人間神など、八百万の神がいる。

仏教
約2500年前、仏陀（釈迦・釈尊）を開祖として説かれた教え。仏陀の教えに従って修行をおこない、悟りや解脱(涅槃)を目指す。

【一宮（いちのみや）】 神道
神社の社格を表す言葉で、その地域でもっとも格式の高い神社。一宮に継ぐ社格は、二宮（にのみや）・三宮（さんのみや）。

【稲荷（いなり）】 神道 仏教
五穀の神。またその神を祀る神社のこと。狐は稲荷神の神使。

【氏神（うじがみ）】 神道
古代社会で神として祀られていた氏族の先祖。後に、同じ地域で暮らす人々を守る鎮守神や産土神も意味するようになった。

【開山（かいさん）】 仏教
山を開いて寺を建てたことから、初めて寺を建てること。その寺を初めて開いた僧（開基）を指すこともある。

【勧請（かんじょう）】 神道 仏教
遠く離れた神仏の分霊や分身を迎えて、別の土地に祀ること。もとは仏教用語で、人々を救ってくれるよう仏に請願する意味。

【合祀（ごうし）】 神道
2社または2柱以上の御祭神を合わせて1社に祀ること。

【御祭神（ごさいじん）】 神道
神社が祀る神様を表す。

【古刹・名刹（こさつ・めいさつ）】 仏教
古刹は、由緒ある歴史の古い寺のこと。名刹は、名高い寺。

【御神体（ごしんたい）】 神道
神様（神霊）が降臨して宿るもの。神様は常に神社にいるわけではなく、祭りの際に降臨する。

【御本尊（ごほんぞん）】 仏教
寺院や仏壇などに祀られている、もっとも大切な仏像、掛け軸、絵画などを表す。

【権現（ごんげん）】 神道 仏教
日本古来の神々を、人々を救うため現れた仏や菩薩の仮（権）の姿だとする呼び名。

【参詣・参拝】 神道 仏教
参詣は寺社を訪れること。参拝は寺社を訪れて神仏を拝むこと。

【地蔵】 仏教
特に子どもや旅人を守護する地蔵菩薩。通称お地蔵さん。

【修験道（しゅげんどう）】 仏教
日本古来の山岳信仰に、密教や道教などが融合して生まれた仏教の一派。奈良時代の役小角が開祖とされる。修行者は修験者、山伏などと呼ばれた。

【神宮】 神道
「〇〇神宮」と社号がつく場合、御祭神が皇族と縁が深いという。

【神仏習合】 神道 仏教
6世紀の仏教伝来以降、民衆に広まる過程で日本古来の神様と仏様が融合・調和すること。

【神仏判然令】 神道 仏教
神道と仏教を明確に分離し、神仏習合を禁止する明治政府の政策。現在でも鳥居が残るお寺や、神社のあるお寺が多数残っているのは、もともと神道と仏教が共存していた頃の名残。

【創建】
初めて寺社などを建てること。

【大社（たいしゃ）】 神道
古くは「大社」といえば出雲大社（→P22）を表したが、後に同名の神社をまとめる役目を担う由緒ある歴史の古い神社には「〇〇大社」の社号が与えられた。

【鎮守（ちんじゅ）】
その土地や施設を守る神。その神を祀る神社を指す場合もある。

【如来（にょらい）】 仏教
悟りを開いた仏に対する呼び名。

【八幡（はちまん・やはた）】
大分の宇佐に現れた神。応神天皇の化身とされた。武運の神。

【菩薩（ぼさつ）】 仏教
悟りを求める人を意味する。人々を導き、悟りを求めて修行する存在であり、仏の次の位。

【仏（ほとけ）】 仏教
仏陀のこと。悟りを開いた者、目覚めた人を意味する。

【本山・総本山】 仏教
本山は、一宗・一派を統括する寺のこと。総本山は、本山の上位にあり、各本山を統括する寺。

【宮（みや・ぐう）】 神道
「〇〇宮」と社号がつく場合も、皇族と縁が深い神様で、御祭神は親王。神様となった歴史上の人物を祀る神社にも用いられる。

【明神・大明神】 神道
神につける尊称。御祭神の神徳を称える意味をもつ。

1章

日本三大聖地

日本における聖地を語るうえで欠かすことのできないのが、日本という国の成り立ちに関わる神話に関する三つの聖地である。

三大聖地概論

「日本神話」と関わりの深い三つの聖地

日本神話ざっくりエピソード

1 天地開闢《てんちかいびゃく》

天と地が分かれ、神々が生まれる。末に伊邪那岐命と伊邪那美命が誕生。2神は天沼矛《あめのぬぼこ》で海をかき回して作った島に降りる。

2 国生みと神生み

神は多くの島々や神々を生んで日本の基礎を作るが、伊邪那美命は亡くなる。日本神話の最高神・天照大御神は、伊邪那岐命の左目から生まれた。

3 国譲り 出雲大社

高天原（天上界）に住む天照大御神の命により、大国主神は葦原中国（地上界）を譲り、出雲大社に隠居する。

4 天孫降臨《てんそんこうりん》 高千穂

地上界を治めるため、天照大御神の孫（天孫）である迩迩芸命が、天上界から高千穂の地に降臨する。

5 御鎮座《ごちんざ》 伊勢神宮

天照大御神が倭姫命とともに地上界を巡り、気に入った伊勢の地に社を建てる。

日本神話と深い関わりをもつ聖域

一章で紹介する伊勢神宮《いせじんぐう》、出雲《いづも》大社《おおやしろ》、高千穂《たかちほ》は『古事記』『日本書紀』にも記されており、日本神話に深い関わりをもつ聖地だ。

日本神話によると、天照大御神《あまてらすおおみかみ》は神の国である高天原《たかまのはら》（天上界）を統治していた。人間が住む葦原中国《あしはらのなかつくに》（地上界）は須佐之男命《すさのおのみこと》の子孫である大国《おおくに》主神《ぬしのかみ》が治めていたが、天照大御神は統治権を主張。大国主神は天照大御神の孫・迩迩芸命《ににぎのみこと》に地上界を譲ったと伝わる。国譲りの舞台となった場所が出雲大社で、迩迩芸命が降りた地とされるのが高千穂だ。そして、高天原の最高神・天照大御神を祀った場所が、伊勢神宮である。

日本神話ざっくり系譜

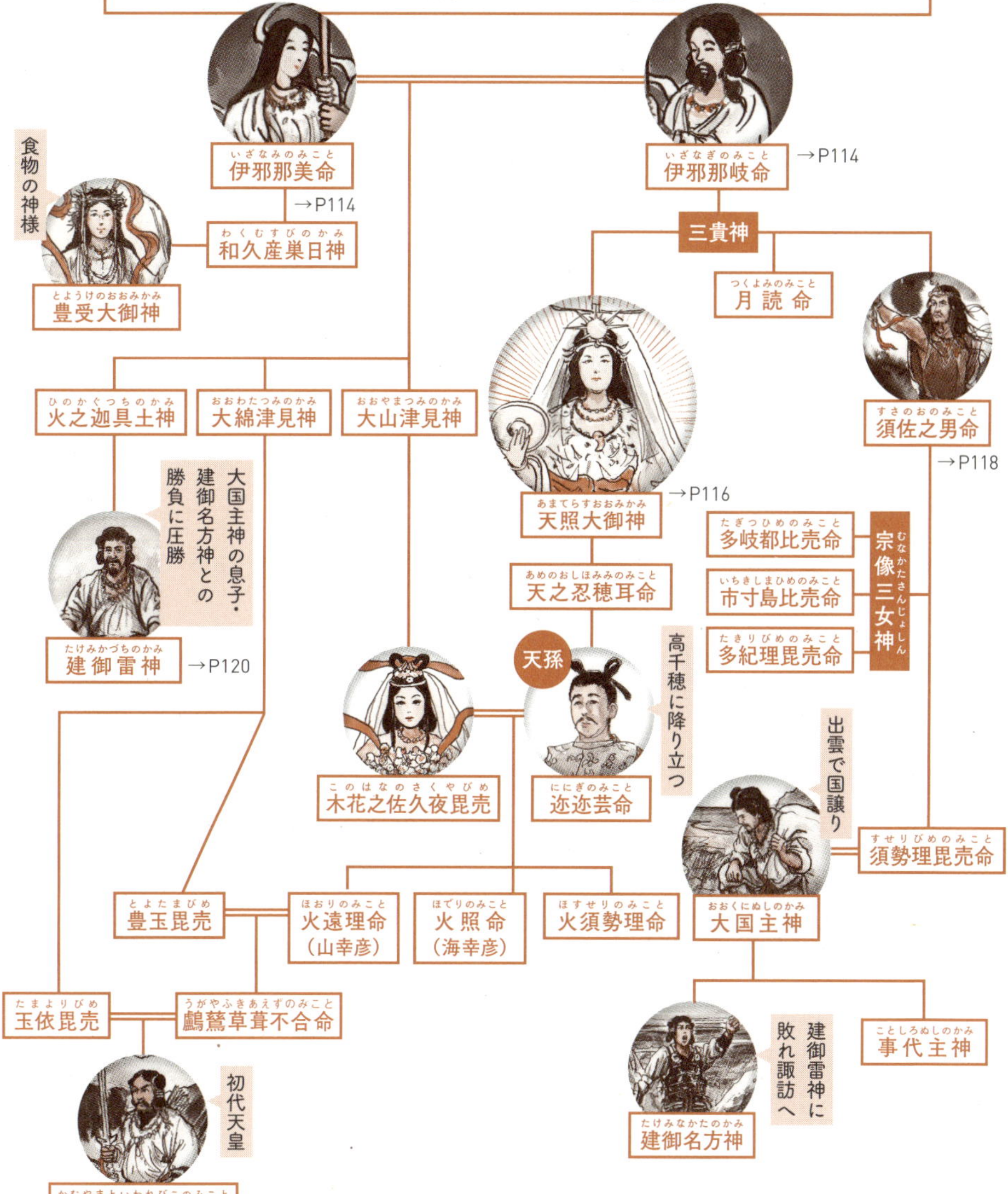

日本神話に登場する主な神々の相関関係を、本書に登場する回数の多い神様を中心にまとめてみた。1章の聖地に関係の深い主な神様として、伊勢神宮は天照大御神や豊受大御神。出雲大社は大国主神、建御雷神、建御名方神。高千穂は迩迩芸命だ。

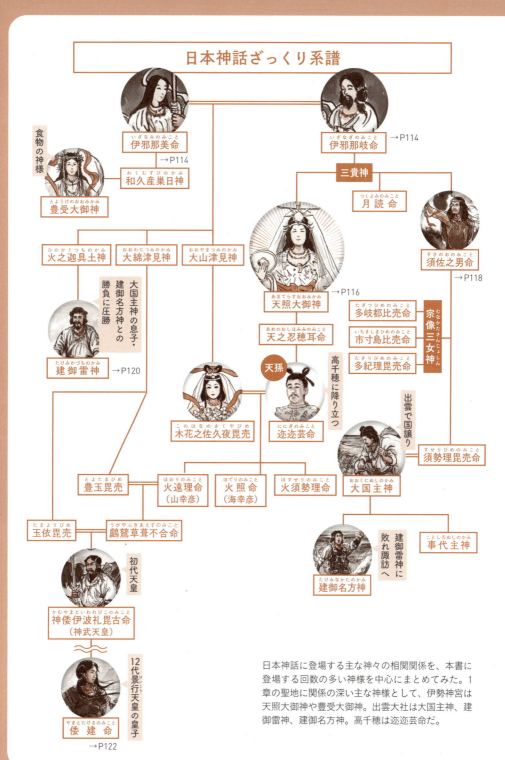

伊《い》勢《せ》神《じん》宮《ぐう》【三重県】

二千年以上の歴史を誇る日本随一の神域

「お伊勢さん」という名で親しまれている由緒ある神社で、正式名称は「神宮《じんぐう》」。日本神話の最高神、天照大御神《あまてらすおおみかみ》を祀る内宮《ないくう》（皇大神宮《こうたいじんぐう》）、すべての産業の守り神である豊受大御神《とようけのおおみかみ》を祀る外宮《げくう》（豊受大神宮《とようけだいじんぐう》）とそれらに次ぐ十四の別宮《べつぐう》がある。これに摂社、末社、所管社を加えた百二十五のすべてを「神宮」と呼ぶ。

古くから日本屈指の聖域とされており、平清盛や足利義満、織田信長など歴史上の人物も訪れている。また、江戸時代には伊勢神宮を一生に一度は参ることが流行した。現在も参拝者は絶えることがなく、全国から老若男女が訪れている。

神宮の神域すべてが強力な力をもつ聖域

伊勢神宮には訪れるべきスポットがたくさんある。ただし、特定の場所に限らず、境内地すべてが神域であり、パワーが満ちているという。

DATA
ご利益：開運、衣食住
アクション：お参りする

外宮（→P19）
伊勢市の中心部に位置するお宮。豊受大御神が御祭神
内宮（→P19）
五十鈴（いすず）川のほとりにあるもっとも尊いお宮。天照大御神が御祭神
伊勢市
御祭神
豊受大御神
五穀豊穣の神で、伊勢神宮では天照大御神の食事を司る御饌都神（みけつかみ）。衣食住、産業の守り神として信仰されている
別宮（→P20）
内宮と外宮の正宮に次ぐお宮で、すべてで14か所ある
御祭神
天照大御神
日本神話の最高神である太陽神。伊邪那岐命（いざなぎのみこと）が禊祓で洗った左目から生まれた。神々が住む天の高天原を治める

十返舎一九による江戸時代の滑稽本『東海道中膝栗毛』は、伊勢参りにまつわる物語。庶民の弥次郎兵衛と喜多八が江戸から伊勢神宮を経て京都・大阪に至る道中の出来事を面白おかしく描いている。当時の伊勢参りの様子を伝える重要な資料でもある。

内宮（皇大神宮）

五十鈴川のほとりに立つお宮で、正宮と10の別宮がある。2000年の歴史がある。御祭神は天照大御神で、三種の神器である八咫鏡《やたのかがみ》を御神体とする。

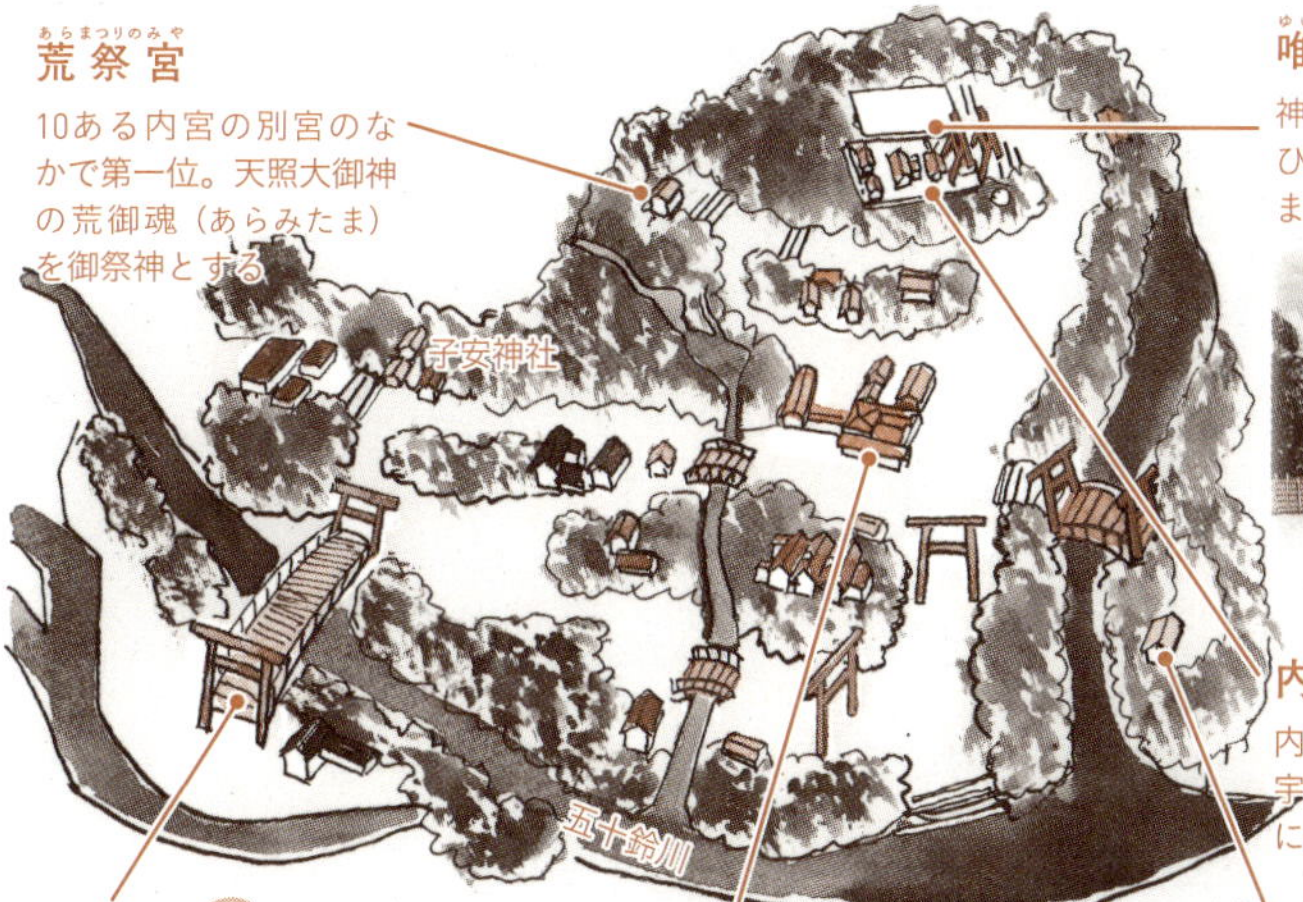

荒祭宮《あらまつりのみや》

10ある内宮の別宮のなかで第一位。天照大御神の荒御魂（あらみたま）を御祭神とする

唯一神明造《ゆいいつしんめいづくり》

神社建築における最古の様式のひとつ。直線的で檜の素木そのままの美しさを活かした形式

内宮正宮《しょうぐう》

参る

内宮の本社。五十鈴川に架かる宇治橋を渡り、参道を進んだ先にある

宇治橋

歩く

日常と神域の間に架かる橋で、内宮への入口。大きな鳥居がある

神楽殿

内宮に至る参道の途中にある、御神楽がおこなわれる場所

風日祈宮《かざひのみのみや》

参る

内宮の別宮。風雨を司る神、級長津彦命（しなつひこのみこと）、級長戸辺命（しなとべのみこと）が御祭神

外宮（豊受大神宮）

伊勢市駅にほど近い場所にあるお宮で、正宮と4つの別宮がある。御祭神は約1500年前に豊受大御神がお迎えされた。

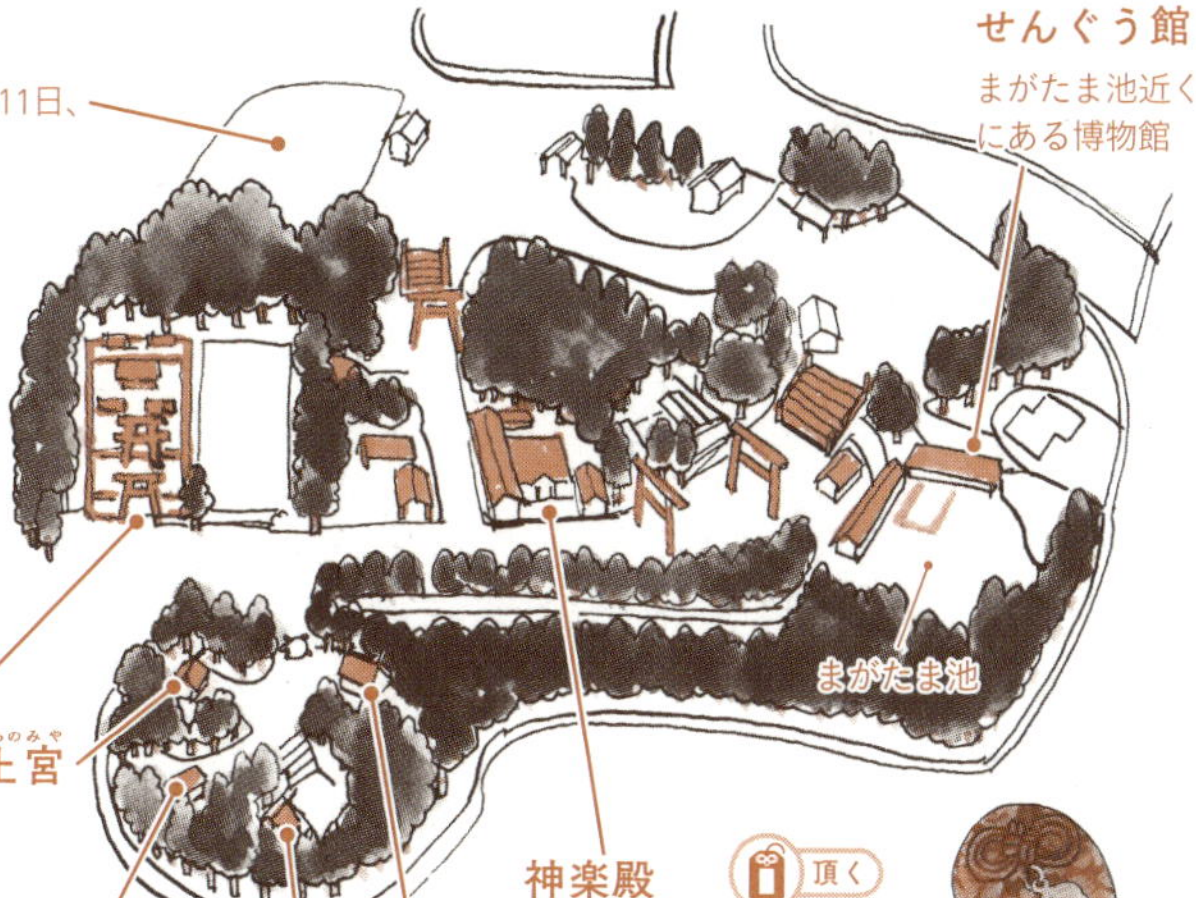

御厩《みうまや》

神馬がいる場所。毎月1日、11日、21日に正宮にお参りする

せんぐう館

まがたま池近くにある博物館

外宮正宮

参る

外宮の本社。御垣内にある御饌殿では、朝夕の2回、神々に食事を備える祭事「日別朝夕大御饌祭（ひごとあさゆうおおみけさい）」がおこなわれている

土宮《つちのみや》

下《しもの》御《み》井《いの》神社

風宮《かぜのみや》

多賀宮《たかのみや》

神楽殿

頂く

御神楽や御饌がおこなわれる御殿。お守りや御朱印が受けられる授与所がある

開運鈴守

江戸時代、多くの人が参詣する中に飼い主のいない犬がいたという記述が各地の記録や浮世絵などに残っている。病で遠出ができない主人の代わりに、伊勢を代参してお札を持ち帰った犬がいたなどの「おかげ犬」の逸話も伝わっている。

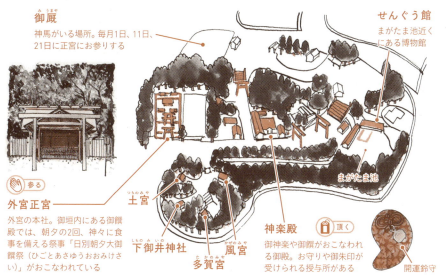

別宮

内宮と外宮の正宮以外のお宮。伊勢市の内外に全部で14の別宮がある。

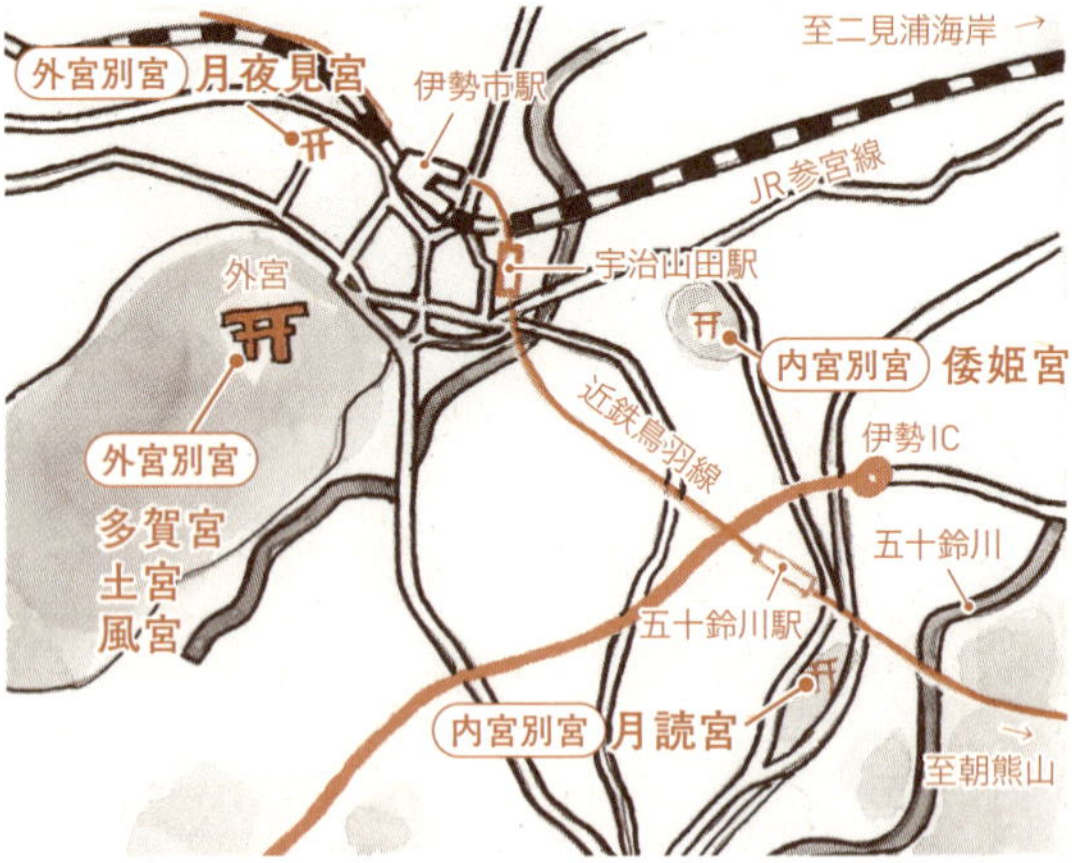

外宮別宮 参る

多賀宮《たかのみや》・土宮《つちのみや》・風宮《かぜのみや》(→P19)

外宮の域内にある別宮。多賀宮は豊受大神荒御魂（とようけのおおみかみのあらみたま）を御祭神とする、外宮第一位の別宮。唯一、東向きに建てられた土宮は、土地の神である大土乃御祖神（おおつちのみおやのかみ）を祀る。風宮は内宮の風日祈宮と同じく級長津彦命（しなつひこのみこと）、級長戸辺命（しなとべのみこと）を御祭神とする

外宮別宮

月夜見宮《つきよみのみや》

参る

外宮の域外にある別宮。月夜見尊（月読命）と月夜見尊荒御魂（つきよみのみことのあらみたま）を御祭神として祀る

内宮別宮 参る

月読宮《つきよみのみや》

内宮の域外にある別宮。天照大御神の弟で暦を司る神、月読命（つくよみのみこと）が御祭神

倭姫宮《やまとひめのみや》

内宮の域外にある別宮で、月読宮のさらに北にある。垂仁天皇の娘である倭姫命（やまとひめのみこと）が御祭神

内宮の近く

お伊勢参りに欠かせない福を呼ぶ神社スポット

内宮の近くには、お伊勢参りのついでに寄り道してみたくなる伊勢神宮以外の聖地も多い。

猿田彦《さるたひこ》神社

体験する

伊勢市内にある神社。日本神話における天孫降臨（→P16）のときに天孫（迩迩芸命）の道案内をした神、猿田彦大神を祀っており、物事をよい方向へと導いてくれる「みちひらき」のご利益がある

拝殿の前にある方角を刻んだ八角の石柱は昔の神殿の跡の目印。触れるとご利益があるともいわれ、ここで祈願する人も多い

宇治神社

体験する

内宮の近く、五十鈴川のほとりにある神社。山神様である大山祇神（おおやまつみのかみ）が御祭神。「足神さん」の名でも呼ばれ、特に足腰の健康にご利益がある。祈願のときは、わらじを奉納する

境内には、体の悪い部分とこの石を交互に撫でて平癒を祈る撫石がある

伊勢神宮についてよりくわしく知りたい場合は、神宮徴古館・農業館や神宮美術館、せんぐう館、神宮文庫などを訪れるのもおすすめ。重要文化財を含む美術品、工芸品や貴重な和書などが収蔵されており、伊勢神宮の歴史に触れることができる。

歩く

江戸時代に一世を風靡した「お伊勢参り」

御祭神の天照大御神は皇室の祖神であり、元々は庶民の個人的な参拝は禁じられていた。
次第に一般の人々が参拝できるようになり、江戸時代には一大ブームとなった。

古来の参拝ルート紹介

二見エリア

夫婦岩

見る

二見浦海岸に鎮座する2つの大小の岩で、大きなしめ縄でつながっている。日の出を拝める鳥居とされ、初夏には2つの岩の間から朝日が昇る

↓

二見浦海岸

↓

二見興玉《ふたみおきたま》神社

参る

夫婦岩がある二見浦海岸にある神社。御祭神は猿田彦大神。お参りすることを禊とし、ここで穢れを落としてから神宮に向かうとよいとされる

↓

伊勢神宮

外宮
（豊受大神宮）

参る

お伊勢参りは「外宮から」が習わし

外宮をまず参拝してから内宮をお参りする。昔から神宮での祭典が外宮から先におこなわれていたことにならっている

↓

古市街道

歩く

かつて、外宮から内宮に向かうときに使われていた道。花街などがあるにぎやかな街道だったが、空襲で焼失。わずかに跡が残る

↓

内宮
（皇大神宮）

↓

朝熊山エリア

金剛證寺《こんごうしょうじ》

参る

神宮の鬼門を守っている寺。お伊勢参りのときはこの寺を詣でるという風習がある

参道に大きな卒塔婆が並ぶ光景が特徴

庶民の間で流行したお伊勢参りだが、江戸から伊勢までの旅路は費用がかさむため負担も大きかった。そこで伊勢を信仰する人々は「伊勢講」という組織を結成し、毎年、組織から数人が代表してお伊勢参りをするという制度を作ったという。

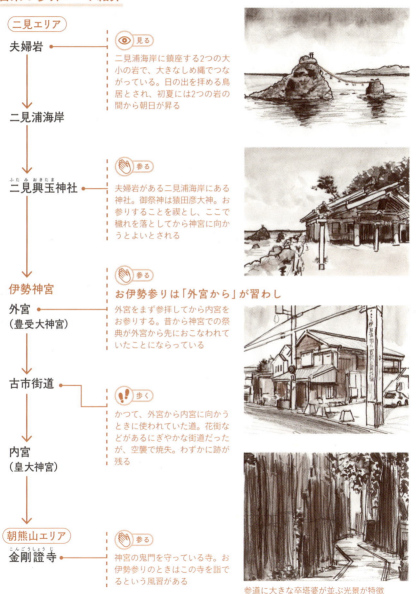

出雲大社《いづもおおやしろ》【島根県】

神話の国に建つ縁を結ぶ神社

日本神話で国造りの神として伝わる大国主神《おおくにぬしのかみ》を祀る、出雲国（現在の島根県）の神社。『古事記』や『日本書紀』によると、大国主神は少《すくな》彦名神《ひこなのかみ》と協力して国を開拓し、農耕や漁業、医療を伝えた。後に天照大御神に国を譲り、代わりに建てられた宮殿で暮らしたという。

大国主神は、須佐之男命《すさのおのみこと》の娘である須勢理毘売命《すせりびめのみこと》と多くの試練を乗り越えて結ばれたことから、縁結びの神様として知られる。出雲大社は日本一の縁結びの聖地といわれ、連日、全国から多くの参拝者が訪れている。男女の縁に限らずあらゆる縁をつなぐご利益があるという。

国を譲る見返りとして造られた神社

大国主神が国譲りをした際に、功績を称えて天照大御神が造った宮殿が、出雲大社の起源といわれている。

大国主神

国造りをした日本神話の神。「因幡の白兎」の伝説（→P158）でも知られる。妻は須佐之男命の娘の須勢理毘売命。「大己貴命（おおなむちのかみ）」「大物主神（おおものぬしのかみ）」「だいこくさま」など別名を多くもつ

古代出雲大社の復元イメージ図

古代の出雲大社は天照大御神の住居と同じように太く長い木の柱、広く厚い板が用いられ、屋根が雲を貫くほど壮大だったと伝わる

DATA
ご利益：縁結び
アクション：お参りする

2000年から2001年にかけて境内から鎌倉時代のものとされる杉の大木が見つかった。これは3本1組で社を支えていたと思われる「宇豆柱」で、当時の社の大きさがうかがえる。古代の出雲大社が巨大な神殿だったという伝説につながる遺跡である。

多くの「縁」を授けてくれる出雲大社

境内は広いので、まずは御本殿をお参りし、瑞垣を左回りに進んでその他の御社殿を巡る。

拝礼の作法は「2礼4拍手1礼」。

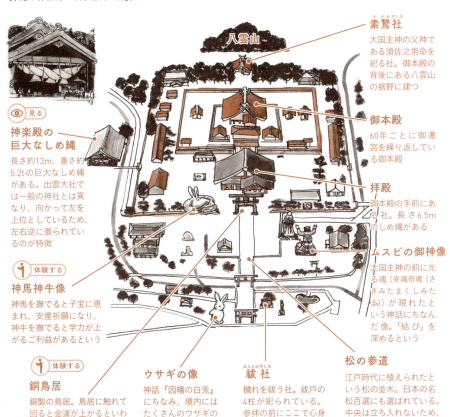

見る

神楽殿の巨大なしめ縄

長さ約13m、重さ約5.2tの巨大なしめ縄がある。出雲大社では一般の神社とは異なり、向かって左を上位としているため、左右逆に張られているのが特徴

体験する

神馬神牛像

神馬を撫でると子宝に恵まれ、安産祈願になり、神牛を撫でると学力が上がるご利益があるという

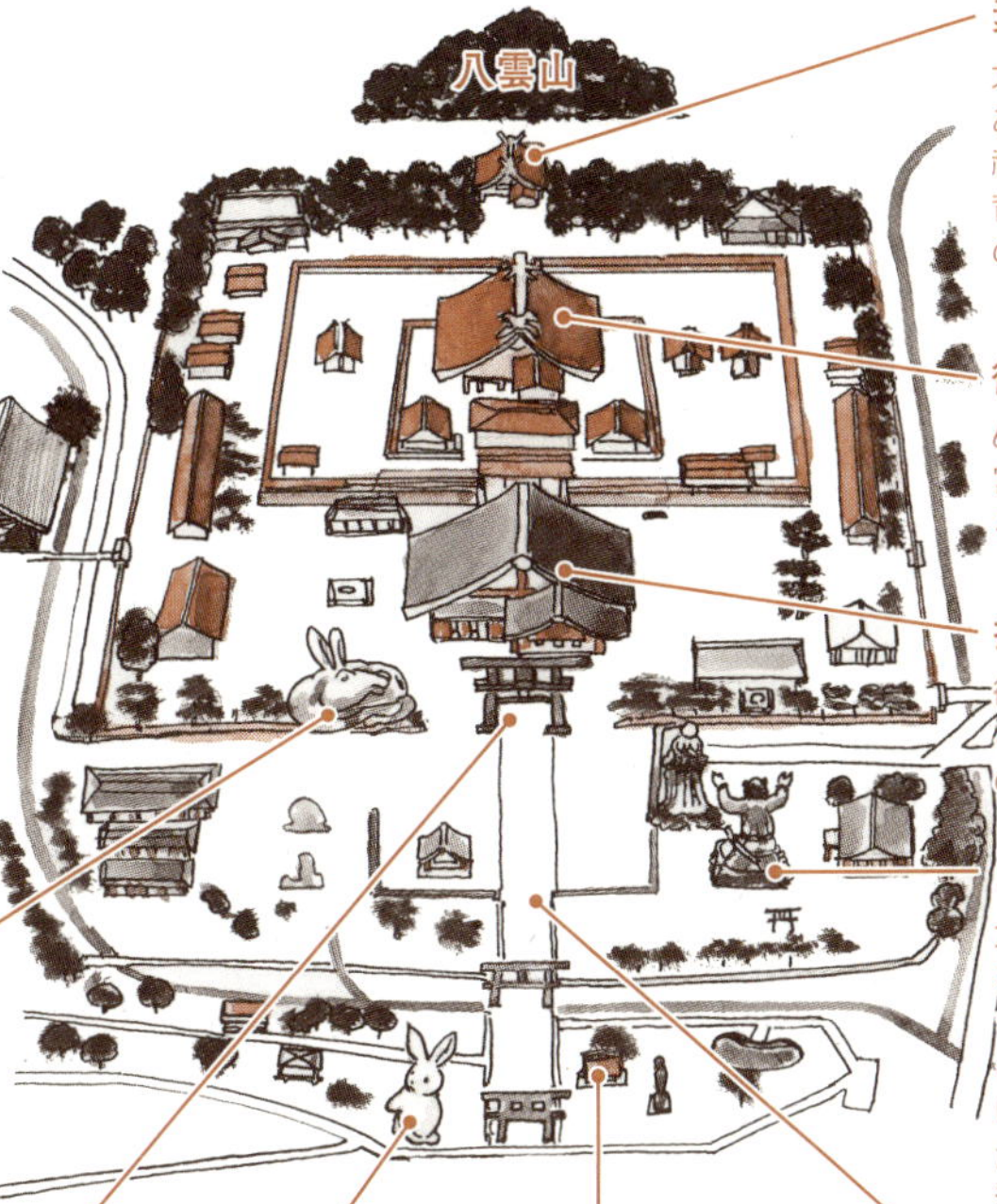

素鵞社《そがのやしろ》

大国主神の父神である須佐之男命を祀る社。御本殿の背後にある八雲山の裾野に建つ

御本殿

60年ごとに御遷宮を繰り返している御本殿

拝殿

御本殿の手前にある社。長さ6.5mのしめ縄がある

ムスビの御神像

大国主神の前に光る魂（幸魂奇魂（さきみたまくしみたま））が現れたという神話にちなんだ像。「結び」を深めるという

体験する

銅鳥居

銅製の鳥居。鳥居に触れて回ると金運が上がるといわれているが、俗説だという

ウサギの像

神話『因幡の白兎』にちなみ、境内にはたくさんのウサギの像がある

祓社《はらえのやしろ》

穢れを祓う社。祓戸の4柱が祀られている。参拝の前にここで心身を清める

松の参道

江戸時代に植えられたという松の並木。日本の名松百選にも選ばれている。中央は立ち入れないため、端を歩く

稲佐の浜　歩く

出雲大社の西側へ800mほどのところにある海岸。「国引き」の神話が伝わっている

浜辺に佇む島。地元では「べんてんさん」と呼ばれている

浜辺で砂をすくって素鵞社の砂と交換しよう

素鵞社で稲佐の浜の砂と交換する　頂く

ここにある砂を頂き、お守りとするという信仰がある。稲佐の浜の砂との交換をすることで持ち帰ることができる

浜から持ってきた砂を備える

箱の中にある砂をいただく

出雲大社のシンボルともいえる巨大な神楽殿のしめ縄。かつて、お賽銭を投げ入れて、しめ縄に刺さると縁起がよいという噂があった。しかし、この行為は神様に対して失礼であり、縁起がよいおこないではない。誤ってお賽銭を投げ入れないようにしよう。

高千穂《たかちほ》【宮崎県】

天孫が降臨した神話が生まれた地

『古事記』などに記されている日本神話で国を治めるために天孫が降り立ったとされる地。国造りの神、大国主神《おおくにぬしのかみ》が国譲り（→P16）をした後に、天照大御神《あまてらすおおみかみ》の孫、迩迩《にに》芸命《ぎのみこと》が天からやってきたという神話の舞台が、宮崎県の北部に位置する高千穂だといわれている。

高千穂には天照大御神の天岩戸《あまのいわと》伝説がある天岩戸神社、神々が集まって審議をしたという天安河原《あまのやすかわら》がある高千穂峡、高千穂神社や槵觸《くしふる》神社など、日本神話にまつわるスポットがたくさんある。観光ガイドと、神話巡りや絶景の高千穂峡を散策するツアーも充実している。

神々が天から地上へと降り立った場所

迩迩芸命は天宇受売命《あめのうずめのみこと》などのお供の神々を連れて、三種の神器を携えて地上に降り立った。猿田毘古神《さるたびこのかみ》は迩迩芸命を地上へと導いた武神。

DATA
ご利益：パワーチャージ
アクション：峡谷に行く

高千穂神社 参る

高千穂にある古社で、御祭神は高千穂皇神（たかちほすめがみ）と十社大明神（じっしゃだいみょうじん）。夜神楽で有名

槵觸神社 参る

迩迩芸命が降り立ったとされる「くしふるの峰」に立つ神社。山そのものを神として崇めている

天孫降臨の場所は諸説ある

「高千穂」の地名は、宮崎県だけでなく、鹿児島県と宮崎県の境にそびえる高千穂峰にもある。どちらにも天孫降臨の地だとする説がある

猿田毘古神
迩迩芸命
天宇受売命

宮崎県
鹿児島県
高千穂町
（高千穂神社、槵觸神社）
高千穂峰
（天逆鉾）

迩迩芸命が天照大御神に授けられた三種の神器とは、八咫鏡（やたのかがみ）、草薙剣（くさなぎのつるぎ）。八尺瓊勾玉（やさかにのまがたま）のこと。現在、八咫鏡は伊勢神宮（→P18）、草薙剣は熱田神宮（→122）、八尺瓊勾玉は皇居にあるといわれている。

神話や伝説のパワーがみなぎる雄大な峡谷

五ヶ瀬《ごかせ》川の上流にある高千穂峡は、天岩戸神話の舞台と伝わっている。

おのころ池

伊邪那岐命（いざなぎのみこと）と伊邪那美命（いざなみのみこと）が産んだとされている「おのころ島」がある池

月形《つきがた》

須佐之男命が形作ったと伝わる三日月の形をした岩

見る

鬼八《きはち》の力石

力自慢の鬼八が投げたと伝わる巨石。重さは推定200t

高千穂で悪行を重ねていた鬼。神武天皇の兄で、高千穂神社の御祭神でもある三毛入野命（みけいりのみこと）に倒された

仙人の屏風岩

屏風のような形に見える岩。渓谷の名所のひとつ

高天原にある神聖な井戸「天の真名井」から湧き出る水だと伝わる

見る

真名井の滝

高さ約17mの滝。天孫降臨の際に水がなかったこの地に水種を移してできたという神話がある

歩く

高千穂盆地を一望できる伝説の丘

高千穂町にある標高513mの国見ヶ丘。神武天皇の孫、建磐龍命（たていわたつのみこと）が「国見」をしたと伝わる。雲海の名所としても知られる見晴らしのよい場所

丘の上には迩迩芸命の像もある

見る

天逆鉾《あまのさかほこ》が立つもうひとつの天孫降臨の地

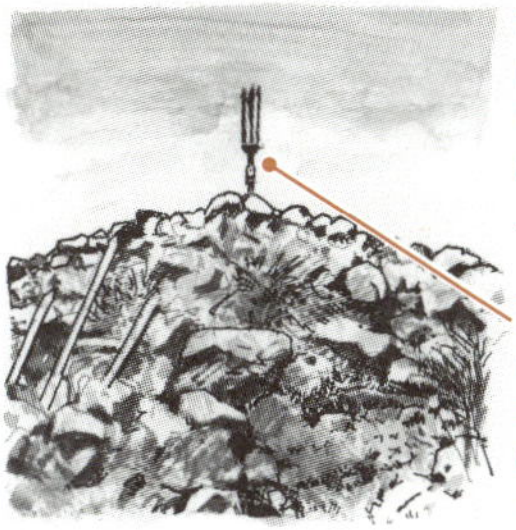

天孫降臨伝説は、宮崎県と鹿児島県にまたがる高千穂峰にも伝わる。この山の頂上にあるのが天逆鉾

天逆鉾は日本神話で伊邪那岐命と伊邪那美命が国産みの際に使用した「天沼矛（あめのぬぼこ）」のこと

三毛入野命に倒された鬼八だが、あまりに強かったため次の日によみがえってしまった。そこで今度は鬼八の体を頭と胴体と手足に分けて、別々の地に埋めた。それぞれを埋めたとされる首塚・胴塚・手足塚と呼ばれる「鬼八塚」が現在も残っている。

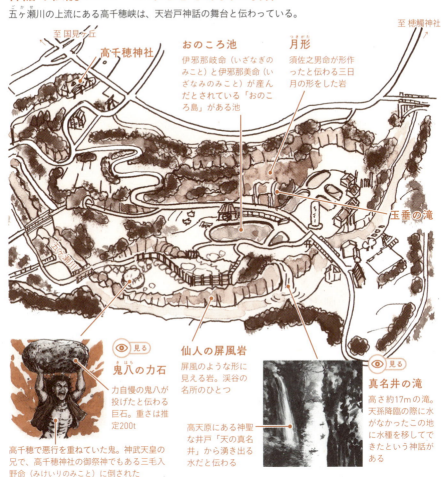

column

神社とお寺の参拝方法

神社とお寺では、参拝方法が異なる。マナーを守り、清らかな気持ちで参拝しよう。

神社

1 鳥居の前で一礼する

鳥居は神社の玄関口。鳥居や参道の中央は神様の通り道なので、片側に寄って進もう。

2 手水舎《ちょうずしゃ》で心身を清める

左手、右手の順に洗う。左手に水を受け口をすすぎ、柄杓の水を柄に流し清めて戻す。

3 賽銭を入れて鈴を鳴らす

軽く一礼後、賽銭は投げ入れず静かに入れる。邪気を払い、神様を呼ぶため鈴を鳴らす。

4 二拝二拍手一拝する

２回深くお辞儀をし、胸の高さで２回拍手。願い事をお祈りしたら、最後にお辞儀をする。

お寺

1 山門で一礼する

寺院は仏様のお住まい。挨拶の一礼をし、山門の敷居は踏まずにまたいで進もう。

2 手水舎で心身を清める

清め方は神社と同じ。左手、右手、口をすすぎ、最後に柄杓の柄を清めて戻そう。

3 賽銭を入れて合掌する

賽銭は投げ入れず静かに入れ、鈴があれば鳴らそう。手は叩かず、静かに手を合わせる。

4 合掌したまま一礼する

お祈りをしたら、手を合わせたまま深くお辞儀をする。最後に一礼してから立ち去ろう。

※寺社によって参拝方法が異なる場合があります。それぞれの場のルールに合わせましょう。

2章

山の聖地

山を仰ぎ見るとき、威風堂々たるその姿に人々は畏敬の念を抱く。山は、もっとも身近で、もっとも遠い聖域である。

山の聖地概論

日本人はなぜ「山を信仰」するのか

親しみと畏怖が混在する異世界としての山

日本の国土の七割以上を占める山岳や丘陵は、水や動植物などの恵みを与える場として里の人々の生活と密接に関わってきた。一方で、険しい山道には危険が多く、洪水や噴火などの災いをもたらす山は畏怖の対象でもあった。

身近でありながらも恐ろしい山は、神霊が宿っている神聖な場所となった。山そのものを神として崇めて、山の神のための祭祀をおこなうようになったのである。

そして聖域である山は、日常とはかけ離れた異世界、つまり「あの世」に通じる場であり、人は死ぬと魂が山に還ると信じられてきた。

修験道《しゅげんどう》の影響で山岳信仰が強まった

このように、古来より山には土着の信仰があった。そして山の聖地化をさらに加速させたのが、仏教伝来以降に広まった修験道だ。修験道の祖・役小角《えんのおづぬ》は、山での修行を経て、霊力を授かったという。山伏が山で修行をして験力《げんりき》を得て加持祈祷をおこなう修験道が盛んになるにつれ、山は里から眺めて拝む対象から、登拝して霊力を得る場となる。

さらに、神仏習合により日本の神は仏や菩薩が権《かり》に現れた姿であるとして、「権現《ごんげん》」という尊称で呼ばれるようになる。各地の霊山に宿る土着の神々は、仏や菩薩の「権現」として信仰を強めていったのである。

富士山《ふじさん》【静岡県・山梨県】

国内随一の霊峰にして日本のシンボル的存在

言わずと知れた日本の最高峰にして、国内最強のパワースポット。古より噴火を繰り返すことで現在の美しい円錐形になり、噴火の溶岩によって、山麓に樹海や湖、洞穴など、独特の地形を生み出した。

富士山への信仰の始まりは、はるか紀元前にさかのぼる。古代の人々は、噴煙を上げ続ける富士山に神の姿を見出して崇め、噴火のおさまった中世以降は、修験者の修行の聖地として発展し、江戸時代になると、多くの民衆の心をつかみ富士講《ふじこう》ブームが巻き起こった。現在も毎年、多くの登山客が足を運び、日本のシンボルとして人々を魅了し続けている。

DATA
ご利益：パワーチャージ
アクション：山に登る

古より崇拝される富士信仰の歴史

古代
自然崇拝

噴火鎮護を浅間大神《あさまのおおかみ》に祈り浅間《せんげん》神社を創建

古来、幾度も噴火を繰り返す富士山は、人々に恐れられ、神の宿る霊山として崇拝された。富士山の神様（浅間大神）を祀った浅間神社は、紀元前27年に創建されたという。

12世紀以降
神の宿る霊山

修験者が富士山中で修行し信仰の霊場を開く

富士山の噴火がおさまってからは、修験者が富士山で修行をおこなうようになる。富士山の登拝がおこなわれ、山頂にお寺が建立される。

江戸時代中期
富士講ブーム

庶民の間で富士登拝が大ブームに

長谷川角行《はせがわかくぎょう》を開祖とした富士講（富士山を信仰する民間信仰）が大流行。江戸庶民の多くが登拝を目指した。

現在に至る

江戸時代の絵師、葛飾北斎（かつしかほくさい）が描いた「富嶽（ふがく）三十六景」は、富士山をモチーフとした浮世絵のシリーズ。36枚に「裏富士」といわれる10枚を加えた46枚がある。通称「赤富士」と呼ばれる「凱風快晴」などがある。

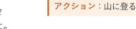

富士山をあがめる浅間神社とは？

富士山の噴火鎮護を願って、富士山を神様（浅間大神）として祀り、創建された浅間神社。浅間神社は全国に1300社余あり、その総本宮が、富士山の麓にある富士山本宮浅間大社（静岡県富士宮市）。

御祭神

木《この》花《はな》之《の》佐《さ》久《く》夜《や》毘《び》売《め》

桜と繁栄の女神。富士山の浅間大神と同一視されて浅間大社に祀られた。木花之佐久夜毘売にちなみ、500本もの桜が植えられている

歩く

富士山火口を巡るお鉢巡り（廻り）

富士山の山頂にあるお鉢（噴火口）を見下ろしながら時計回りに1周するルート。1周約3km

富士山頂上久《く》須《す》志《し》神社（浅間大社東北奥宮）

富士山本宮浅間大社の奥宮の末社。ご来光が美しい場所

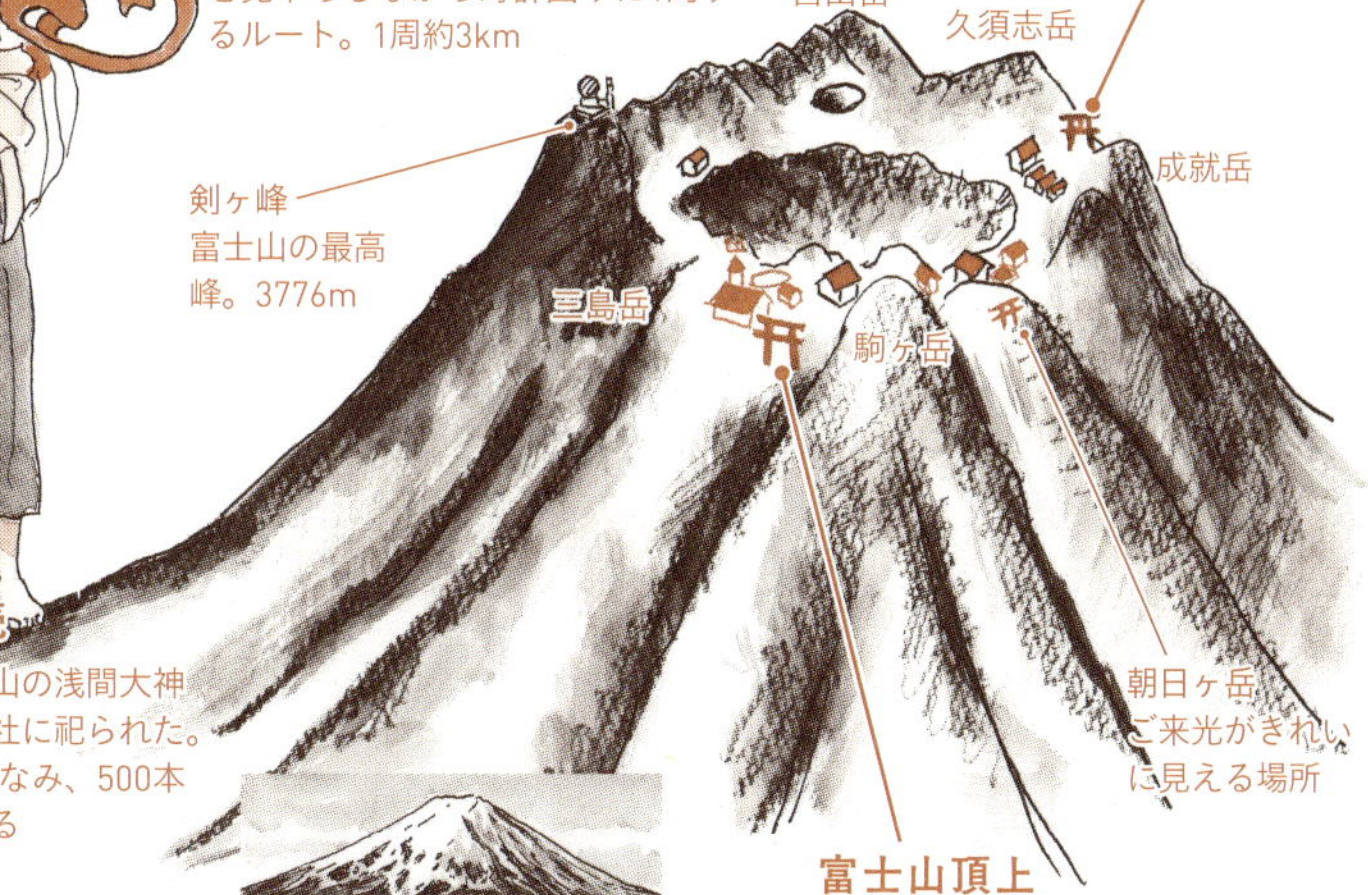

剣ヶ峰
富士山の最高峰。3776m

朝日ヶ岳
ご来光がきれいに見える場所

富士山頂上浅間大社奥宮

山麓にある富士山本宮浅間大社の奥宮。８合目以上は、奥宮の境内地とされる

河口《かわぐち》浅間《あさま》神社の鳥居

河口浅間神社（山梨県）は、富士山の北麓に建つ。神社裏の山中には「天空の鳥居」の建つ遥拝所があり、富士山を御神体として拝むことができる

歩く

富士山には自然のパワースポットがいっぱい

富岳風穴《ふがくふうけつ》

青木ヶ原樹海の中にある、なだらかな横穴洞窟。内部の平均気温は3度で、音が反響しない。洞窟入口は内部から見るとハート型に見える

鳴沢氷穴《なるさわひょうけつ》

青木ヶ原樹海の東の入口にある、竪穴洞窟。年中氷におおわれ、巨大な氷柱が見どころ。洞窟の奥には地獄穴という立ち入り禁止の穴がある

青木《あおき》ヶ《が》原《はら》樹海《じゅかい》

溶岩の上に形成された、周囲約16kmの原生林。さまざまな動植物が生息しており、ガイドツアーもおこなわれている

富士山の五合目から山頂に登る場合は、例年7月から9月上旬の約2か月が開山期間になる。静岡県側からと山梨県側からで山開きの日が異なるため、登山をする場合は事前にしっかり確認が必要だ。

吉野山《よしのやま》【奈良県】

修験道《しゅげんどう》の聖地にして日本随一の桜の名所

古くから日本一の桜の名所として知られる吉野山。吉野山と桜の関係は、約千三百年前にさかのぼる。修験道の開祖・役小角《えんのおづぬ》（役行者）が、吉野山で修行中、金剛蔵王《こんごうざおう》大権現《だいごんげん》が現れ、その姿を山桜の木に刻んだという。以来、桜は蔵王権現を供養する御神木になり、蔵王権現や役小角に対する信仰の証として、信者たちが桜の木を植え続け、今も美しく咲き続けているのだという。

また、吉野山は修験道の霊場であり、吉野・大峯《おおみね》と熊野三山《くまのさんざん》を結ぶ修行の道は「大峯奥駈道《おおみねおくがけみち》」と呼ばれる。役小角が開いたとされる道で、今日でも修行がおこなわれている。

吉野山の全体図

吉野山とは、大峯連山の北の端から吉野川南岸に渡り約8km続く尾根の総称。その桜の数は約3万本、種類は約200種といわれており、山全体が世界遺産として登録されている。エリアは大きく4つに分かれ、下千本、中千本、上千本、奥千本。見頃は4月上旬から下旬で、麓の下千本から順番に開花し、山を桜色に染め上げていく。

DATA
ご利益：パワーチャージ
アクション：山に登る

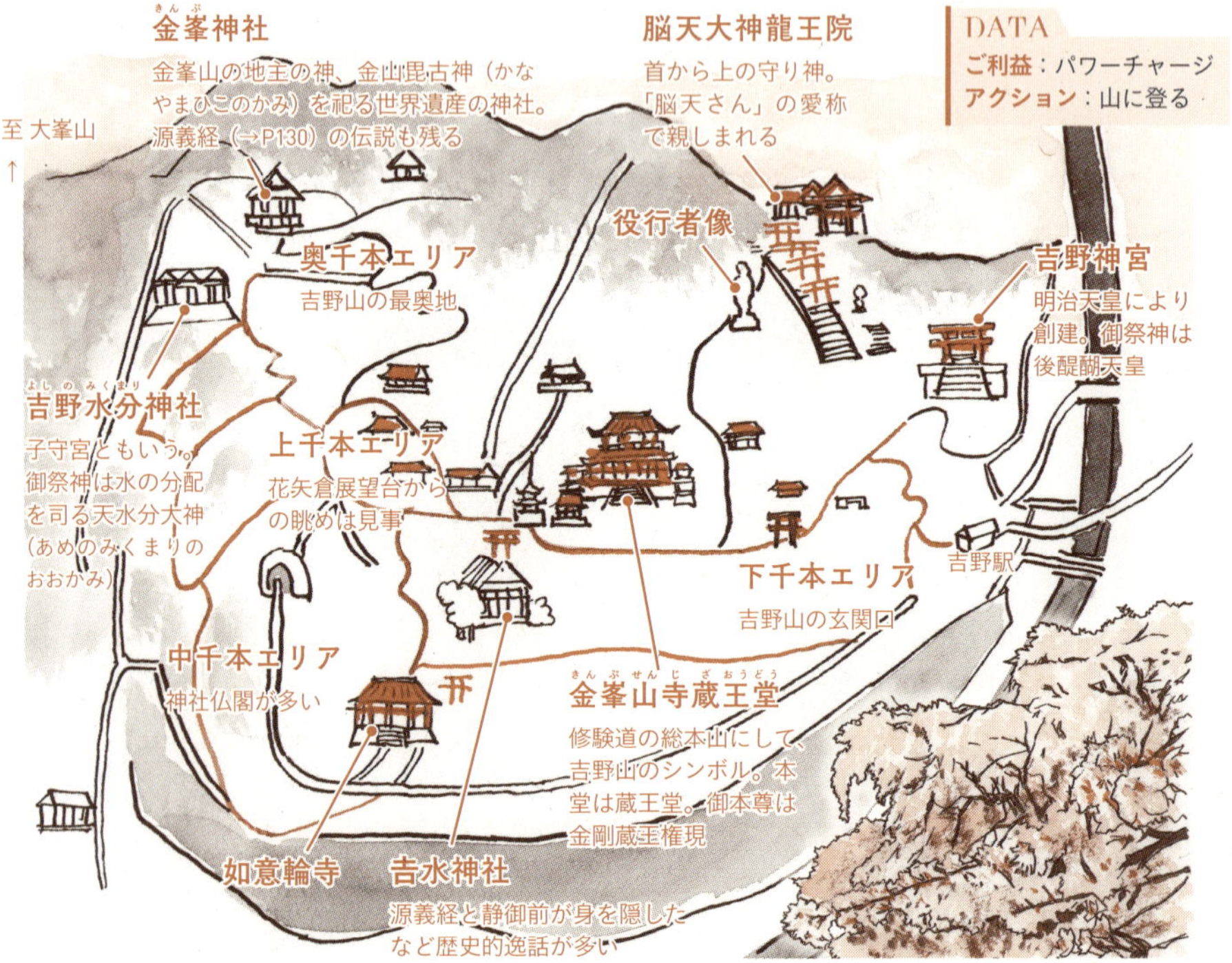

山での修行でもっとも厳しいとされるのが「千日回峰行（せんにちかいほうぎょう）」。吉野山の金峰山寺から大峰山寺までの約24kmを往復する山道を、休まずに1000日間歩き続ける。回峰行のルーツは比叡山とされている。

世界遺産、吉野山を巡る

参る

金峯山寺の金剛蔵王大権現

金剛蔵王大権現は、釈迦如来・千手千眼観世音菩薩・弥勒菩薩の3仏が柔和な姿を捨て去り、忿怒の形相となった姿で役小角の前に現れたと伝えられている。蔵王堂に安置されている7mを超える3体の御本尊は秘仏であり、普段は見ることができない

脳天大神龍王院で学業祈願

参る

金峯山寺の蔵王堂の西側にある脳天大神龍王院。頭を割られた蛇（金剛蔵王大権現の変化身）をお祀りしている。脳天大神は「吉野の脳天さん」と親しまれ、頭の病気や学業試験などの願い事を叶えてくれるといわれている

頂く

指輪のお守り

脳天大神の御守りは、学業祈願が人気。指輪やランドセルの形のお守りもある

参る

吉野水分神社で安産祈願

豊臣秀吉が子授けを祈願するなど、子授け・安産・子どもの守護神として信仰されている。世界遺産の神社でもあり、美しい桃山様式建築も見どころ

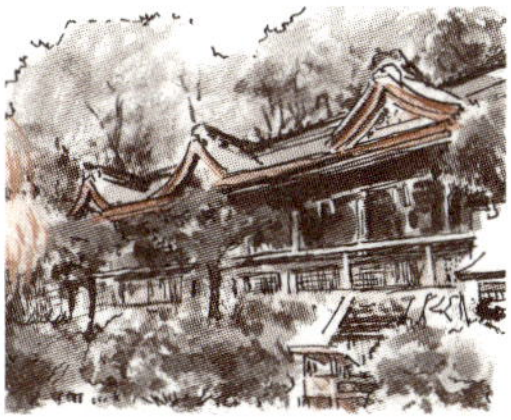

頂く

吉野神宮で恋愛運上昇!?

猪目（いのめ）と呼ばれるハートマークの形が境内にある吉野神宮は、恋愛運上昇のパワースポットとしても知られている。恋みくじをはじめ種類豊富なおみくじや、お守りが人気

日本の桜の種類で一般的な「ソメイヨシノ」は、江戸の染井にある植木屋が販売した桜のこと。染井の桜は当初「ヨシノザクラ」と呼ばれていたが、吉野山に咲く「ヤマザクラ」と区別するために「ソメイヨシノ」に改名したという。

出羽三山《でわさんざん》

神宿る三山を巡る生まれ変わりの旅

【山形県】

古来、神々の宿る山として信仰されていた出羽三山。出羽三山とは月山《がっさん》、羽黒山《はぐろさん》、湯殿山《ゆどのさん》の総称で、独立した山ではなく、月山を主峰とした峰続きになっている。六世紀頃、崇峻《すしゅん》天皇の第一皇子、蜂子皇《はちのこのおう》子《じ》が開山したとされ、やがて修験道の一大聖地となっていった。

出羽三山は、羽黒山が現世、月山が前世、湯殿山が来世という三世の浄土に見立てられるという。三山を巡ることは、死と蘇り、再生をたどる「生まれ変わりの旅」であり、江戸時代には「西の伊勢参り、東の奥参り」といわれ一生に一度は参拝する場所として人気を博したという。

過去・現在・未来をたどる「生まれ変わり」の旅

それぞれの山を現在・過去・未来に見立てることで、生きながらにして新たな魂として生まれ変われるとして、江戸時代には庶民の間で出羽三山への巡礼が大ブームになった。

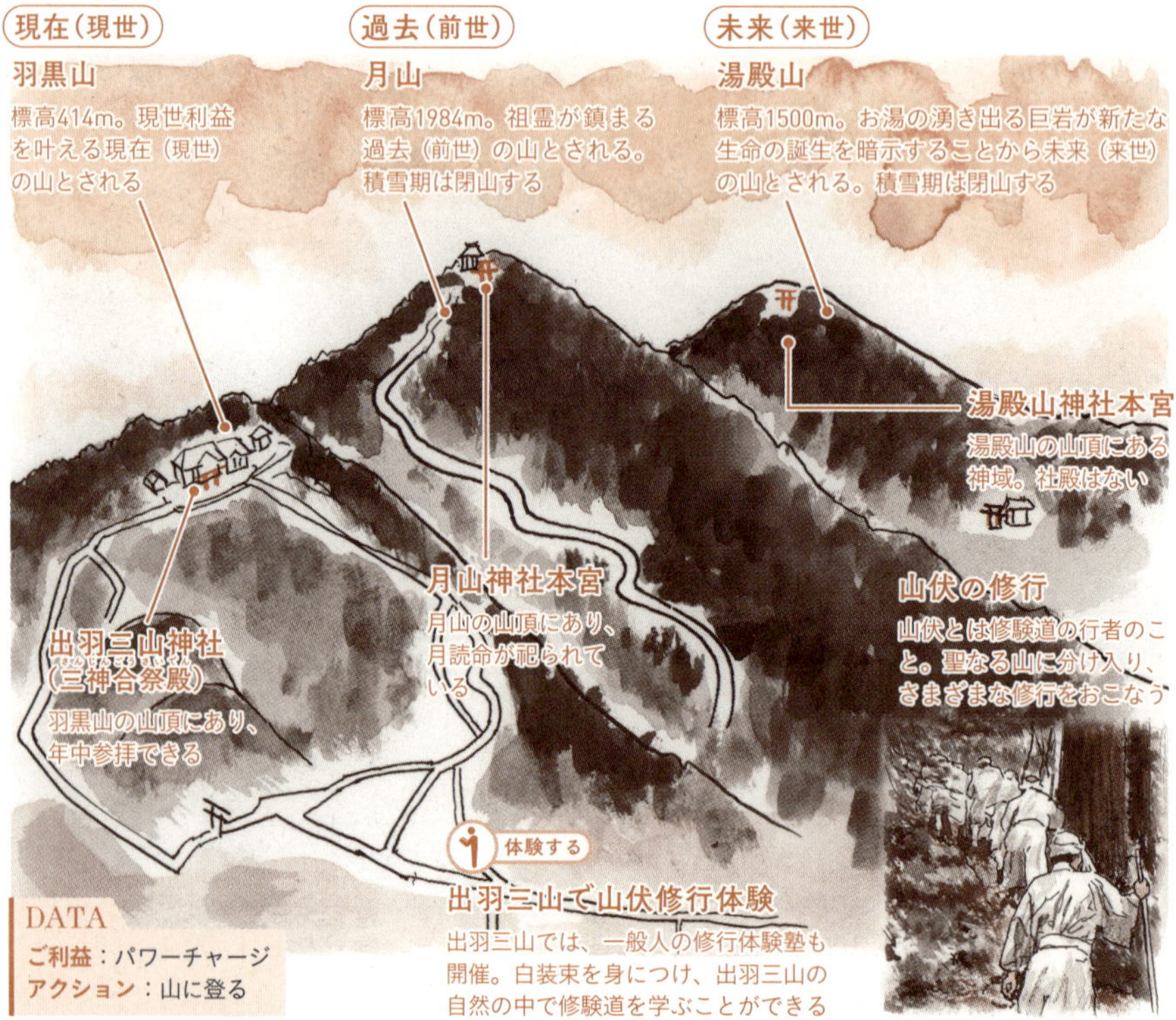

現在（現世）
羽黒山
標高414m。現世利益を叶える現在（現世）の山とされる
過去（前世）
月山
標高1984m。祖霊が鎮まる過去（前世）の山とされる。積雪期は閉山する
未来（来世）
湯殿山
標高1500m。お湯の湧き出る巨岩が新たな生命の誕生を暗示することから未来（来世）の山とされる。積雪期は閉山する
湯殿山神社本宮
湯殿山の山頂にある神域。社殿はない
月山神社本宮
月山の山頂にあり、月読命が祀られている
出羽三山神社
(三神合祭殿《さんじんごうさいでん》)
羽黒山の山頂にあり、年中参拝できる
山伏の修行
山伏とは修験道の行者のこと。聖なる山に分け入り、さまざまな修行をおこなう
体験する
出羽三山で山伏修行体験
出羽三山では、一般人の修行体験塾も開催。白装束を身につけ、出羽三山の自然の中で修験道を学ぶことができる

DATA
ご利益：パワーチャージ
アクション：山に登る

蜂子皇子は聖徳太子の従兄弟で、都での権力闘争に敗れて東北へ逃げ延び、八咫烏の導きによって羽黒山にたどり着いたという伝説がある。彼は病で苦しむ人々を救ったことから能除(のうじょ)仙、能除太子とも呼ばれている。

羽黒山、月山、湯殿山を巡る出羽三山詣《もうで》

羽黒山（現世）、月山（前世）、湯殿山（来世）の順番に巡るのが一般的。三山すべて訪れることが難しい場合、羽黒山山頂の出羽三山神社（三神合祭殿）に行くだけでもOK。

羽黒古道を歩く 歩く

出羽三山の開祖である蜂子皇子が、八咫烏（やたがらす）に導かれてたどり着いたとされる伝説の古道

五重塔を見る 見る

平将門が創建したとされる美しい塔。東北地方における唯一の国宝五重塔

参る
湯殿山神社本宮

参拝の際は土足厳禁。素足になり、お祓いを受けてからおこなう。撮影は禁止。「語るなかれ」「聞くなかれ」と戒められた神秘的な空間に包まれているという

参る
月山神社本宮

月山頂上の「御室（おむろ）」と呼ばれる場所にあり、特別な神域につき撮影は禁止。参詣の際はお祓いを受ける必要がある

参る
湯殿山総本寺 大網大日坊《おおあみだいにちぼう》

即身仏となった真如海（しんにょかい）上人が祈り続けている場所で、6年に一度、衣替えがおこなわれる。湯殿山神社のお守りは、真如海上人の脱いだ御衣が入っているという

湯殿山の御神体は巨大な岩。茶褐色の岩肌からは熱湯が湧き出ており、戒名を記した紙を岩に貼り、熱湯で溶かすと故人の魂が成仏できると信じられていたという。

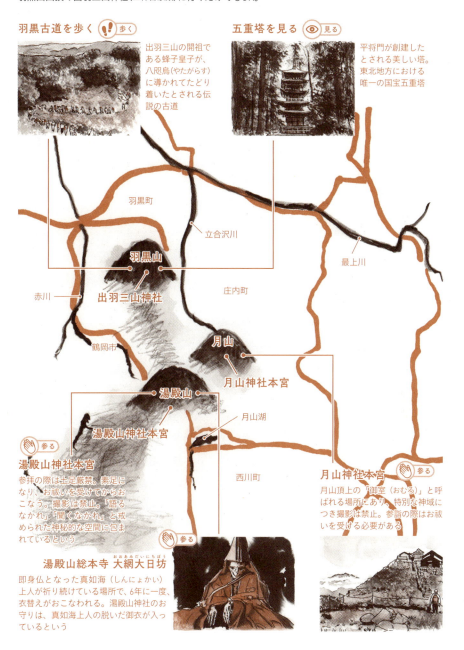

大和《やまと》三山《さんざん》【奈良県】

和歌に愛された美しき三つの山

大和三山とは、橿原市《かしはら》にある香《か》具山《ぐやま》、畝傍山《うねびやま》、耳成山《みみなしやま》の三山を指す。三山は古来、神々が鎮座する山として信仰され、各山には神社が祀られている。大和三山に囲まれるように、藤原京の藤原宮跡が残されている。

また、多くの和歌に詠まれるなど、古くから日本文学においても重要な位置を占める大和三山。『万葉集』にある中大兄皇子《なかのおおえのおうじ》の和歌は三山の争いを擬人化して詠んだもので、「畝傍山をめぐって香具山と耳成山が争った」という内容だ。三山には現在も美しい自然が残され、散策を楽しむ人が数多く訪れている。

和歌に詠まれた大和三山の争い

各山のうちどの山が男性か女性かは、和歌の解釈により諸説ある。大和三山の三角関係は、中大兄皇子、大海人皇子《おおあまのおうじ》（後の天武天皇）、額田王《ぬかたのおおきみ》の三角関係を想像させるという説もある。

DATA
ご利益：パワーチャージ
アクション：山を眺める

見る

大美和《おおみわ》の杜から三山を望む

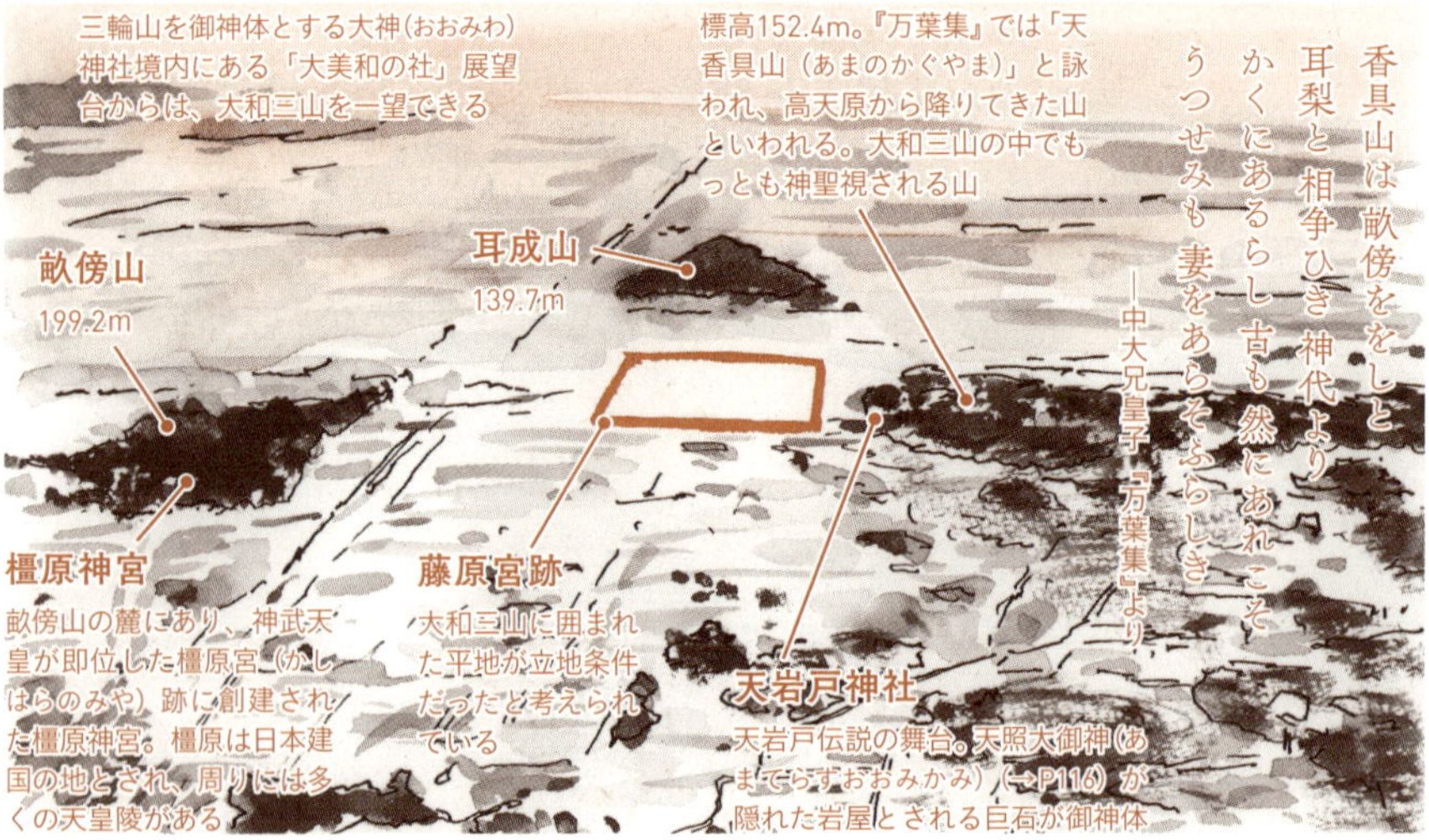
三輪山を御神体とする大神（おおみわ）神社境内にある「大美和の社」展望台からは、大和三山を一望できる
香具山
標高152.4m。『万葉集』では「天香具山（あまのかぐやま）」と詠われ、高天原から降りてきた山といわれる。大和三山の中でももっとも神聖視される山
香具山は 畝傍ををしと 耳梨と 相争ひき 神代より かくにあるらし 古も 然にあれこそ うつせみも 妻をあらそふらしき
—中大兄皇子『万葉集』より
畝傍山
199.2m
耳成山
139.7m
橿原神宮
畝傍山の麓にあり、神武天皇が即位した橿原宮（かしはらのみや）跡に創建された橿原神宮。橿原は日本建国の地とされ、周りには多くの天皇陵がある
藤原宮跡
大和三山に囲まれた平地が立地条件だったと考えられている
天岩戸神社
天岩戸伝説の舞台。天照大御神（あまてらすおおみかみ）（→P116）が隠れた岩屋とされる巨石が御神体

畝傍山の東南には橿原神宮がある。神武天皇の皇居「橿原宮」があった地であり、神武天皇と媛蹈韛五十鈴媛（ひめたたらいすずひめ）皇后を御祭神とする。神武天皇が高千穂（→P24）を出てこの地にたどり着き、宮を建てたと伝わる。

立山《たてやま》【富山県】

千三百年前から続く立山信仰

立山（立山本峰）は雄山《おやま》、大汝山《おおなんじやま》、富士ノ折立《ふじのおりたて》の三山を合わせた総称。古より神が宿る山、死者の魂が集う山とされ日本三霊山に数えられている。その自然景観から、立山には地獄や浄土があると考えられた。江戸時代には立山の世界観を描いた絵画「立山曼荼羅《まんだら》」が作られ、立山信仰は全国に広まっていったという。

DATA
ご利益：パワーチャージ
アクション：山に登る

雄山山頂の雄山神社 参る
立山本峰の主峰雄山は標高3003m。山頂には雄山神社の峰本社があり、立山信仰の重要な聖地のひとつ

見る **獅子ヶ鼻**
修験者が修行した巨岩の絶壁。獅子が深い谷を見下ろしているように見える険しい道で、弘法大師（→P128）の魔物退治の伝説もある

久能山《くのうさん》【静岡県】

龍脈《りゅうみゃく》のパワーがみなぎる地形

久能山は、徳川家康が埋葬された地。風水（古代中国で生まれた環境哲学）で見ると、久能山には富士山から流れる大地の強い気のルート＝龍脈があり、大変縁起のいい地形なのだという。その久能山にある久能山東照宮は龍の頭の位置にあり、一発逆転をもたらすほどの力があるという。

DATA
ご利益：出世運
アクション：山に登る

龍脈のイメージ図
久能山が龍の頭。駿河湾に向けて龍が両腕を広げ、富士山に向かって龍の尾が伸びている

富士山
日本平《にほんだいら》
山脈は龍の背にあたる
久能山東照宮
龍の頭に位置するパワーに満ちた地
久能山
龍の頭にあたる
駿河湾

龍脈
風水における、大地に流れる自然エネルギーの道を指す。龍脈がある＝風水のいい場所とされる

富山県から長野県にかけては、立山黒部アルペンルートという観光ルートがある。ルート上には「立山曼荼羅」にも描かれている名瀑・称名滝（しょうみょうだき）や、国内最大級の規模を誇る黒部ダムなど名所が多く存在する。

恐山《おそれざん》【青森県】

地獄や極楽が広がる死者の魂が集う場所

下北半島にある恐山は、日本三大霊場のひとつ。今から約千二百年前、慈覚大師円仁《えんにん》が開いた恐山菩提寺が、山々に囲まれた宇曽利《うそり》湖の湖畔にある。

火山活動によって生まれた地獄のような景観からか、恐山は「あの世にもっとも近い場所」とされ、古くから地元では「死ねば恐山に行く」と言い伝えられていたという。硫黄臭が立ち込める地獄谷や、極楽浄土を思わせる極楽浜など、死後の世界のような風景が広がり、弔いのために積まれた石や風車があちこちに見られる。故人を偲ぶ場として、日本各地から多くの参拝者が訪れる。

火山群に囲まれた霊場恐山

恐山という山があるわけではなく、釜臥山《かまふせやま》をはじめとする山々をまとめて恐山と呼ぶ。火山活動や噴火のため大地が陥没してできた地形。霊場恐山は現在も活火山で、湯気や温泉が湧き出ている。

蓮華八葉《れんげはちよう》
霊場恐山のある宇曽利山湖を囲む8峰は、仏様の座る八葉の蓮華台にたとえられ「蓮華八葉」と呼ばれている
霊場恐山
三途の川
宇曽利山湖
火山のカルデラに雨水がたまってできた、エメラルドグリーンのカルデラ湖。湖畔に霊場恐山がある
釜臥山《かまふせやま》

DATA
ご利益：パワーチャージ
アクション：霊場をお参りする

恐山は、比叡山（→P40）、高野山（→P42）とともに日本三大霊場といわれることが多い。

霊場恐山（恐山菩提寺）の地獄と極楽を巡る

霊場恐山にある恐山菩提寺は、慈覚大師円仁が見た夢のお告げによって862年に創建された。

霊場恐山を参拝する 参る

霊場恐山には1周約3kmの参拝コースがある。至る場所から火山性ガスが噴き出し、地獄のような光景が広がっている

延命地蔵尊

恐山菩提寺のご本尊。慈覚大師円仁が彫刻した。岩場を登り近づくことができる

地獄殿

山門を抜けると現れるお堂。左手には火山岩で形成された136もの「地獄」が広がる

八角堂
不動明王
血の池地獄
慈覚大師堂
千手観音
花染の湯
賭博地獄
冷抜の湯
古滝の湯
薬師の湯
地獄谷
塔婆供養堂
稲荷大明神
三途の川
総門
林崎五宇如来
宇曽利山湖

賽の河原

亡くなった子どもを弔うために積まれた石や風車が置かれている

極楽浜

地獄を抜けると風景が変わり、真っ白な砂浜の極楽浜が現れる。透き通った宇曽利山湖が一望できる

大鼓橋

三途の川にかかる赤い橋。あの世とこの世の架け橋とされている

体験する

死者の御霊を呼ぶイタコ

７月下旬の「恐山大祭」、10月上旬の「恐山秋詣り」では、イタコと呼ばれる巫女が訪れ、死者の御霊を呼んであの世からのメッセージを届けてくれる

体験する

境内にある４つの温泉

境内には硫黄の匂いが漂う４つの温泉がある。男湯、女湯、混浴、男女入れ替え制の４つの湯小屋があり、参拝者は自由に入浴できる

自らの身に死者の魂を降ろして会話する「口寄せ」をおこなうイタコ。アイヌ語で「神が語る」という意味の「イタック」を語源とする説があるが、恐山との関わりの起源は定かではない。現在はイタコの数は減少しているという。

比叡山《ひえいざん》【滋賀県・京都府】

伝教大師最澄《さいちょう》が開いた天台宗の総本山

京都と滋賀の県境に位置する比叡山。東に琵琶湖、西に古都京都を望む景勝地でもあり、ユネスコ世界文化遺産に登録されている。

古来、山岳信仰の聖地とされており、風水の観点からは、エネルギーに満ちた「龍の通り道」にある山といわれている。京都の東の守りを司る青龍の山としても知られている。

千二百年前、この山を修行の地と決めて入山し、小さなお堂を建てたのが、後の天台宗の開祖である伝教大師最澄。最澄の死後、比叡山延暦《えんりゃく》寺《じ》は仏教の学問と修行の場としてますます栄え「日本仏教の母山」と呼ばれるようになっていった。

DATA
ご利益：心願成就
アクション：お寺をお参りする

横川エリア
横川中堂を中心とした区域。慈覚大師円仁によって開かれた
伝教大師像
根本如法堂

横川《よかわ》中堂
横川エリアの本堂。遣唐使船をモデルとした「舞台造り」の建物

元三《がんざん》大師堂（四季講堂）
平安時代の天台宗の僧、元三大師（→P140）が祀られており、おみくじ発祥の地とされている

日吉大社
比叡山の麓に鎮座する、日吉大社総本宮。京都の鬼門にあたる地にあり、都の魔除けを担う社。天台宗の護法神でもある

頂く

角《つの》大師の護符
元三大師（角大師）の護符。厄除け、魔除けに効くとされる

最澄
天台宗の開祖。伝教大師。767年（異説あり）、現在の滋賀県で誕生。幼名は広野（ひろの）。若くして比叡山で修行をおこない、一乗止観院（後の根本中堂）という小さなお堂を建立。生涯を通じて「一乗の教え（すべての人が仏になれるという教え）」を弘めることに努力し、多くの弟子を育てた

比叡山には、魔界と通じる「四大魔所」があるという。最澄が魔物を封じた「狩籠(かりごめ)の丘」、大天狗の次郎坊が現れる「天悌(てんだい)権現祠」、妖怪になった僧・慈忍の墓「慈忍和尚廟」、天台座主を務めた良源の墓「元三大師廟」とされる。

3つのエリアからなる比叡山延暦寺

延暦寺という建造物があるわけではなく、比叡山の山内に点在する、約100ほどのお堂の総称を延暦寺と呼ぶ。延暦寺は3つの区域（三塔）に分かれ、東を東塔《とうとう》、西を西塔《さいとう》、北を横川《よかわ》と呼び、それぞれに本堂がある。

水琴窟の音を聞く　体験する

阿弥陀堂の前にあり、耳をすませば美しい響きを聞くことができる

根本中堂《こんぽんちゅうどう》

東塔の本堂にして、延暦寺の総本堂。最澄が建立した一乗止観院（いちじょうしかんいん）がもとになっている。ご本尊の薬師如来像が安置され、ご本尊の前には「不滅の法灯」が灯っている

不滅の法灯　参る

1200年以上前、最澄が自ら刻んだ薬師如来の前に灯したとされる灯明。現在まで一度も絶えることがないという。仏の教えが護り継がれ、人々を暖かく照らすようにという願いが込められている

釈迦堂
（転法輪堂）
西塔の本堂
西塔エリア
釈迦堂を中心とした区域。寂光大師円澄によって開かれた
阿弥陀堂
東塔エリア
伝教大師最澄が延暦寺を開いた発祥の地。延暦寺の総本堂である根本中堂、阿弥陀堂、大講堂など重要なお堂が多い
見る
にない堂
（常行堂・法華堂）
同じ形をしたお堂が廊下でつながっている。弁慶が廊下に肩を入れて担ったという伝説から「にない堂」と呼ばれる
見る
平和の鐘
大講堂の前にある、色鮮やかな鐘楼。鐘を鳴らすこともできる
体験する
摩《ま》尼《に》車《くるま》を回す
大黒堂の前にある。心静かに回すと願い事が成就するといわれている

比叡山延暦寺は、織田信長の焼き討ちにあったが、豊臣秀吉や徳川家康の手で再興された。また、信長を討った明智光秀が実は生きていたとする説があり、影武者を立てて生き延びた光秀を比叡山がかくまったといわれている。

高野山《こうやさん》【和歌山県】

空海《くうかい》が三鈷杵《さんこしょ》を投げて見つけた真言密教の聖地

約千二百年前、弘法大師空海によって開かれた高野山。高野山とは山の名称ではなく、周囲を千メートル級の山々に囲まれた、蓮の華のような地形の盆地を指す。唐で真言密教を学んだ空海が、三鈷杵《さんこしょ》という法具を投げたらこの地に落ちたため、ここを拠点に決めたという伝説（三鈷の松）がある。

以来、高野山は真言密教の聖地として栄え、空海の入定後は一般民衆の信仰を集め、現在に至るまで多くの人々が高野山を訪れている。なお、高野山全域がお寺の境内地であることから、総本山金剛峯寺《こんごうぶじ》という場合、高野山そのものを表す。

奥之院
弘法大師御廟《ごびょう》
高野山二大聖地のひとつ。入定した空海を祀る御廟がある霊域
体験する
姿見の井戸
中の橋のそばにある「汗かき地蔵」のお堂にある小さな井戸。この井戸を覗き込み、自分の顔が映らなければ3年以内に亡くなるという伝説がある。「こうや七不思議」のひとつ
御廟橋
奥之院の中でもっとも御廟に近い橋。参拝者はこの橋の前で御廟に向かってお参りする
中の橋
英霊殿
諸大名墓石群
奥之院参道には、戦国武将や文人などのさまざまな墓石や供養塔、歌人の碑などが並ぶ
一の橋
刈萱堂《かるかやどう》
苅萱《かるかや》道心と石童丸にまつわる悲劇の説話にゆかりあるお堂

DATA
ご利益：パワーチャージ
アクション：山に登る

弘法大師空海（→P128）
真言宗の開祖。774年、現在の香川県で誕生。幼名は真魚（まお）。大学を中退し僧侶になり、唐へ渡り真言密教を学び、帰国して高野山に修行の場を開く。日本各地に奇跡の伝説を残しながら真言密教の教えを広め、835年に62歳で入定。永遠の瞑想に入り、今も奥之院で祈り続けているという

刈萱堂に伝わるのは、妻子を残して高野山に出家した苅萱道心（かるかやどうしん）と息子・石童丸の物語。14歳になった石童丸は父がいるという噂を聞いて高野山に入った。道心は石童丸が息子だと気づいたが、正体を明かさなかったという。

大門から奥之院までは約6kmのルート

高野山全域が総本山金剛峯寺で「壇上伽藍」「金剛峯寺」「奥之院」の3つのエリアに分かれる。このうち「壇上伽藍」と「奥之院」は高野山二大聖地。総本堂は壇上伽藍にある金堂。

三鈷杵

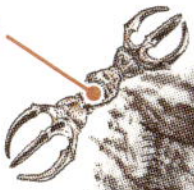

見る

三鈷の松

御影堂と金堂の間にある松の木。弘法大師が、唐から日本へ向けて三鈷杵という法具を投げたら、この松に引っかかったという伝説がある。落ちている松の葉は、縁起物としてお守りに持ち帰れる

六角経蔵《ろっかくきょうぞう》

体験する

経蔵にはとってがついていて、回すことができる。ひと回りすれば、一切経（大蔵経）という仏教の聖典をひと通り読誦した功徳を得られるという

宿坊《しゅくぼう》に泊まってみよう

高野山には51か所の宿坊寺院があり、一般人も泊まることができる。精進料理や護摩祈祷、瞑想、写経などを体験することができる（→P110）

高野山の御朱印

頂く

高野山では金剛峯寺、壇上伽藍、霊宝館、奥之院などのさまざまな御朱印を頂くことができる。戦国武将縁（ゆかり）の御朱印を頂ける宿坊もある

金剛峯寺

豊臣秀吉が母の菩提寺を建立し、その後、隣接する寺と合併して金剛峯寺と呼ばれるようになった。国内最大級の石庭が見どころ

金堂

高野山の総本堂。御本尊は秘仏となっている

壇上《だんじょう》伽藍《がらん》

高野山を開いた空海が、最初に造営した地。総本堂である金堂、空海が住んでいた御影堂、真言密教のシンボルとされる大塔などがある

大門

高野山の入口にそびえる朱色の門。高野山への旅はここから始まる

お助け地蔵尊

ひとつだけ願いを叶えてくれるというお地蔵様。別名、一願地蔵

高野山では、自然に触れ、心身を癒す「森林セラピー」という体験プログラムもある。真言宗の瞑想法「阿字観（あじかん）」を体験したり、山歩きをしたり、さまざまな体験プランが用意されている。

日光三山《にっこうさんざん》

【栃木県】

山岳信仰で栄えた徳川家縁《ゆかり》の地

日光三山とは、日光に連なる山々（日光連山）のうち、男体《なんたい》山《さん》（二荒山《ふたらさん》）、女峰山《にょほうさん》、太郎山《たろうさん》を指す。なかでも「日光富士」と称される美しい円錐形の男体山は、古くから神のすむ山として崇められ、奈良時代に勝道《しょうどう》上人によって開山。中世になると、日光三山は山岳修行の修験道にとっての一大聖地として栄えたという。さらに江戸時代には、慈眼大師天海が住職となり、徳川家康を東照大権現として迎えて以来、日光は徳川家縁の聖地になった。

広大な日光山内には、世界遺産である二社一寺の建築物が立ち並び、毎日多くの参拝者が訪れている。

自然のパワーあふれる日光三山

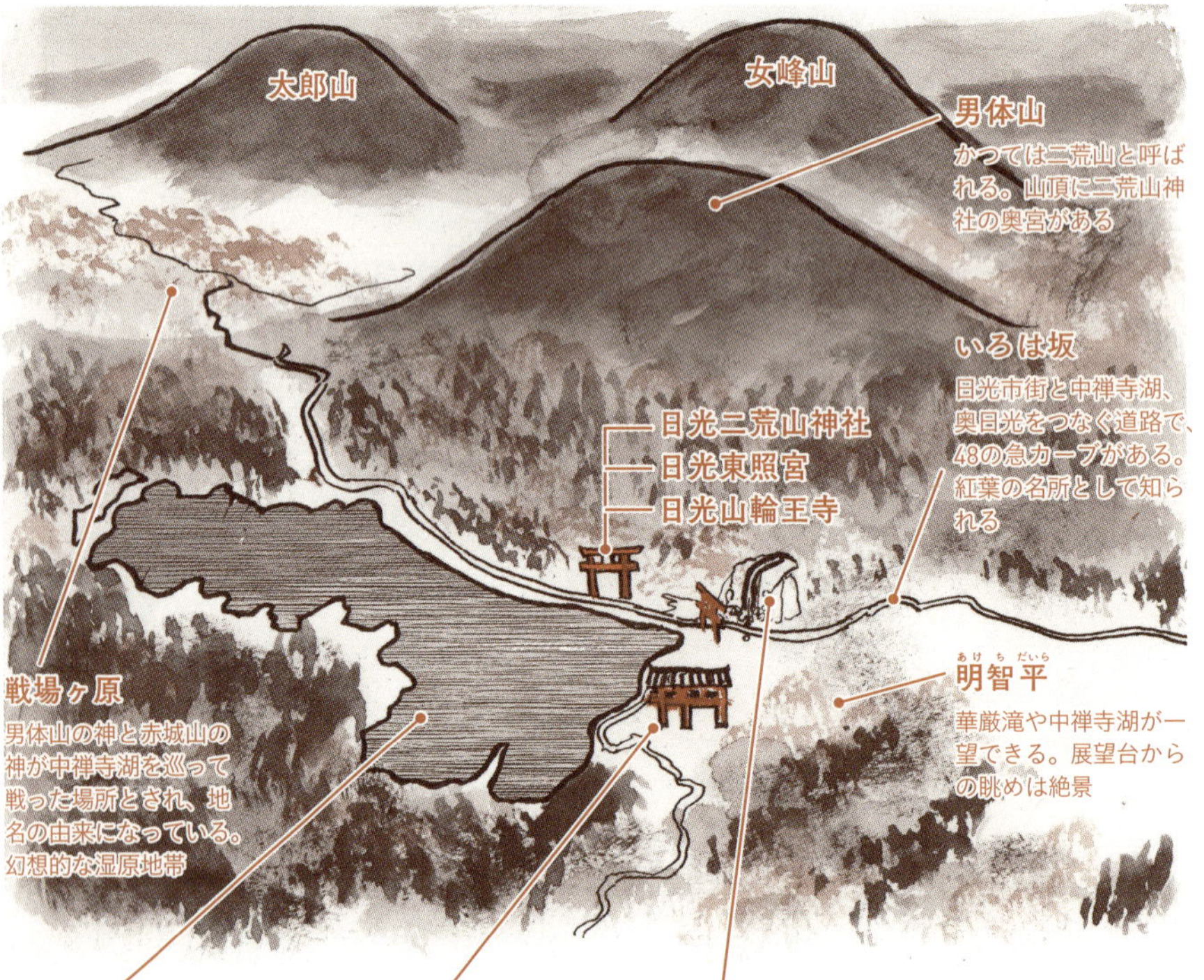

太郎山
女峰山
男体山
かつては二荒山と呼ばれる。山頂に二荒山神社の奥宮がある
いろは坂
日光市街と中禅寺湖、奥日光をつなぐ道路で、48の急カーブがある。紅葉の名所として知られる
日光二荒山神社
日光東照宮
日光山輪王寺
戦場ヶ原
男体山の神と赤城山の神が中禅寺湖を巡って戦った場所とされ、地名の由来になっている。幻想的な湿原地帯
明智平《あけちだいら》
華厳滝や中禅寺湖が一望できる。展望台からの眺めは絶景
中禅寺湖
男体山の噴火で川がせき止められてできた美しい湖
中禅寺 立木観音
日光の開祖・勝道上人が修行の場として建立。特徴的な仏像が祀られている
華厳滝《けごんのたき》
日本三大名瀑のひとつ。パワースポットとしても有名（→P99）

DATA
ご利益：招福、縁結び
アクション：寺社をお参りする

徳川家康は死後、静岡県の久能山（→P37）に葬られたが、翌年に日光に改葬された。江戸から見て北極星が輝く北に位置する日光は、家康の埋葬地にふさわしいと考えられたからだという。北極星は、古代中国では天帝が住まう場所と考えられていた。

1250年の歴史を誇る日光二社一寺

日光二荒山神社

男体山（二荒山）を開いた勝道上人が小さな祠を祀ったことで始まった、日光山岳信仰の中心地。御神体である男体山の山頂に奥宮がある。日光連山に中宮祠、日光市山内に本社があり、その広大な境内は伊勢神宮（→P18）に次ぐという。境内に二荒霊泉や縁結びの木、大国殿など、パワースポットが数多い

体験する

大黒殿内の高天原《たかまのはら》

二荒山神社の本社にある大黒殿という建物のそばにある、しめ縄で結界が施されたエリア。神々が降臨する神聖な地であり、手をかざしたり深呼吸したりしてパワーを取り込むことができるとされる

体験する

運試しの鳥居

二荒山神社の別宮である滝尾（たきのお）神社の鳥居は別名「運試しの鳥居」と呼ばれる。願掛けをしながら上部の穴めがけて小石を投げ、穴に小石が通れば願いが叶うといわれている

日光東照宮

徳川家康を神格化した東照大権現を御祭神として祀る神社。江戸時代に建てられた絢爛豪華な社殿群で、眠り猫や三猿、想像の象の彫刻、五重塔、陽明門、本地堂（薬師堂）の鳴龍など見どころが多い

叶杉 参る

樹齢600年以上の杉。ほこらに向かって唱えると願い事が叶うといわれている

陽明門 見る

国宝の美しい門。いつまでも見飽きないことから「日暮（ひぐらし）の門」とも呼ばれる

日光山輪王寺

日光山内の堂塔を総称して輪王寺と呼ぶ。御本尊は千手観音、阿弥陀如来、馬頭観音の三仏で、本堂の三仏堂に祀られている。江戸時代に建てられた輪王寺大猷院は徳川家光の廟所で、入口の仁王門から拝殿、本殿まで続く複数の門は、くぐるたびに現世から天上界へ向かっていくとされる

眠り猫守 頂く

眠り猫は、日光東照宮の奥宮へ続く参道入口の欄干にある、左甚五郎作と伝えられる国宝の像。眠り猫のお守りが人気

体験する

大護摩堂の護摩祈願

日光随一の護摩祈願所。家内安全、身体健全、商売繁昌などの現世利益を不動明王の火炎によって祈願する護摩祈願が毎日おこなわれ、誰でも参列できる

日光東照宮にある本地堂（薬師堂）には、巨大な龍の天井画がある。「鳴龍（なきりゅう）」と呼ばれ、龍の頭の真下で拍子木を打つと、音が共鳴し、鈴を転がしたような龍の鳴き声に聞こえるという。

筑波山《つくばさん》【茨城県】

多くの奇岩・巨石を楽しめる美しき「紫峰《しほう》」

朝夕に山の色が紫がかって見えることから「紫峰」とも呼ばれる茨城県を代表する霊山。「西の富士、東の筑波」と称される美しい山で、古くから関東平野に住む人々の信仰の対象とされてきた。

筑波山は男体山《なんたいさん》と女体山《にょたいさん》の二峰からなる。山全体を御神体とする筑波山神社は、それぞれの山に伊邪那岐《いざなぎの》命《みこと》と伊邪那美命《いざなみのみこと》（→Ｐ１１４）の男女二柱を御祭神として祀っている。

山中には不思議な形をした奇岩が多く、登山道の名所となっている。標高八百七十七メートルと日本百名山の中では低めの山で、ケーブルカーやロープウェイも利用できる。

歩く

多くの奇岩が点在する筑波山

登山の際は、筑波山神社を参ることを目的に、道中の奇岩や大杉などを見て楽しめる。

DATA
ご利益：パワーチャージ
アクション：山に登る

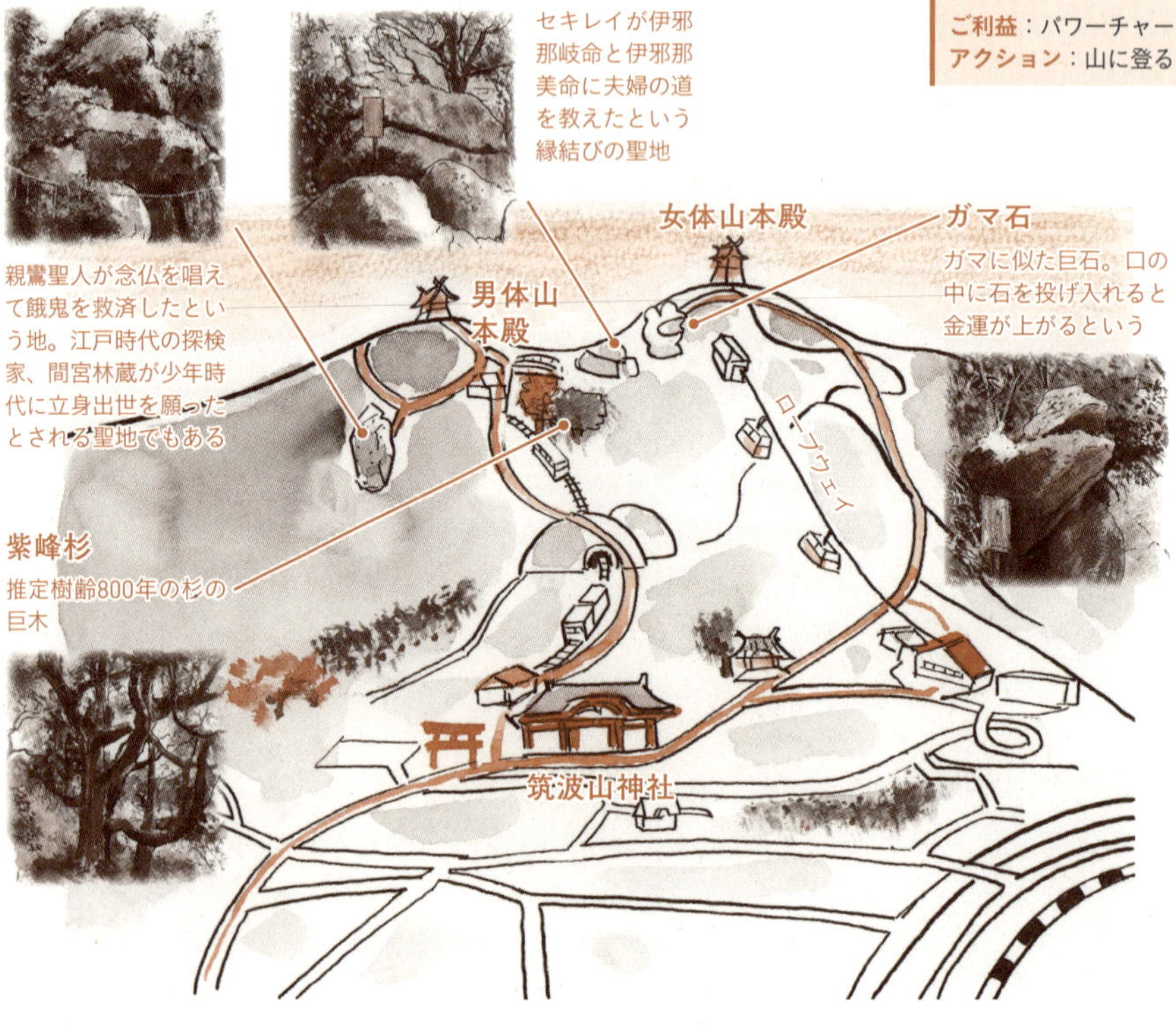
立身石
親鸞聖人が念仏を唱えて餓鬼を救済したという地。江戸時代の探検家、間宮林蔵が少年時代に立身出世を願ったとされる聖地でもある
セキレイ石
セキレイが伊邪那岐命と伊邪那美命に夫婦の道を教えたという縁結びの聖地
女体山本殿
ガマ石
ガマに似た巨石。口の中に石を投げ入れると金運が上がるという
男体山本殿
ロープウェイ
紫峰杉
推定樹齢800年の杉の巨木
筑波山神社

筑波山の名物といえば「ガマの油」。江戸時代に売られていた軟膏「ガマの油」は、侍の格好をした行商人による口上が有名で、現在も伝統芸として筑波山に伝わっている。筑波山神社では、毎週末に保存会による「ガマ口上」が披露されている。

高尾山《たかおさん》【東京都】

滝行を体験できる天狗信仰の霊山

東京都民の行楽地としても有名な霊山。修験道の山として古くから信仰されており、山中には飯《い》縄《づな》大《だい》権現《ごんげん》を祀る薬王院《やくおういん》がある。山伏（修験者）の修行が盛んで、山伏たちは修行を通して高尾山の霊気より験力を得ていたという。薬王院では、山伏たちが修行の前に心身を清めた水行（滝行）を一般人も体験できる。

飯縄大権現の眷属《けんぞく》である天狗の伝説も有名で、天狗の神通力による除災開運、招福万来などのご利益があるといわれている。都心から近く、難易度に合わせた七つのコースがあり、ケーブルカーもあるため、訪れやすい聖地である。

DATA
ご利益：パワーチャージ
アクション：山に登る

7コースの高尾山登山ルート

吊り橋コースや琵琶滝コースなど、さまざまなルートが用意されている。

山頂
富士山
山頂から富士山を眺めることができる
4号路
3号路
吊り橋
浄心門
6号路
2号路
稲荷山コース
ケーブルカー
リフト
1号路
↓至 高尾山口駅
薬王院
参る
御本尊の飯縄大権現は、白狐に乗った烏天狗の姿をしている。境内ではさまざまな天狗を見ることができる
たこ杉
見る
天狗のため、ひと晩のうちに根をくるくると曲げて参道を開けたという伝説をもつ開運の杉。そばにある「ひっぱり蛸」の像の頭をなでると開運するという
開運
ひっぱり蛸
琵琶滝
体験する
薬王院の水行道場のひとつ。水行の体験ができる

東京都八王子市に位置する高尾山は、都心から電車で約50分で登山口近くに行けるアクセスのよさが魅力。国内外から訪れる人数は年間で260万から300万とされ、登山者数は世界一といわれている。高尾山の標高は599m。

箱根山《はこねさん》【神奈川県】

神のすむ山として信仰された天下の嶮《けん》

火山活動によって形成された箱根山。主峰の神山《かみやま》、駒ヶ岳、現在も活発に噴気を出す大涌谷《おおわくだに》などを総称して箱根山と呼ぶ。古くから「神のすむ山」として崇められ、中世以降は山岳信仰の一大霊場として栄えた。なかでも神山を御神体とする箱根神社は、坂上《さかのうえの》田村麻呂《たむらまろ》や源頼朝（→P132）、徳川家康など武家からも篤く信仰され、江戸時代になると、交通安全の祈願所として、庶民からも信仰されるようになったという。

箱根元宮《もとつみや》と、芦ノ湖の守護神、九《く》頭龍《ずりゅう》大神を祀る九頭龍神社の三社を参拝する「箱根三社参り」をおこなうと、さらなるご加護があるという。

参る

「箱根三社参り」で運開き

箱根神社、箱根元宮、九頭龍神社の三社を巡拝すると、箱根大神や九頭龍大神の御神徳を頂けるという。お参りの順番に決まりはない。箱根神社と九頭龍神社を参る「両社参り」もある。

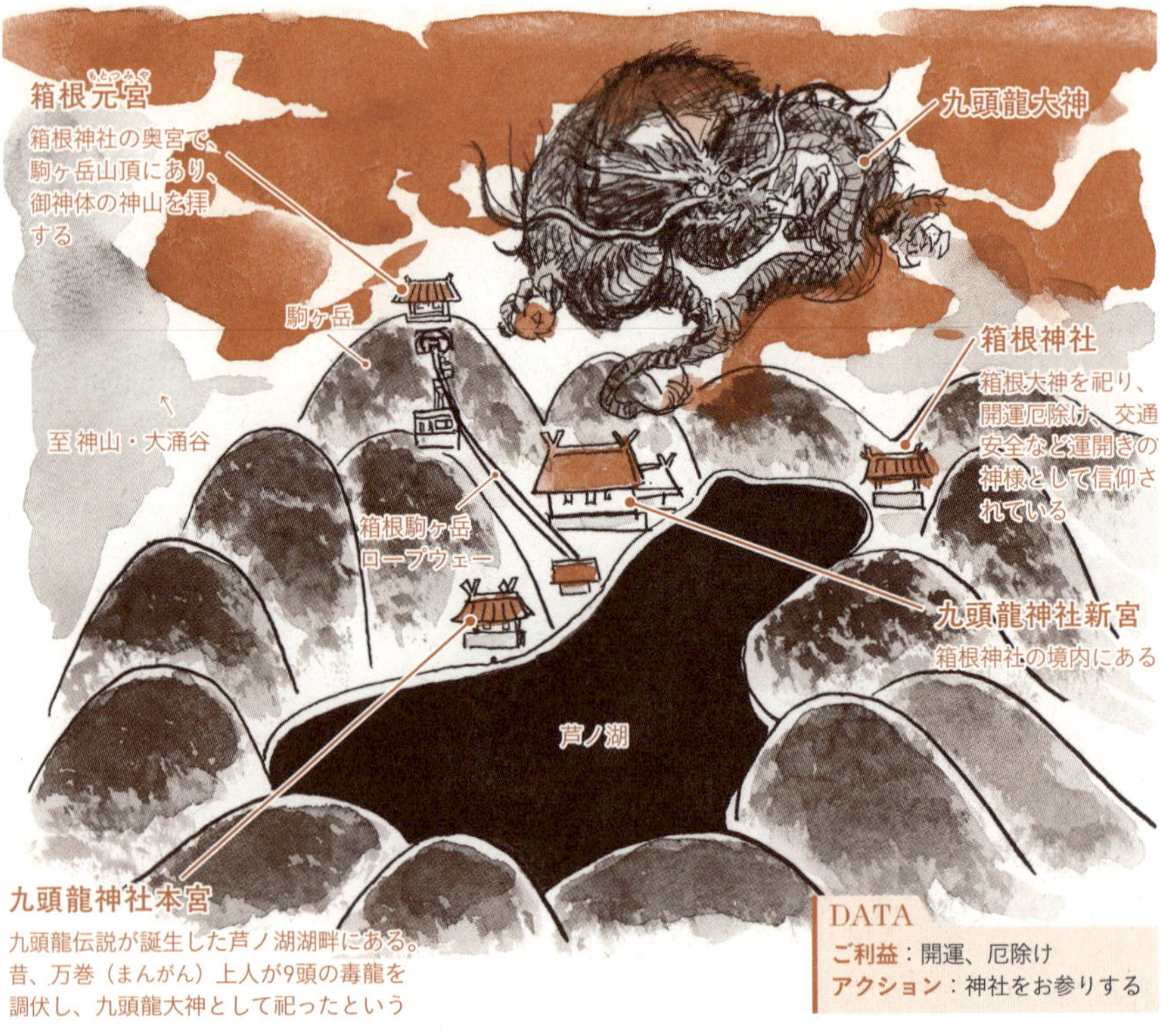

箱根元宮《もとつみや》
箱根神社の奥宮で、駒ヶ岳山頂にあり、御神体の神山を拝する
九頭龍大神
駒ヶ岳
至 神山・大涌谷
箱根神社
箱根大神を祀り、開運厄除け、交通安全など運開きの神様として信仰されている
箱根駒ヶ岳ロープウェー
九頭龍神社新宮
箱根神社の境内にある
芦ノ湖
九頭龍神社本宮
九頭龍伝説が誕生した芦ノ湖湖畔にある。昔、万巻（まんがん）上人が9頭の毒龍を調伏し、九頭龍大神として祀ったという

DATA
ご利益：開運、厄除け
アクション：神社をお参りする

芦ノ湖を運行している「芦ノ湖遊覧船」や「箱根海賊船」に乗れば、箱根山や箱根神社の平和の鳥居などの風景を存分に楽しむことができる。運行コースには富士山が見えるスポットもある。

多方面に高いご利益があり、見どころも多い箱根神社

九頭龍の森に鎮座する白龍神社で紅白参り

参る

九頭龍神社本宮のそばには、白い鳥居の白龍神社がある。赤い鳥居の九頭龍神社本宮とともに二社をお参りすると、多方面にご利益があるとされる

清め湯

箱根山から湧き出た霊泉で、手を清められる

箱根神社本殿

迩迩芸命（ににぎのみこと）、木花之佐久夜毘売（このはなさくやびめ）、火遠理命（ほおりのみこと）の3柱を箱根大神として祀る

九頭龍神社新宮

金運や開運の神社としても知られる

飲む

龍神水

心身から不浄なものを清めるという龍神の力が宿った神水

平和の鳥居

芦ノ湖の湖上に浮かぶ神秘的な鳥居。箱根神社のシンボル

矢立の杉

見る

坂上田村麻呂が表矢を奉納したという伝説に由来する杉。心願成就のご利益がある

食べる

早雲山《そううんざん》大涌谷名物「黒たまご」の延命伝説

早雲山の大涌谷には、弘法大師（→P128）によって作られたという延命・子育ての「延命地蔵尊」にあやかり、黒たまごをひとつ食べると7年寿命が延びるという伝説がある。ぜひ食べてみよう

頂く

お守りや御朱印

箱根元宮や九頭龍神社のお守りと御朱印も、箱根神社で頂くことができる

箱根の寺社に鎮座する七福神像を参りながら、箱根観光も楽しめるのが「箱根七福神めぐり」。守源寺、箱根神社、興福院、本還寺、駒形神社、阿字ヶ池弁財天、山王神社の7つで、守源寺と山王神社では箱根七福神めぐりの印を押す色紙が購入できる。

戸隠山《とがくしやま》【長野県】

神話や伝説が豊富な戸隠連峰の険しい山

戸隠山は、三つの山域からなる戸隠連峰の一峰。「戸隠」の名前は千二百年前の平安時代から文献に登場しており、古くから山岳密教の霊山として注目されていたようだ。鎌倉時代には宿坊の数も増えて「戸隠三千坊」と呼ばれ、高野山・比叡山に匹敵する一大霊場に数えられるようになった。戸隠山の麓にある深い森には、五社からなる戸隠神社が鎮座している。

天照大御神《あまてらすおおみかみ》(→Ｐ１１６)が天岩屋《あまのいわや》に隠れたという天岩戸《あまのいわと》神話、九頭龍《くずりゅう》神話、西行桜《さいぎょうざくら》の伝説、鬼女紅葉《きじょもみじ》伝説など、数々の神話や伝説が今に残されており、神聖な雰囲気が漂っている。

日本神話で重要な役割を果たす山

天岩戸
天手力男神が下界に放り投げた岩戸の一部が、戸隠に落ちて山になったという
天手力男命《あまのたぢからおのみこと》
天手力男命は力持ちの神様で、天照大御神の手を取って岩屋から引き出し、岩戸を投げ捨てた。天手力男命は戸隠神社の奥社に祀られている
戸隠山
標高1904m。険しい岩場が多く、登山は上級者向け
戸隠神社
奥社・中社・宝光社・九頭龍社・火之御子社の五社からなる

天岩戸開き神話

昔、天照大御神が、乱暴な弟の須佐之男命（すさのおのみこと）に怯えて天岩屋の中にこもったため、世の中は暗闇になってしまった。神々が岩屋の前で大騒ぎをすると、天照大御神がその様子を見ようと岩戸から顔を覗かせた。その瞬間、神々は天照大御神を岩屋から引っ張り出し、世の中はふたたび明るくなったという

DATA
ご利益：開運、心願成就
アクション：神社をお参りする

鬼女紅葉とは、戸隠山の伝説に登場する女。平安時代、京都から流刑にあって戸隠山にやってきた紅葉という女がいた。紅葉は賊を率いて悪事を働くようになるなど鬼女と化し、勅命でやってきた平維茂(たいらのこれもち)に討伐されたという。

戸隠神社五社巡りルート

奥社・中社・宝光社・九頭龍社・火之御子社《ひのみこしゃ》の五社を巡る参拝。五社では天岩戸開き神話に登場する神々をそれぞれ祀っている。参拝順序に決まりはない。

九頭龍社

戸隠信仰の始まりともいわれる、地主神で、命の源である水を司る九頭龍大神（くずりゅうのおおかみ）を祀る

奥社

天手力男命を祀る。開運、心願成就、スポーツ必勝などの神とされる

戸隠の「祈祷御神籤《きとうおみくじ》」 頂く

戸隠神社のおみくじは、神々の物語にちなんだ和歌に神意が表れる。自分で引くのではなく、神職が1人ひとりにくじを引いてくれる。奥社・中社・宝光社の3カ所

随神門《ずいしんもん》

邪気の侵入を防ぐ門。戸隠神社でもっとも古い建造物といわれている

九頭一尾の龍が現れた伝説

1200年前、9つの頭と龍の尾をもつ鬼があらわれ、学問という行者が法華経の功徳により岩戸に閉じ込めたという言い伝えがある

中社

天八意思兼命（あめのやごころおもいかねのみこと）を祀る。学業成就、試験合格の神とされる

宝光社《ほうこうしゃ》

女性や子どもの守り神である天表春命（あめのうわはるのみこと）を祀る。約270段の階段を上る

頂く

五社参拝記念しおり

五社の御朱印を頂くと、記念のしおりをもらえる。御朱印やしおりは奥社・中社・宝光社でもらえる

火之御子社《ひのみこしゃ》

境内には樹齢500年以上の「夫婦の杉（二本杉）」や、西行法師にまつわる伝説の「西行桜」がある

御祭神は天宇受売命《あめのうずめのみこと》

日本最古の芸能の神。天岩戸開き神話で岩屋の前で踊り、神々を笑わせた

樹齢800年の三本杉

人魚の肉を食べてしまった3人の子どもと、その父親・八百比丘の伝説が残る

戸隠神社の奥社から長野市の善光寺（→P153）を結ぶ道を「戸隠古道」という。修行のために戸隠山を目指した修験者たちが歩いたことで作り上げられた道である。土産店などにて、道上にある30個の石柱で拓本をとれる「拓本集印帳」が購入できる。

稲荷山《いなりやま》【京都府】

朱の鳥居とお塚が祀られた信仰の山

一ノ峰、二ノ峰、三ノ峰がある三ケ峰と呼ばれる山で、稲荷信仰の聖地。麓には全国の稲荷神社の総本宮である伏見稲荷《ふしみいなり》大社が建ち、稲荷大神を祀る。七一一年二月初午《はつうま》の日に稲荷大神が稲荷山に鎮座したことから、その年の二月最初の午の日を「初午」と呼ぶ。山中の参道に並ぶ約一万基もの朱の鳥居が特徴だ。

山中には一ノ峰の上社神蹟《かみのやしろしんせき》をはじめとする「七神蹟」がある。これらは神様が鎮座する社があったとされる聖地。さらに膨大な数の「お塚」も山中に点在している。稲荷山の神蹟やお塚を巡ることを「お山する」といい、古くから人々が参詣した。

稲荷山の伏見稲荷大社やお塚

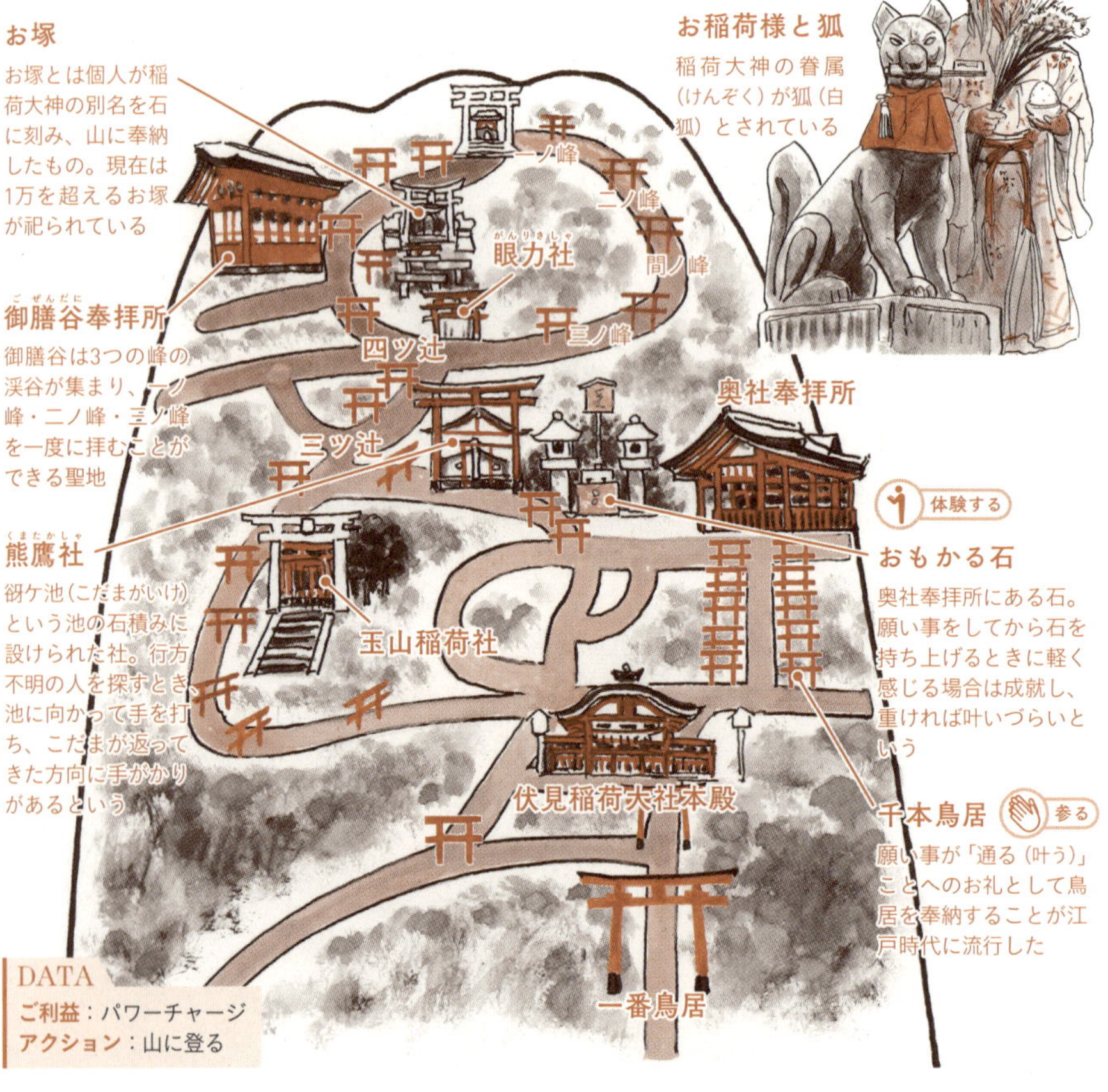
お塚
お塚とは個人が稲荷大神の別名を石に刻み、山に奉納したもの。現在は1万を超えるお塚が祀られている
一ノ峰
二ノ峰
間ノ峰
三ノ峰
眼力社《がんりきしゃ》
四ツ辻
三ツ辻
御膳谷《ごぜんだに》奉拝所
御膳谷は3つの峰の渓谷が集まり、一ノ峰・二ノ峰・三ノ峰を一度に拝むことができる聖地
熊鷹社《くまたかしゃ》
谺ケ池(こだまがいけ)という池の石積みに設けられた社。行方不明の人を探すとき、池に向かって手を打ち、こだまが返ってきた方向に手がかりがあるという
玉山稲荷社
お稲荷様と狐
稲荷大神の眷属(けんぞく)が狐(白狐)とされている
奥社奉拝所
体験する
おもかる石
奥社奉拝所にある石。願い事をしてから石を持ち上げるときに軽く感じる場合は成就し、重ければ叶いづらいという
伏見稲荷大社本殿
千本鳥居
参る
願い事が「通る(叶う)」ことへのお礼として鳥居を奉納することが江戸時代に流行した
一番鳥居

DATA
ご利益：パワーチャージ
アクション：山に登る

伏見稲荷大社にある狐の像たちは、稲穂や鍵、巻物などくわえているものが異なるのも見どころ。ちなみに、稲荷大神の眷属である狐は人間の目には見えないため、透明を意味する「白」をつけた「白狐(びゃっこ)」と呼ばれるという。

弥山《みせん》【広島県】

弘法大師が感じた霊気を今も感じられる霊峰

宮島（厳島《いつくしま》）の厳島神社の裏手にそびえる、島内でもっとも高い霊山。原始林が自然のまま残っている山々は古くから山岳信仰の対象とされ、修験者の修行の場である。

唐から帰国した弘法大師（↓P128）が訪れた際に霊気を感じ、須《しゅ》弥山《みせん》に似ていることから「弥山」と名づけたという。弘法大師は山に御堂を建て、百日間の虚空蔵《こくうぞう》菩薩《ぼさつ》求聞持《ぐもんじ》の修法をしたと伝わる。霊火堂《れいかどう》の「消えずの火」は、このときの修法で焚かれた護摩の火とされており、千二百年以上燃え続けている。この消えずの火や錫杖《しゃくじょう》の梅、干満岩などの伝説が「弥山七不思議」として伝わる。

弥山エリアの散策スポット

ロープウェイを利用すれば山頂までは約40分だが、道中は比較的アップダウンが激しい。

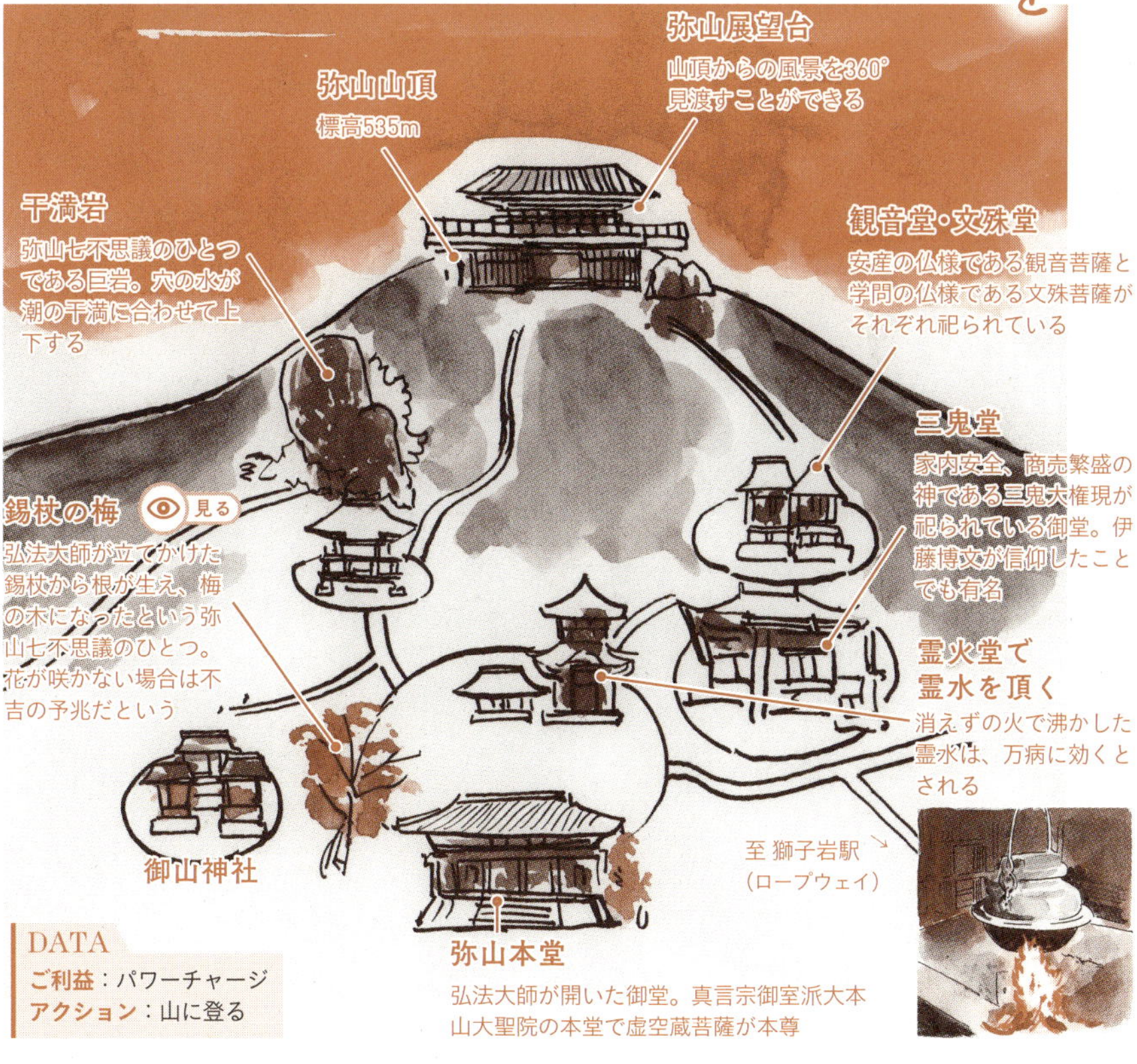
弥山展望台
山頂からの風景を360°見渡すことができる
弥山山頂
標高535m
干満岩
弥山七不思議のひとつである巨岩。穴の水が潮の干満に合わせて上下する
観音堂・文殊堂
安産の仏様である観音菩薩と学問の仏様である文殊菩薩がそれぞれ祀られている
三鬼堂
家内安全、商売繁盛の神である三鬼大権現が祀られている御堂。伊藤博文が信仰したことでも有名
錫杖の梅
見る
弘法大師が立てかけた錫杖から根が生え、梅の木になったという弥山七不思議のひとつ。花が咲かない場合は不吉の予兆だという
霊火堂で
霊水を頂く
消えずの火で沸かした霊水は、万病に効くとされる
御山神社
至 獅子岩駅
（ロープウェイ）
弥山本堂
弘法大師が開いた御堂。真言宗御室派大本山大聖院の本堂で虚空蔵菩薩が本尊

DATA
ご利益：パワーチャージ
アクション：山に登る

「消えずの火」の火を絶やさないため、数か所に分けられているという。そのひとつが広島市内にある平和記念公園にある「平和の灯」である。1964年8月1日、消えずの火を種火に灯された。

伊吹山《いぶきやま》【岐阜県・滋賀県】

日本神話の伝説が残る霊気が息づく山

『古事記』や『日本書紀』にその名が登場する霊山。「伊吹」とは「息吹き」を意味しており、霊気を吐く山神の存在が古くから信じられてきた。伊吹山の神は荒ぶる神として知られている。『古事記』では、倭建命《やまとたけるのみこと》（→P122）は山神の化身と気づかず遭遇した白猪と戦い、瀕死になった。『日本書紀』では、山神の正体は大蛇とされている。

古代より霊気に満ちた山として有名で、奈良時代には役小角《えんのおづぬ》によって修験道の聖地として開かれ、多くの修験者たちが修行の場とした。また、麓には伊夫岐《いふき》神社があり、水の神である伊吹大明神が祀られている。

伊吹山の伝説と荒ぶる神

倭建命像
伊吹山で山神に破れたとされる
倭建命
山神化身の白猪
伊吹弥三郎《いぶきやさぶろう》
伊吹山に住んでいたとされる大男。平安時代に京都で大暴れした鬼の頭領である酒呑童子（しゅてんどうじ）の父とする説がある
登山道
至 伊夫岐神社
伊吹山ゴンドラ
至 伊吹神社
伊吹山文化資料館
山の麓にある資料館。伊吹山の自然に関する考古資料などが展示されている

DATA
ご利益：パワーチャージ
アクション：山に登る

2023年に登山道で起きた崩落の影響で、米原市側からの入山は禁止されている。登山をする場合は、事前に公式サイトなどで安全なルートを確認しよう。

三輪山《みわやま》【奈良県】

太古の神が宿りし神聖なる禁足の地

美しい円錐形をした山で、日本神話の大物主神《おおものぬしのかみ》が鎮座する神の山として、古くから信仰されてきた。山中に点在する岩は神霊が宿る磐座《いわくら》として信仰されている。山頂の磐座には大物主神が鎮座するという。また、『万葉集』では三輪山の杉を詠んだ歌があり、三輪の神杉として崇められている。

三輪山には山そのものを御神体とする大神《おおみわ》神社があり、日本最古の神社といわれている。本殿はなく拝殿の奥にある山は禁足地となっているため、その間にある三ツ鳥居から三輪山を拝む。現在も、お参り以外を目的とする入山は制限されている。

大神神社から三輪山を拝む

大物主神
大国主神（おおくにぬしのかみ）の御霊から生まれた神。三輪山に祀られ、大国主神の国造りを助けた。その正体は蛇神とする伝説もある
山頂
見る
奥津磐座
三ツ鳥居
拝殿と禁足地の間に立ち、結界の役割を果たしている
大神神社拝殿
三輪山を拝むための場所
磐座社
巳の神杉
活日（いくひ）神社
祈祷殿

DATA
ご利益：パワーチャージ
アクション：山を拝む

『古事記』や『日本書紀』には三輪山について、「御諸（みもろ）山」「三諸（みもろ）岳」「美和山」の名で記載がある。『古事記』には、疫病が流行した際、崇神（すじん）天皇の夢に大物主神が現れてお告げをしたという話が載る。

妙《みょう》義《ぎ》山《さん》【群馬県】

奇岩怪岩があふれる明々巍々《めいめいぎぎ》たる霊峰

日本三大奇勝（奇景）に数えられる荒々しい岩肌が特徴。白雲山《はくうんざん》や金洞山《こんどうさん》などの総称で、威厳のある様相を表す「明々巍々」から「明巍《めいぎ》」と名づけられ、後に「妙義」となったという。

古くから山岳信仰の対象で、修験者の霊場。倭《やまと》建命《たけるのみこと》が御祭神の妙義神社や中之嶽《なかのたけ》神社などがある。奇岩を間近に楽しめる石門巡りのコースが人気で、特に第四石門の脇から望む「日暮しの景」は一日中眺めていても飽きない絶景だという。

金洞山
白雲山
最高峰の相馬岳（1104m）がある
妙義神社
白雲山にある。妙義山の山岳信仰の中心
中之嶽神社
金洞山にある。日本一大きなだいこく様がある
石門エリア
歩く
山中の奇岩を巡る登山コース「石門巡り」が人気

DATA
ご利益：パワーチャージ
アクション：山に登る

白《しら》神《かみ》山《さん》地《ち》【青森県・秋田県】

手つかずの原生林が残る世界自然遺産

青森県と秋田県にまたがる、日本最大のブナの原生林が広く残る山地。人の手が加わっていないため貴重な生態系が維持されており、一九九三年十二月に世界遺産に登録された。

コバルトブルーが美しい青池や、エメラルドグリーンの沸壺《わきつぼ》の池などを楽しめる十二湖エリア、白神山地を一望できる大崩《おおくずれ》展望所など、絶景づくし。のんびり散策しながら、原始の森からあふれる自然のパワーを感じることができる。

歩く
白神山地
複数の散策・登山コースがあるが歩きやすいルートは限定されている。貴重な自然を守るため、極力人の手が加えられていない

DATA
ご利益：パワーチャージ
アクション：森林を散策する

群馬県を代表する、妙義山と赤城(あかぎ)山、榛名(はるな)山の3つの山を指して「上毛三山(じょうもうさんざん)」という。群馬県の古い地名が上毛野国(かみつけのくに)と呼ばれたことに由来する。

御蓋山《みかさやま》【奈良県】

都を見守る神がすむ禁足の山

平城京の東を守る存在として信仰されてきた神山。三笠山とも書く。春日《かすが》大社の後方にそびえ、春日山とも呼ばれる。山全体が神域であり、狩猟伐採が禁止されてきたので現在まで原生林が残っている。御祭神は建《たけ》御《み》雷神《かづちのかみ》など。山の手前には奈良公園があり、神の使いである鹿と出会うことができる。

鹿みくじ 頂く
春日大社のおみくじ。木製の鹿みくじと白色の白鹿みくじがある

見る
御蓋山（三笠山）
禁足地のため基本的に入山は禁じられている。春日大社内の「御蓋山浮雲峰遥拝所」から、建御雷神が白鹿に乗って降りてきた山頂を拝むことができる

神鹿
神様が白鹿に乗って御蓋山にやってきたことから神の使いとされている

DATA
ご利益：パワーチャージ
アクション：山を拝む

浅間山《あさまやま》【群馬県・長野県】

大地のパワーが満ちた鬼が暴れる山

自然のエネルギーに満ち、山自体がパワースポットだという活火山。数十万年前から火山活動を続けており、山岳信仰の対象となっている。一七八三年の天明の大噴火でできた溶岩地帯が、まるで火口で暴れる鬼が岩を押し出したように見えることから「鬼押出し」という。

浅間山を訪れる際は、火山の活動により登山できないルートもある。最新情報を確認しよう。

浅間山
標高2568mの活火山

見る
鬼押出し
浅間山には鬼が棲んでおり、噴火に関わっていると信じられていた

DATA
ご利益：パワーチャージ
アクション：山を拝む

御蓋山のことを詠んだ和歌では、奈良時代の遣唐留学生・阿倍仲麻呂による「天の原ふりさけ見れば春日なる三笠の山に出でし月かも」が有名。唐に渡った仲麻呂が、月を見上げて故郷の春日の御蓋山（三笠山）で見た月を思い出す歌である。

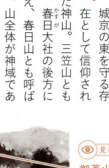

三峰山《みつみねさん》【埼玉県】

倭建命《やまとたけるのみこと》を道案内したお犬様伝説

元々は、山岳信仰で有名な秩父市の妙法ヶ岳《みょうほうがたけ》、白岩山《しらいわやま》、雲取《くもとり》山《やま》の三峰のこと。現在は、妙法ヶ岳の山頂に奥宮を構える三峯《みつみね》神社周辺の山を「三峰山」と呼んでいる。

三峯神社は、倭建命《やまとたけるのみこと》（↓p122）が東征の際に伊邪那岐命《いざなぎのみこと》、伊邪那美命《いざなみのみこと》（↓p114）の二柱を祀ったのが起源。オオカミ（山犬）が倭建命に山道を案内したとされ、オオカミは神の使い（眷属《けんぞく》）として祀られている。

また修験道の開祖、役小角《えんのおづぬ》が修行した山とも伝わっており、山伏の修行場として栄えた。江戸時代以降は「お犬様（大口真神《おおくちまがみ》）」は火難・盗難を祓う神様としての信仰も広まった。

参る

三峰山にある倭建命とオオカミのスポット

DATA

ご利益：火難除け、盗難除け
アクション：神社をお参りする

三峰山
元は3つの山の総称だった
妙法ヶ岳
白岩山
雲取山
三峯神社奥宮
本殿
三峯神社拝殿
三ツ鳥居
えんむすびの木
ご神木の大杉

三ツ鳥居
境内参道入口には、珍しい3つの鳥居が建つ

えんむすびの木
境内に寄り添って立つヒノキとモミの木があり、縁結びを願うことができる

ご神木の大杉

倭建命の銅像
神社の御祭神となる2神を祀った倭建命の銅像がある

オオカミの像
珍しい三ツ鳥居では、狛犬ではなく2匹のオオカミが出迎える

御朱印
御朱印にもオオカミが描かれている

三峯神

三峯神社では、神様のお使いであるオオカミ（大口真神）の神札を1年間拝借し、守護を祈る「御眷属拝借」という祈祷がある。特に火難、盗難除けのご利益があるという。

大雪山《たいせつざん》 【北海道】

神々がたわむれる庭で花々の美しさを堪能

北海道の中央部にある大雪山は、古くからアイヌの人々に愛されている聖地。北海道の最高峰 旭岳《あさひだけ》などの壮大な山々が広がっている。上川《かみかわ》アイヌの人々は、大雪山を畏敬の念を込めて「ヌタプカムイシㇼ」や「ヌタプカウㇱペ（広い湿地の上につくもの）」と呼んでいたという。

約二百五十種の高山植物が咲き誇り、多様な動植物が生息。アイヌの人々が「カムイミンタラ（神々の遊ぶ庭）」と称する美しい風景が見どころだ。

旭岳
標高2291m。5合目まではロープウェイで行ける
見る
カムイミンタラ
7月に見頃になるチングルマの花畑は見事

DATA
ご利益：パワーチャージ
アクション：山を眺める

藻岩山《もいわやま》 【北海道】

北の大地の澄んだ空気が輝かせるキラキラの夜景

札幌市の中央に位置し、山頂からは石狩平野が一望できる山。特に夜景が美しく、「日本新三大夜景」に選ばれている。見晴らしのよさからアイヌの人々にとっては、「インカルシペ（いつも登って見張りをするところ）」と呼ばれる聖地だ。

山頂にある「幸せの鐘」は、恋人たちの聖地に認定されている人気のデートスポット。手すりに、二人の名前を記した愛の鍵を取りつけると別れないという伝説があるという。

見る
札幌の夜景
標高531mの山頂にある展望台まではロープウェイで登れる
藻岩山頂

DATA
ご利益：恋愛成就
アクション：山頂から眺める

大雪山の名所には、自然が作り出した絶景の「天人峡」や「層雲峡」、曲がりながら落ちる水が天女の羽衣のように美しい「羽衣の滝」、双瀑台の展望台からの眺めがすばらしい2本の滝が並ぶ「銀河・流星の滝」などがある。

葛城山系《かつらぎさんけい》

【大阪府・奈良県・和歌山県】

役小角《えんのおづぬ》の伝説が眠る修験道始まりの地

和泉《いずみ》山脈から金剛《こんごう》山脈にそびえる峰々一帯は「葛城」といい、吉野《よしの》・大峯《おおみね》(→P32)と並ぶ修験道の聖地だ。役小角が初めて修行した場所とされ、役小角が法華経八巻二十八品《ほん》(仏典の章や篇)を一品ずつ埋葬したという伝説がある。その法華経が納められた経塚《きょうづか》や寺社などを巡りながらおこなう修行は「葛城修験」と呼ばれる。

役小角(役行者)

634年頃に生まれた、修験道の開祖として伝わる人物。修行により呪術を身につけ、鬼神を使役していたという

前鬼

斧を手にするのが夫の赤鬼

後鬼

水瓶を持つのが妻の青鬼

歩く

不動山の巨石

昔、役小角が葛城山から吉野山へ橋を架けようとして、一言主神に命じて集めさせたという巨石。葛城山系には役小角にまつわる伝説が多い

DATA

ご利益:パワーチャージ

アクション:経塚を巡る

秋葉山《あきはさん》

【静岡県】

天狗が守る火難除け信仰の中心

修験道の山として知られる霊山。標高八百八十五メートルの山頂には火之迦具土大神《ひのかぐつちのおおみかみ》を御祭神とする秋葉神社、山腹には秋葉三尺坊大権現を祀る秋葉寺《しゅうようじ》がある。

天狗の姿をしているとされる秋葉三尺坊大権現は神仏習合の神で、火防の神として有名だ。毎十二月には、秋葉神社、秋葉寺で火祭りがおこなわれる。なお秋葉神社には、天狗の皿投げや天狗の面、天狗のお守りやおみくじなど、天狗のお守りやおみくじなど、天狗をモチーフとしたものが多い。

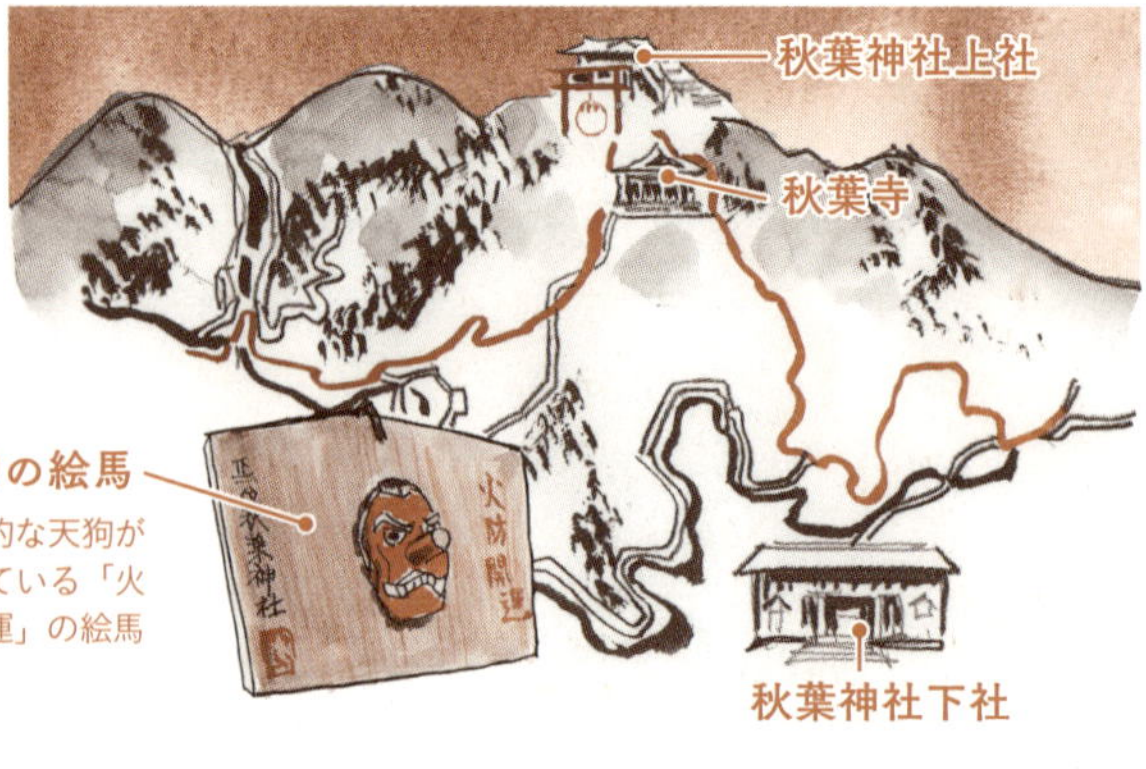

天狗の絵馬

立体的な天狗がついている「火防開運」の絵馬

DATA

ご利益:火難除け

アクション:お寺をお参りする

秋葉山は、江戸時代に「火防の神」として全国に知られるようになった秋葉信仰の中心地。明治時代の神仏判然令で秋葉神社と秋葉寺に分かれて現在に至る。

御嶽山《おんたけさん》【長野県・岐阜県】

山岳信仰が根づいた雄大なる木曽御嶽

木曽を代表する標高三千六十七メートルの霊峰。古くから山岳信仰の対象で、修験道の場として栄え、集団登拝が盛んだった。独立峰として富士山に次ぐ高さを誇ることから「王の御嶽」と呼ばれ、ここから「おんたけ」と呼ばれるようになった。

王滝口登山道には、神社や祠、霊場が点在し、王滝口の頂上、剣ヶ峰には、御嶽神社の奥社が鎮座。夏には、白衣姿で参拝する御嶽講の信者で山道がにぎわっている。

剣ヶ峰
御嶽山の最高峰。長野県と岐阜県の県境にある
御嶽神社
御嶽山を霊峰を仰ぐ、702年に創建された神社の奥社が頂上にある
最短距離の王滝口ルート、ロープウェイを利用して剣ヶ峰へ向かう黒沢口ルートなどがある
御嶽講
江戸時代に登山道が開かれてから、御嶽山を集団登拝する人々で栄えた
ロープウェイ
王滝口
黒沢口

DATA
ご利益：智恵・才能
アクション：山に登る

飯縄山《いいづなやま》【長野県】

飯縄《いづな》忍法を生んだ修験道の霊峰

長野市の西北部にある、標高千九百十七メートルの山。北信五岳（斑尾山《まだらおさん》、妙高山《みょうこうさん》、黒姫山《くろひめやま》、戸隠山《とがくしやま》、飯縄山）のひとつで修験道の場として栄える。飯綱山とも書く。南の山頂の飯縄神社で祀られている飯縄大権現は、イヅナ（狐のような小動物）を用いた「飯縄《いづな》の法《ほう》」という秘法と深い関係がある。その後、飯縄忍法へと発展し、飯縄山は呪術家や武術家からの信仰も篤い。

現在は気軽に登山が楽しめる山である。

飯縄大権現
飯縄（飯綱）の法とは、イヅナを用いた託宣などの呪術。飯縄信仰は飯縄の法を用いる民間信仰で、修験者が使用していた密教の荼枳尼（だきに）の法がもとになっているともいわれる
飯縄神社
十三仏縁起
登山道にもなっている飯縄神社の参道に点在する石仏群

DATA
ご利益：パワーチャージ
アクション：山に登る

御嶽山は2014年に発生した噴火事故以来、現在はふたたび多くの登山者が訪れている。3000mを超える険しい山のため、登山の際は入山規制をホームページなどで確認のうえ、細心の準備が必要だ。

阿《あ》蘇《そ》山《さん》【熊本県】

火山のパワーがみなぎる巨大なカルデラ

「火の国」熊本県を代表する、阿蘇五岳を中心とする火山群。約二百二十万年前から火山活動が盛んで、直径約二十キロメートルの巨大なカルデラは世界的に有名だ。噴火口は神霊池《しんれいのいけ》と呼ばれ、信仰されてきた。神霊池を御神体とする阿蘇神社は、二千年を超える歴史をもつ、全国に約五百社ある阿蘇神社の総本社だ。山頂の上宮には、火口を遥拝する拝殿のみがある。

また、熊本市内を流れる白川の源は、阿蘇山のカルデラに降った雨や湧水。上流部の白川水源は環境省の「名水百選」にも選ばれており、豊かな湧水への信仰が古くから存在する。

阿蘇山の神霊池と阿蘇神社

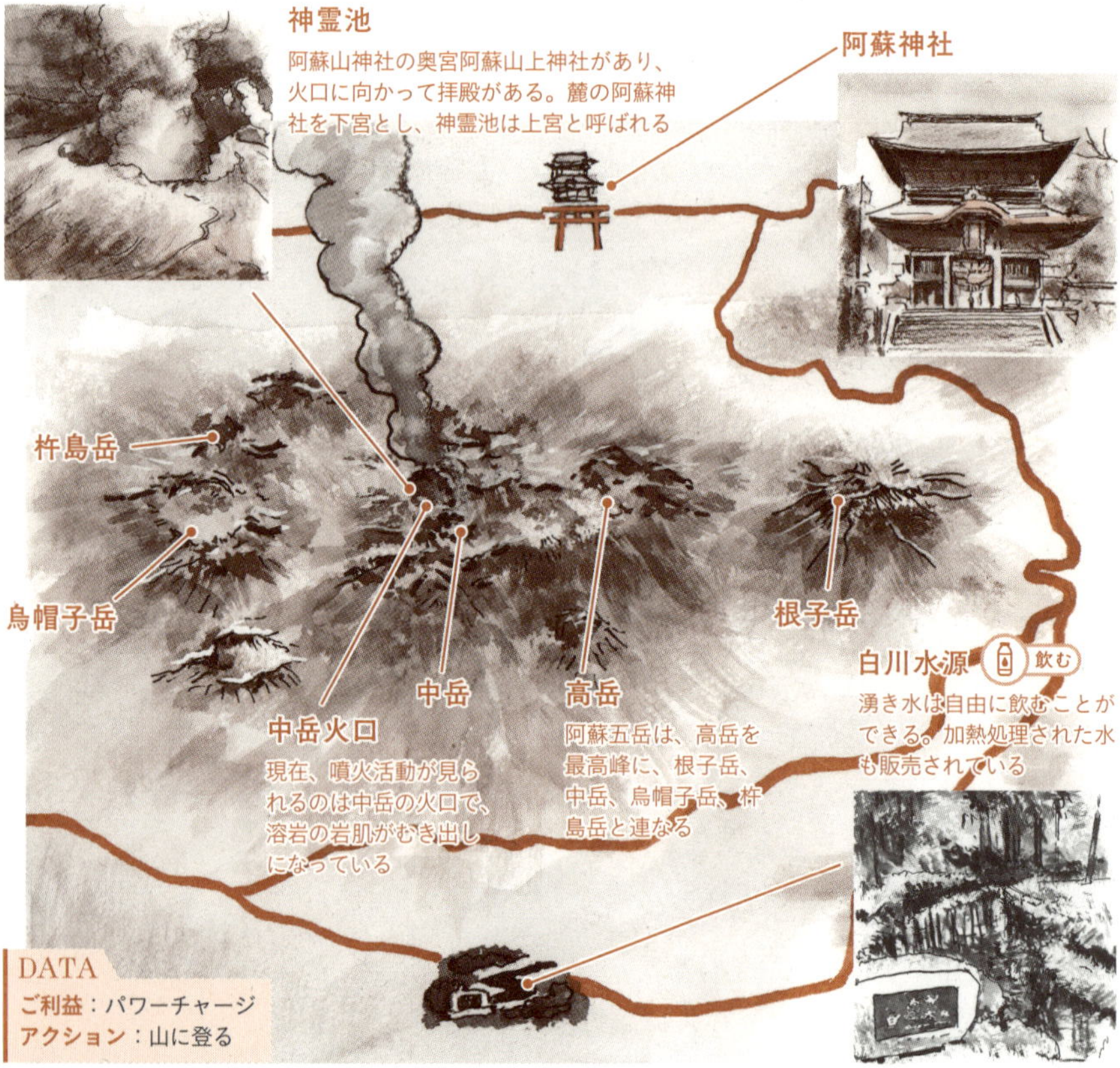

神霊池
阿蘇山神社の奥宮阿蘇山上神社があり、火口に向かって拝殿がある。麓の阿蘇神社を下宮とし、神霊池は上宮と呼ばれる
阿蘇神社
杵島岳
烏帽子岳
中岳
中岳火口
現在、噴火活動が見られるのは中岳の火口で、溶岩の岩肌がむき出しになっている
高岳
阿蘇五岳は、高岳を最高峰に、根子岳、中岳、烏帽子岳、杵島岳と連なる
根子岳
白川水源
飲む
湧き水は自由に飲むことができる。加熱処理された水も販売されている

DATA
ご利益：パワーチャージ
アクション：山に登る

阿蘇山へのアクセスは車以外の交通手段が充実しており、阿蘇駅から阿蘇山上ターミナルまでシャトルバスが運行している。阿蘇山上ターミナルでは、中岳から出た火山灰で作られたくまモンのフィギュアなどのお土産も販売している。

桜島《さくらじま》【鹿児島県】

現在も躍動し続けるエネルギッシュな活火山

錦《きん》江《こう》湾に浮かぶ活火山。北岳と南岳の二つの主峰からなる。二万六千年前に誕生し、縄文時代から人が住んでいたという。火口から上がる噴煙からは、太古から続く自然のエネルギーが感じられる。

島内にある烏島展望所《からすじまてんぼうじょ》からは桜島の山と錦江湾を見渡すことができる。鹿児島市からフェリーで約十五分とアクセスがよい。桜島は現在も小規模な噴火を繰り返す火山スポットなので、火山の力を間近で体感できる。

月讀神社《つきよみ》
月読命を御祭神とする神社。島内外から信仰されている。桜島港から徒歩2分

DATA
ご利益：パワーチャージ
アクション：島に行く

英彦山《ひこさん》【福岡県】

神の子がおわす九州修験の聖地

福岡県の南東部に鎮座する北岳、中岳、南岳の三峰からなる火山群。古くは「日子山」と呼ばれた神の山。これは中岳にある英彦山神宮の御祭神、天忍穂耳命《あめのおしほみみのみこと》が天照大御神《あまてらすおおみかみ》の御子であることに由来する。

中世以降は山岳信仰の霊山として栄え、一時は三千八百を超える僧坊が存在したという。日本三大修験の山（出羽三山、大峯山、英彦山）のひとつでもある。現在は、九州北部の行楽地として人気である。

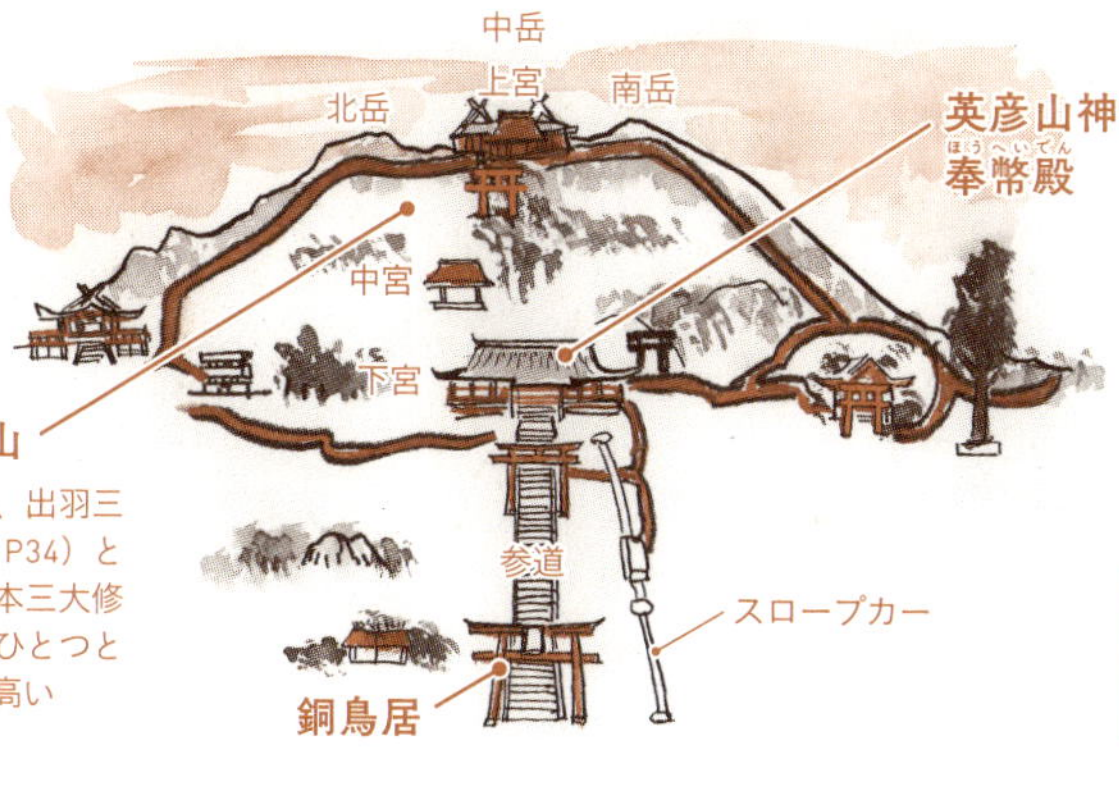

英彦山神宮奉幣殿《ほうへいでん》

英彦山
大峯山、出羽三山（→ P34）と並ぶ日本三大修験道のひとつとして名高い

DATA
ご利益：農業生産、勝運
アクション：神社をお参りする

英彦山には、日本八天狗に数えられる大天狗で九州天狗の頭領である豊前坊（ぶぜんぼう）が住むといわれている。また、能の演目「鞍馬天狗」や「花月」には、英彦山の天狗が登場する。福岡県田川郡の高住神社では豊前坊が祀られている。

column

神社とお寺の違い

神社とお寺では、信仰、お祀りするもの、奉仕する人、建物などが異なる。違いを比べてみよう。

神社

神社の入口は鳥居が目印。狛犬が守っている。参道の真ん中を通らないのがマナー。

お寺

お寺の入口には山門があり、仁王像が守っている。敷居を踏まないのがマナー。

信仰	神道	仏教
起源	7世紀頃に祭壇が常設化し、神社の基礎が生まれた	6世紀に仏教が伝来し、広く広まっていった
祀るもの	日本の神様の御霊(御神体)	仏様(御本尊)
祈る言葉	祝詞《のりと》	お経
聖典	特になし	仏典(法華経、般若心経など)
奉仕する人	神職(神主さん) ※その神社の代表者は宮司という	僧侶(お坊さん) ※そのお寺の代表者は住職という
建物	御神体を祀る本殿がメイン ※ほかに手水舎、拝殿、摂社など	御本尊を祀る伽藍と、僧侶が住まう僧房がある ※ほかに仏陀を表す塔、金堂など
拝むもの	本殿などにある御神体	伽藍などにある御本尊

3章

岩石・樹木の聖地

悠久の時を経てきた自然には、特別な力があると信じられてきた。聖なるものが宿る象徴が、岩石や樹木なのだ。

岩石・樹木の聖地概論

「石や木」がなぜ神聖視されてきたのか

永遠を生きる岩石が神と結びつく

巨石信仰は、アニミズム（精霊信仰）が強く影響している。朽ちることのない岩石は永続性の象徴であり、神が宿ると信じられた。巨大で見た目が独特な形であれば、特に神聖視された。海外でもオーストラリアのウルル（エアーズロック）など、巨石信仰の例はたくさんある。

日本に古くからある磐座《いわくら》信仰にまつわる聖地は多い。磐座とは、神道における神が降臨する場所だ。岩や石を御神体とする神社は全国各地にあるが、その地に古くからあり崇められていた巨石に、神の降臨地という神話が加わり、聖地としての存在感が強まったといえるだろう。

非日常の存在として樹木が神聖なものになる

数百年から数千年の樹齢をもつ巨木も、巨石と同じく時間的な持続性を感じさせることから信仰の対象となってきた。先祖代々が暮らす地に常にそこにあった巨大な樹木には神が宿ると信じられ、畏敬の対象となっていくのである。

樹木を御神体とする神社は多く、樹齢の長い木は長寿、二本並んだ木は縁結びなど、特徴にちなんだご利益があるとされる。また、屋久島の縄文杉のように、特定の宗教形態とは無関係でもパワースポットになる樹木もある。樹齢数千年という時間そのものに価値が見出され、パワーがあると信じられているのである。

大湯《おおゆ》環状《かんじょう》列石《れっせき》【秋田県】

約四千年前のふたつの巨石遺構

縄文時代後期の遺跡で、大湯川沿いの丘で一九三一年に発見された。二〇二一年には世界文化遺産に登録されている。環状列石とは、巨石が環状に配列された遺跡で、ストーンサークルとも呼ばれる。

大湯では、万座《まんざ》と野中堂《のなかどう》というふたつの環状列石が見つかっている。いずれも外帯と内帯の二重の同心円になっており、万座は最大径約五十二メートルと日本最大級の大きさだ。墓地または祭祀の場として使われていたと考えられている。遺跡の中には案内板などはあえて設置されておらず、当時の雰囲気を味わえる。

古代のパワーを感じる巨石群

見る

万座環状列石

最大径52m、約6500個の石が使われている

野中堂環状列石 見る

最大径44m、約2000個の石が使われている

縄文の森

環状列石は、縄文時代を復元した森で囲まれている

食べる

どばんくんクッキー

出土した人型の土版が可愛らしい姿をしていたことから、ゆるキャラ的な存在として人気に

DATA
ご利益：パワーチャージ
アクション：石を見る

「北海道・北東北の縄文遺跡群」のひとつとして、世界文化遺産に登録されている。どばんくんのモデルとなった土版が見られるのは、大湯ストーンサークル館。遺跡にまつわる展示のほか、縄文時代を映像で体感できる「縄文シネマ」などが楽しめる。

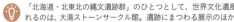

唐《とう》人《じん》駄《だ》場《ば》遺《い》跡《せき》【高知県】

山中に並ぶ巨石は太古の巨大文明の証か

足《あし》摺《ずり》半島の先端に位置する海岸段丘の平坦地にあるのが、唐人駄場の巨石群。足摺最大のパワースポットとして有名で、縄文時代早期から弥生時代のものとされる。

人の手で動かすことは到底不可能な、高さ六～七メートルもの巨石が林立する様子はさながら巨大な迷路のよう。巨石は花崗岩の塊で、近くでは石器や土器片も出土している。

太古の巨石文明の名残ではないかともいわれる古代の雰囲気を、間近で感じることができる。ガイドによるツアーもおこなわれているので、解説を聞きながら散策が可能だ。

足摺岬にある謎多き縄文時代の巨石群

鬼の包丁石
切断面が包丁の刃のように鋭い巨石
見る
再生のエリア
もっとも強いパワースポットといわれているエリア
鏡石
表面が鏡のように磨かれ、太陽光を反射する巨石
歩く
千畳敷石
広い平らな面をもつ巨石。太平洋をも見下ろせる絶景ポイント
唐人石
凹面のある石や三日月型に削られた石など、石の形はさまざま
亀石
頭を上げた亀のように見える丸みのある巨石
唐人駄場公園
公園から、山の中にある巨石群を眺められる

DATA
ご利益：パワーチャージ
アクション：石を見る

唐人駄場遺跡へは、車では土佐清水市役所から約16分。土佐清水市から足摺岬をつなぐ県道348号線「椿の道(旧スカイライン)」が利用できる。バスでのアクセスも可能。

石舞台古墳《いしぶたいこふん》【奈良県】

豪族が眠るとされる飛鳥時代の石室

明《あ》日香村《すかむら》にある日本最大級の石室。一辺が約五十メートルの飛鳥時代の方墳で、盛土が失われているため、巨石が積まれた横穴式石室が露出しているのが特徴だ。平らな天井石が舞台のようであることから「石舞台」と呼ばれる。由来を女性に化けた狐が石の上で舞ったからとする伝説もある。

石室内の広さは約十六畳。総重量は推定二千三百トン。ふたつある天井石は、南側が約七十七トン、北側が六十四トンもあるという。

七世紀初頭、飛鳥時代の政治家、蘇我馬子《そがのうまこ》の庭園が近くにあったことから、馬子の墓とする説が有力だ。

石室の中で太古のパワーをチャージ

体験する

石室内に入る

石室内は長さ約7.7m、幅約3.4m、高さ約4.8mで、30個ほどの巨石が積み上げられている

見る

明日香村にある奇岩

明日香村には謎の石造物が多いので、奇岩巡りを楽しもう

亀石

亀のような動物が彫られている謎の石造物。明日香のナマズと当麻の蛇の争いにまつわる伝説がある

酒船石《さかふねいし》

平らな表面に謎の溝が彫られた石。酒の醸造に使われたとする説が伝わる

DATA

ご利益：パワーチャージ

アクション：石を見る

石舞台古墳があるのは、国営飛鳥歴史公園。ここには、石室内に四神や天文図の壁画があったキトラ古墳や、四神や色鮮やかな女子群像が描かれた高松塚古墳などの見どころもある。

ゴトビキ岩《いわ》【和歌山県】

神が降り立った崖の上の巨岩

権《ごん》現山《げんやま》（神倉山《かみくらやま》）の斜面に鎮座する巨大な磐座《いわくら》。熊野権現が初めて降臨した聖地に建つ神倉《かみくら》神社の御神体。神倉神社は熊野三山《くまのさんざん》のひとつである熊野速玉大社《くまのはやたまたいしゃ》の摂社だが、歴史は熊野速玉大社より古い。

急勾配の石段を登ると、天ノ磐盾《あまのいわたて》という崖の上にあるヒキガエルのような見た目の巨岩にたどり着く。古代の人々に神が宿る岩として信仰され、修行者たちはゴトビキ岩の周りに経塚《きょうづか》を営んだという。

毎年二月六日には、千八百年も続く「御燈祭《おとうまつ》り」がおこなわれる。暗闇の中で松明を持った白装束の男たちが石段を駆け下りる壮観な火祭だ。

538段の石段を登ると現れる御神体

DATA
ご利益：パワーチャージ
アクション：石を拝む

神倉神社も崖の上に建つ
ゴトビキ岩
ヒキガエルのような形をしている
天ノ磐盾
神倉神社の石段
自然石を組んだ538段の石段は、熊野古道（→P176）の中でも特に古いという
かなりの急勾配なので歩きやすい靴で登ろう
頂く
御朱印は近くの熊野速玉大社にて
御朱印や御神札は近くにある熊野速玉大社で受けることができる

熊野速玉大社は「新宮（にいみや）」と呼ばれることがある。これは、熊野の神々は最初にゴトビキ岩に舞い降りた場所であり、神倉神社が「元宮」と呼ばれているからである。

釣石《つりいし》【宮城県】

落ちそうで落ちない合格祈願の石

釣石神社にある巨石。崖の中腹から巨石が釣られたように見えるため、神社名の由来となった。

周囲約十四メートルの巨大な石は、これまで地震などの災害にあってもビクともしなかった。そこから「落ちそうで落ちない受験の神」として有名になったという。合格祈願のため、全国から多くの人が訪れている。

十二月になると、北上川《きたかみがわ》に生えているヨシを使った巨大な「ヨシの輪」が境内に飾られる。「茅《ち》の輪《わ》を身につけておくと災いを避けられる」という蘇民将来《そみんしょうらい》の伝説にならっているそうだ。神社は、ほかにも家内安全、身体健康などのご利益もある。

大地震でもビクともしなかった石巻市《いしのまきし》の神様

釣石
今にも斜面から転がり落ちてきそうな巨石だが、落ちそうで落ちない。2011年の東日本大震災にも耐えた
体験する
ヨシの輪をくぐる
ヨシの輪は巨石の右側にある石段の下に飾られ、くぐることができる
絵馬には釣石とヨシの輪が描かれている
頂く
御神体が描かれた合格守
複数ある合格守のひとつに、釣石バージョンもある
釣石神社
合格守

DATA
ご利益：受験合格
アクション：石を拝む

御祭神は天児屋根命（あめのこやねのみこと）。受験合格以外にも家内安全や身体健康、夫婦円満などのご利益もある。

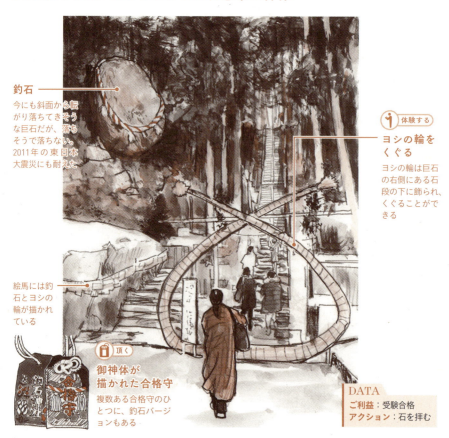

亀石《かめいし》【宮崎県】

神代から伝わる願いが叶う霊石

日《ひゅ》向灘《うがなだ》に面して建つ鵜戸神宮《うどじんぐう》の奇岩のひとつで、本殿前から見下ろせる海岸にある霊石。桝形岩とも呼ばれる。日本神話では、御祭神の鸕鷀草葺不合命《うがやふきあえずのみこと》の母、豊玉毘売《とよたまびめ》は出産のために海から亀に乗ってきたという。このときの亀が亀石になったと伝わる。

大きさ約八メートルの亀石の背中には、六十センチ角ほどの桝形のくぼみがある。このくぼみに向かって「運玉」を投げ、背中に当たれば命中すれば「よし」、くぼみに入れば「さらによし」で、願いが叶うという。また、境内には豊玉毘売にまつわる「お乳岩」という岩もある。

鵜戸神宮にある霊石「亀石」と運玉

丸くこねた粘土に「運」の文字を押して焼いた運玉

亀石

亀石は、本殿から12mほど先の海岸にある

体験する

運玉を投げ入れる

男性は左手、女性は右手で願いを込めてから、亀石に向かって投げる

DATA
ご利益：心願成就
アクション：運玉を投げる

お乳岩 見る

本殿がある神窟には、豊玉毘売が育児のために乳房をつけたという岩がある

岩からしたたる水は「お乳水」と呼ばれる

おちちあめ 食べる

お乳岩からしたたるお乳水で作られたあめ

「お乳岩」や岩からしたたるお乳水で作られた「おちちあめ」は、安産や育児のご利益があるといわれている。御祭神の鸕鷀草葺不合命は、お乳水を母乳がわりに育ったと伝わる。

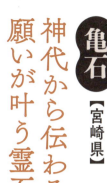

鬼《おに》の手《て》形《がた》

鬼をしりぞけた神が宿る巨石

【岩手県】

盛岡市北山《きたやま》の三《み》ツ《つ》石《いし》神社には「三ツ石様」と呼ばれて昔から崇められている三つ並んだ巨大な石がある。この巨石には、鬼がつけたとされる手形があり、「岩手」という県名の由来とする伝説がある。

かつて、北山には現在の岩手山《いわてさん》が噴火したときに飛んできたという「三ツ石」という石があった。この近くには、羅刹《らせつ》という鬼がいて、悪さをして村人を苦しめていた。村人が三ツ石様に鬼退治をお願いすると、鬼は神通力で捕まり、石に閉じ込められそうになった。鬼は泣いて謝り、「二度とこの地には来ない」という約束の証として手形を残したという。

三ツ石に眠る鬼の手形伝説

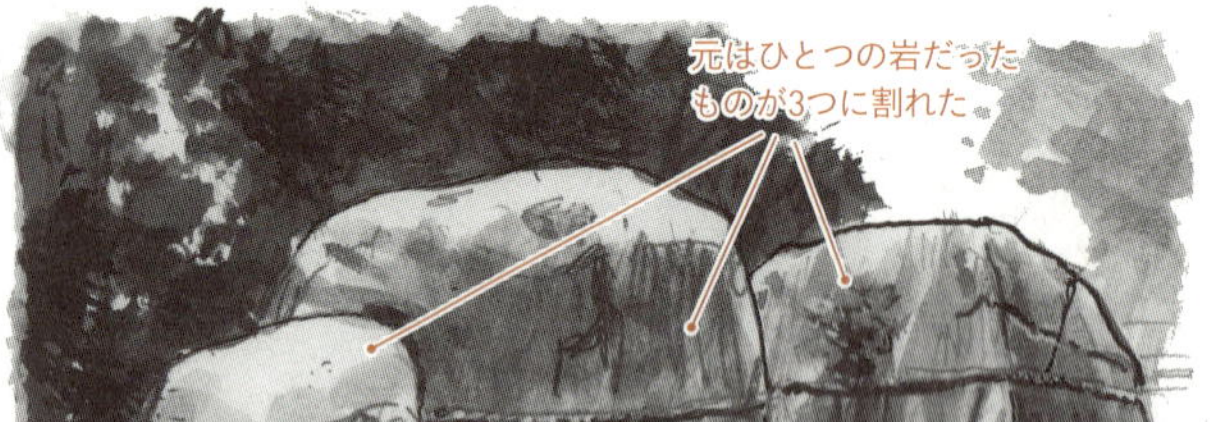

元はひとつの岩だったものが3つに割れた

DATA
ご利益：パワーチャージ
アクション：石を見る

鬼の手形

巨石に残された鬼の手形の部分には、苔が生えないという。現在は薄くなって見えづらくなっている

奉拝
三ツ石神社

頂く

三ツ石神社の御朱印

三ツ石と手形の御朱印は、徒歩15分ほどのところにある櫻山神社で受け取ることができる

見る

手形のレプリカ

境内には鬼の手形のレプリカがあり、間近で見ることができる

東北でおこなわれる「さんさ祭り」は、鬼がいなくなったことを喜んだ住民たちが、三ツ石の周りで踊り続けたことが起源だという。

昇仙峡《しょうせんきょう》【山梨県】

美しく奇妙な巨岩が立ち並ぶ景勝地

甲《こう》府市《ふし》と甲斐市《かいし》にまたがる荒川の上流にある峡谷。仙娥滝《せんがたき》から長瀞橋《ながとろばし》までの約四キロの区間を指す。長い年月をかけて侵食され、独特の形状となった花崗岩が多く立ち並ぶ。覚円峰《かくえんぼう》や天狗岩《てんぐいわ》、登竜岩《とりゅういわ》など見どころは数多い。元々は険しい山道しかなかったが、江戸時代に地元の住民たちが力を合わせて新道を開拓した。以降、昇仙峡の存在が広く知られるようになり、現在に至る。

トレッキングやウォーキングコースが整備されており、景色を楽しみながら渓流沿いを歩くことができる。また、昇仙峡のさらに奥には金櫻《かなざくら》神社（→P82）がある。

奇岩だらけの景観から自然のパワーを得る

DATA
ご利益：
パワーチャージ
アクション：
昇仙峡を歩く

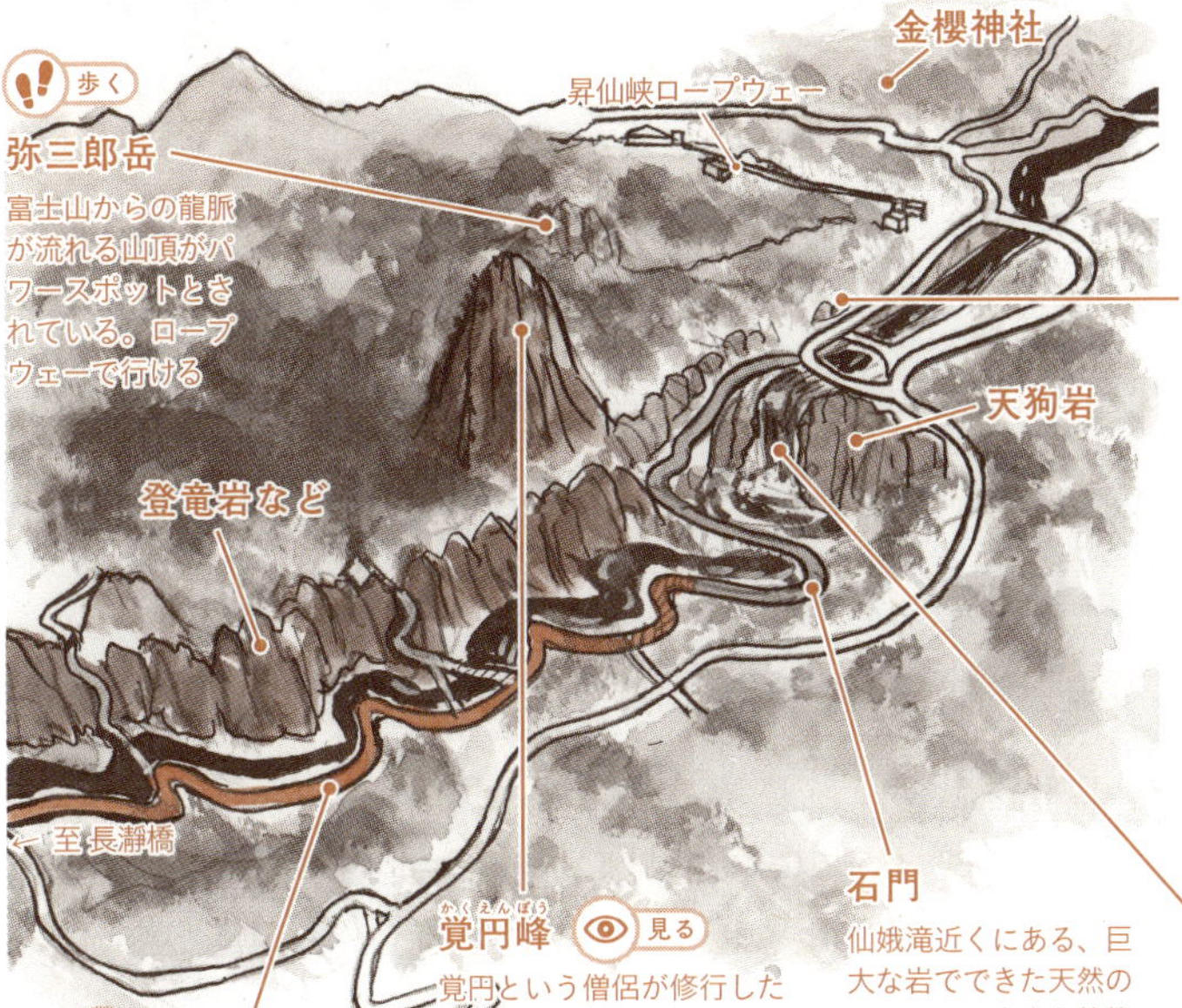
金櫻神社
昇仙峡ロープウェー
歩く
弥三郎岳
富士山からの龍脈が流れる山頂がパワースポットとされている。ロープウェーで行ける
登竜岩など
天狗岩
← 至 長瀞橋

昇玉堂《しょうぎょくどう》
昇仙峡は水晶の産出地としても有名。水晶玉が祀られている祠がある。水晶絵馬や鈴結びで願掛けができる

歩く
昇仙峡遊歩道
川沿いを歩くことができる道。全国観光地百選「渓谷の部」1位に選ばれた

覚円峰《かくえんぼう》 見る
覚円という僧侶が修行したという伝説がある。威厳のある美しい様相の昇仙峡を代表する巨石

石門
仙娥滝近くにある、巨大な岩でできた天然のアーチ。不安定な状態でスリルを味わえる

仙娥滝《せんがたき》
昇仙峡の最奥部にある、高さ30mの美しい滝。車で行くこともできる

昇仙峡の奇岩・奇石は非常にたくさんある。亀石、オットセイ石、ラクダ石、猫石、熊石など動物の名前がついた石や、トーフ石、はまぐり石、松茸石など食べ物の名前がついた石などだ。

屋久島《やくしま》・縄文杉《じょうもんすぎ》

【鹿児島県】

ユネスコ世界自然遺産に登録された神秘の島

太古の森と、自然とともに生きる人々が住まう神秘の島・屋久島。「屋久島ではひと月に三十五日雨が降る」と表現されるほど雨が多く、島に降り注ぐ雨が、苔むした森と独特の生態系を育んでいる。

屋久島の森に生えている樹齢千年を超える杉は「屋久杉」と呼ばれている。なかでも一九六六年に発見された「縄文杉」は樹齢二千百七十〜七千二百年とされる屋久島のシンボル。深い森の奥にたたずむ縄文杉を目指すトレッキング・登山が人気だ。悠久の時を感じるこの神秘の島で、大自然のエネルギーを感じることができるだろう。

世界自然遺産の島で自然のパワーを頂く

島の90%は森林だが、海岸部に約1万人の人々が暮らしている。

永田いなか浜
花崗岩の白浜。ウミガメの産卵地として知られる
縄文杉
屋久島最大の屋久杉。標高1300mに生息。樹高25.3m、胸高周囲16.4m
弥生杉
宮之浦岳
ウィルソン株
紀元杉
推定樹齢3000年の屋久杉
荒川登山口
屋久島

白谷雲水峡《しらたにうんすいきょう》（もののけの森）

有名アニメ映画のモデルになった地といわれている。原生林に覆われた「苔むす森」や屋久島の山々を一望できる「太鼓岩」など見どころが多い

大川《おおこ》の滝

屋久島最大級の滝。落差は約88mで、滝壺近くまで行ける

中間《なかま》ガジュマル

巨大なガジュマル。幹から無数の気根が伸びトンネル状になっており、中をくぐることができる

千尋《せんぴろ》の滝

巨大な岩盤から流れる雄大な滝。落差は約60m

DATA
ご利益：パワーチャージ
アクション：島を歩く

屋久島の環境を保全するため、「ゴミを持ち帰る」「野生動物にエサをあげない」「動植物を傷つけない」などのマナーを守ろう。

深い森の中に鎮座する縄文杉

標高1300mの山の中に鎮座している
名前の由来は、「縄文時代から生きている」説と「幹の造形が縄文土器に似ている」説がある
縄文杉は、展望デッキから眺めることができる
縄文杉
ウィルソン株
夫婦杉、大王杉
仁王杉
大株歩道入口
三代杉
楠川分れ
小杉谷橋
小杉谷休憩所
大杉
荒川登山口

縄文杉トレッキングコース 歩く

縄文杉は深い森の奥にある。荒川登山口からの道のりは往復約22km、所要時間は10〜11時間ほどかかる

縄文杉トレッキングの見所 見る

夫婦杉

隣り合う２本の屋久杉が、手をつなぐように合体している。夫は樹齢約2000年、妻は樹齢約1500年

ウィルソン株

屋久島最大の切り株。中に入って上を見上げると、ハート型に見えることから、恋愛のパワースポットとして知られる

屋久島の登山は、春から秋がベストシーズン。初心者向けの短いコースから上級者向けの長いコースまで、さまざまなトレッキングコースがあり、ホームページなどで難易度や所要時間などを確認することができる。

来宮神社《きのみやじんじゃ》の大楠《おおくす》【静岡県】

神々が宿った生命力あふれる巨木

熱《あ》海市《たみし》の来宮神社の御神木で、古くから神が宿る聖なる木として崇められてきた。あらゆる天変地異を耐えた大楠の樹齢は二千百年を超え、今も堂々たる姿を見せている。来宮神社は江戸時代末期までは「木宮明神」と称しており、木に宿る神々への深い信仰を感じさせる。

大楠にまつわる伝説がある。昔、村人たちが金のために大楠を伐採しようとしたことがあった。鋸《のこぎり》を幹に当てようとした瞬間、白髪の老人が現れた。老人が両手を大きく広げると、鋸は真っ二つに折れた。これを神の意思と思った村人たちは大楠を切ることをやめたという。

樹齢2100年超えの大楠が鎮座

大楠を見下ろすことができる展望台もある

大楠は本州一の大きさ。高さ26m、幹周り23.9m

体験する

幹を1周する

1周すれば寿命が1年延び、願いを心に浮かべて1周すれば叶うという言い伝えがある

大楠の脇にあるスタンドスタイルの背もたれベンチ。寄りかかって大楠を仰ぎ見ることができる

頂く

ユニークなおみくじ「大楠のこと葉」

大楠に似た形をしたオリジナルのおみくじ。楠の木でできた葉っぱ型かハート型のチップが入っている

DATA
ご利益：健康長寿
アクション：木を拝む

大楠は御神木の第一大楠以外に第二大楠もある。落雷によって幹の中身がなくなってしまっているものの、現在でも青々とした葉を茂らせている。

武《たけ》雄《お》の大楠《おおくす》・夫《め》婦《おと》檜《ひのき》【佐賀県】

長寿の大楠と良縁を結ぶ檜

御《み》船山《ふねやま》の麓にある武雄神社の御神木で、推定樹齢三千年といわれる。本殿裏の竹林を進んだ先に、巨大な大楠が立っている。

昔から神が宿るとして崇められており、根元には天神様が祀られている。延命長寿のほか、無病息災や商売繁盛のご利益もあるという。

また、境内には夫婦檜と呼ばれる縁結びの御神木もある。二本の檜は根元で結ばれ、枝同士がつながっている。これは、御祭神である仲哀天《ちゅうあいてん》皇《のう》と神功皇后《じんぐうこうごう》の御神威によるものだと伝わっている。その様から、縁結びの象徴とされており、恋愛に限らずあらゆる縁を結ぶといわれている。

古より人々を見守ってきた長寿の大楠

高さ27m、根回り26m。根元には12畳もの広さの空洞がある

夫婦檜

根元は夫婦和合、つながった枝は縁結びの象徴とされる

体験する

夫婦檜の縁結び鈴の願掛け作法

願いに合わせた宝来鈴を受け取り、鈴尾に結ぶ。願いをこめて鈴を優しく鳴らし、ご拝礼する

紐の色で願掛けの意味が異なり、赤は恋愛成就、黄色は商売繁盛、白は心願成就

頂く

武雄神社独自のお守り

大楠の生命力にあやかったお守り。楠の中で祈願したもの

DATA
ご利益：延命長寿
アクション：木を拝む

武雄神社の御朱印帳は2種あり、それぞれ大楠と夫婦檜が描かれている。御朱印は神社名のみを墨書したもの以外に、見開きサイズの大楠または夫婦檜の印が押されたものや、期間限定のものもある。

千本《せんぼん》ナラ【北海道】

千手観音のように枝を広げる大木

石《いし》狩《かり》市《し》の市道、毘《び》砂《しゃ》別《べつ》送《おくり》毛《げ》線《せん》の山頂付近にある、推定樹齢八百年以上のミズナラの大木。天に向かって伸びるたくさんの枝が、まるで千手観音のように見えるため「千本ナラ」と呼ばれるようになった。この木に触れると病が治ったという噂が広まり、全国的に有名なパワースポットになったという。三本あったナラは落雷などで折れて一本だけとなったが、現在も訪れる人は多い。

人々を「すくう（救う）」ことから、ごはんを「すくう（掬う）」ための「しゃもじ」に願い事を書く風習が生まれた。木には、願い事をしたためたしゃもじがくくりつけられている。

「しゃもじ」で願掛けをするミズナラの木

DATA
ご利益：心願成就
アクション：しゃもじに願いを書く

幹周り4.8m、樹高約18m。枝が横に広がっているのは日本海から吹き上げる風の影響だという

体験する

しゃもじを奉納する
願い事を書いたしゃもじを、木のしめ縄に差し込む

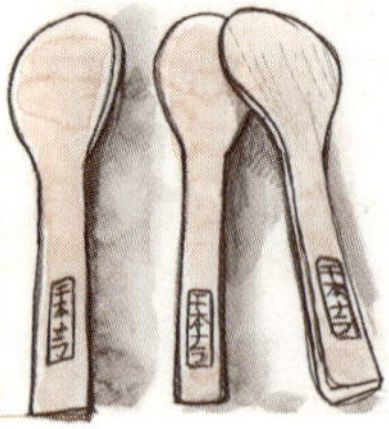

木のしゃもじはその場には売っていない。予め用意していくか、近隣の浜益（はますす）温泉で入手する

千本ナラは、一般的なミズナラよりも低い位置で枝分かれしている。これは、下方から吹き上げる海風の影響で枝が上ではなく横に広がったことが原因で、そのために千手観音のような姿になったのだという。

蒲生《かもう》の大楠《おおくす》【鹿児島県】

天に枝葉を広げる日本一の巨木

推定樹齢千六百年、高さ三十メートル、四方に広がる枝ぶりが見事な巨木。巨樹・巨木林調査で日本一と認定された。

大楠は始良市《あいらし》蒲生八幡《かもうはちまん》神社の境内に立つが、神社の建立以前から神木として崇められていたという。平安初期の官人、和気清麻呂《わけのきよまろ》が蒲生を訪れたときに大地に刺した杖が根づき、成長したという伝説がある。

神社には、大楠が描かれた「健康長寿御守」がある

内部には、直径約4.5mの空洞がある

DATA
ご利益：パワーチャージ
アクション：木を拝む

十二本《じゅうにほん》ヤス【青森県】

山の神と崇められる十二本の枝をもつヒバ

五《ご》所川原《しょがわら》市にある推定樹齢八百年、周囲七メートル以上のヒバの大木。十二本の枝に分かれている様が魚を突き刺す「ヤス」に似ていることから命名された。

もし枝が分かれて十三本になっても、一本が枯れて常に十二本になるという。地元では神木とされ、伐採することを人々が恐れたために保存されることになった。

この地域では、12月12日が山の神を祀る日。そのため、12本の枝を持つこのヤスに山の神が宿ると信じられてきた

木の近くへ行くには車で向かう必要がある

DATA
ご利益：パワーチャージ
アクション：木を拝む

和気清麻呂が流罪となって大隅国（現在の鹿児島県）に向かう途中、蒲生の大楠のもとで休んだという伝説もある。

金櫻《かなざくら》

【山梨県】

黄金色の桜を拝んで金運アップ

金《きん》峰山《ぶさん》を御神体とする金櫻神社の境内にある鬱金桜《うこんざくら》の木。神社の本宮は金峰山山頂にあるが、里宮に神社名の由来となった御神木の金櫻が立っている。

淡い黄金色をした八重の花弁は、四月下旬から五月上旬に満開になる。古くから「金の成る木の金櫻」として崇められており、金運上昇のご利益があるといわれている。

金櫻
鬱金（うこん）に似た淡い黄色の桜は非常に珍しい種

頂く

水晶のお守り
満開の時期に金櫻を拝んで水晶を頂くと、一生金運に恵まれるという

DATA
ご利益：金運
アクション：桜を見る

山高神代桜《やまたかじんだいざくら》

【山梨県】

神話の時代より生きている日本最古の桜

日本三大桜に数えられるエドヒガン種の桜で、樹齢二千年といわれる古木。倭建命《やまとたけるのみこと》（→P122）が東征の際に植えたという伝説をもつ。神代の時代から存在することから「神代桜」と呼ばれ、大正時代に日本初の国指定天然記念物となった。

日蓮宗の実相寺《じっそうじ》の境内にあり、かつて日蓮聖人が訪れた際に弱っていた桜の木を見て、回復を祈願したところ再生したと伝わることから「妙法桜」とも呼ばれる。

北杜市（ほくとし）武川町にある、高さ約10m、周囲約12mの巨桜

DATA
ご利益：無病息災
アクション：桜を見る

金櫻神社がある金峰山は、昇仙峡（しょうせんきょう）（→P75）を登った先にそびえている。この地で産出し、磨き上げられた水晶の「火の玉・水の玉」を御神宝としている。

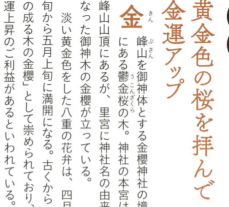

美女杉《びじょすぎ》【富山県】

禁忌を破って杉となった少女の伝説

北アルプス北部の立山《たてやま》（→P37）にある伝説の立山杉。かつて女人禁制だった立山を登ろうとした尼がいたが、神罰が下り侍女の一人が神罰で杉になったという。

この杉には、立山を開山した佐伯有頼《さえきありより》にまつわる伝説もある。開山するまでは帰れないと有頼から追い返された許嫁《いいなずけ》が、帰り道で一本の杉に祈ったことで二人は結ばれたという。

美女杉
立山ケーブルカーと立山高原バスの美女平駅の近くに立つ

有頼の許嫁が祈るときに詠んだ歌を3度唱えると、恋愛が成就するという

DATA
ご利益：パワーチャージ
アクション：木を拝む

縁切榎《えんきりえのき》【東京都】

悪縁を断つ縁切りの木

江戸時代から「縁切り」のご利益がある神木として崇められてきた榎。この木の皮や葉を煎じたものを相手に知られないように飲ませると、縁を切ることができるという伝説がある。縁起が悪いとして、嫁入り前の女性はこの木の前を通るのを避けていたという。一方で、病気や酒との悪い縁を切り、良縁を結ぶ効果もあるといわれている。

縁切り榎
板橋区の商店街に立っている

絵馬
絵馬に願い事を書くことができる

近くには絵馬の自動販売機がある

DATA
ご利益：縁切り、縁結び
アクション：絵馬に願いを書く

江戸時代、14代将軍徳川家茂に嫁ぐことになった皇女和宮（かずのみや）が、縁切榎の前を通るのは縁起が悪いので、この道を避けて通ったというエピソードが伝わっている。

column

3つの謎スポット「日本三奇」

「日本三奇」とは奇跡とされる建造物のこと。現在もその謎は解けぬまま、不思議な魅力を放っている。

生石《おうしこ》神社の石の宝殿【兵庫県】

高さ5.7m、幅6.45m、奥行き5.45mの巨大な直方体の石。生石神社の御神体だが、だれが何の目的で建てたのかは不明。一説では、日本神話の大穴牟遅神《おおなむちのかみ》と少彦名神《すくなひこなのかみ》が国家守護のために建造しようとしたが、反乱にあい未完成のまま現在に至るという。

高千穂峰《たかちほのみね》の天逆鉾《あまのさかほこ》【宮崎県】

高千穂峰（→P25）の頂上に突き立てられた逆鉾。日本神話の伊邪那岐命《いざなぎのみこと》と伊《い》邪那美命《ざなみのみこと》(→P114) が国土を作る際に使った「天沼矛《あめのぬぼこ》」が落ちたものだという。江戸時代末期には、坂本龍馬が新婚旅行で訪れ、天逆鉾を引き抜いてしまったという逸話も残る。

御釜《おかま》神社の四口《よんく》の神竈《しんかま》【宮城県】

鹽竈《しおがま》神社(→P151) の末社である御釜神社にある鉄でできた4つの竈。直径1.4mほどの大きさで、常に海水で満たされており、あふれることも減ることもないという。世の中で変事が起こるときに竈の中の水の色が変わるという言い伝えがある。

4章

水辺の聖地

日々の生活を潤し、癒してきたすべての生命の源である水。水の恵みが求められる地には、必ず人々の祈りがあった。

水辺の聖地概論

日本の聖地と「水の神様」

水の恵みをもたらす神が信仰の対象に

人々の生活に欠かせない水辺の場所は古くから重要視されてきた。湖や池に水の神を見出して信仰し、水の恵みを祈願するようになる。そして、水神を御神体とする社やお堂が近くに建てられていった。

川や滝の神の化身としての龍神信仰もある。神道における龍神は三輪《みわ》山《やま》（→P55）のように蛇が神霊化したものだ。一方、インドや中国の影響を受けた龍神信仰では、龍神は水や雨をもたらす水神、豊穣の神である。龍神に祈る雨乞いの儀式などはその一例である。また、財福の神である七福神の弁財天は、元はインド神話のガンジス川の女神である。

日本のあらゆる場所に水の聖地は存在する

水にまつわる信仰は川や湖に限らない。海の干満を司る海神《わたつみ》、航海の安全を守護する三女神、豊漁をもたらす七福神の恵比寿など、日本古来の海の神様は多い。

病を治す霊水が湧き出る地や、体を癒す温泉地など、水そのものを崇める聖地もある。これらでは、神様や霊力をもった人物が水をもたらしたという伝説が語られることが多い。

また、農業に深く関わる水の分配を司る水分神《みくまりのかみ》は全国各地に祀られている。四方を海で囲まれ、水源地となる山々に囲まれた日本では、水への信仰が深く根づいており、水に関する聖地も非常に多いのである。

室生龍穴神社《むろうりゅうけつじんじゃ》【奈良県】

龍神伝説をもつ水清らかな古社

室《むろ》生寺《うじ》から室生川沿いに一キロほど上った渓谷の入口にある古社。御神体は奥宮にある吉祥龍《きっしょうりゅう》穴《けつ》で、善女龍王《ぜんにょりゅうおう》という龍神が棲んでいるという。伝説では、善女龍王は興福寺《こうふくじ》付近の池で暮らしていたが池で身投げする者がいて、清らかで静かな場所を求めてこの洞穴へ住処を移したという。この地では古来、雨乞いの神事がおこなわれている。

また、室生龍穴神社は、近くの室生寺と縁がある。『日本紀略《にほんきりゃく》』によれば奈良時代末期、病魔に冒された山《やま》部親王《べのしんのう》（桓武天皇）のため室生にある龍穴で祈祷が上げられたとあり、その龍穴が吉祥龍穴と考えられている。

善女龍王の住処とされる吉祥龍穴

雨乞いの神 善女龍王

水を司る龍神。仏法を守る龍族の8大龍王の一尊・沙伽羅（しゃがら）龍王の3女。龍のリーダー的存在で、弘法大師（→P128）が京都の神泉苑（しんせんえん）で雨乞い合戦をおこなった際に現れた龍王としても知られている

見る

吉祥龍穴（妙吉祥龍穴）

古い記録では「室生龍穴」とも記される。パワースポットとしても有名な場所

鳥居を潜り、階段を降りた先に龍穴を拝む「遥拝所」がある

DATA

ご利益：パワーチャージ
アクション：龍穴を拝む

「龍穴」とは、龍神が棲むとされる洞穴であり、風水において山脈を流れる気が集中する吉祥の地。室生龍穴神社は、京都の貴船神社（→P92）の奥宮社殿、岡山の備前龍穴と並び、日本三大龍穴のひとつとして名高い。

室生龍穴神社にはパワーを感じるスポットが多い

室生の山中には独特な洞穴や奇岩が多いため、それぞれの地に伝説が多い。室生龍穴や天の岩戸は「九穴八海」と呼ばれる室生伝説の舞台である九穴(3つの龍穴と6つの岩屋の総称)のうちのふたつにあたる。

室生寺 参る

金堂、五重塔、釈迦如来像など多くの国宝を有する古刹。女人高野とも呼ばれる

招雨瀑《しょううばく》

龍穴の右側にある巨大な一枚岩に流れる滝

天の岩戸 見る

天照大御神(あまてらすおおみかみ)(→P116)が隠れたという天岩戸伝説の舞台とされる地のひとつ。奥社へ向かう途中にある

見る **連理の杉(夫婦杉)**

2本の杉が根元で1本になっている杉。縁結びのご利益があるという

参る **室生龍穴神社**

現在の御祭神は、雨乞いの神、高龗神(たかおかみのかみ)

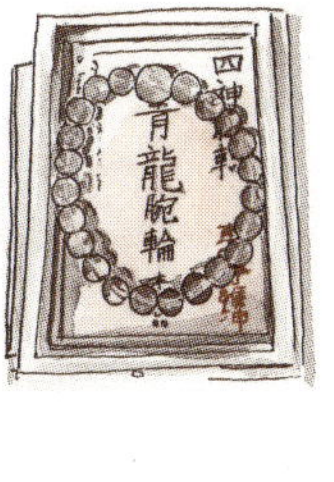

青龍腕輪 頂く

社務所で授与できる青龍腕輪は、龍神様のパワーが込められている。社務所が開いているのは毎月15日と、初詣などの人が多いときのみなので注意

室生龍穴神社では、毎年10月におこなわれる秋祭りが有名。室生龍穴神社と縁の深い室生寺とともにおこなう神事で、龍神の恵みに感謝し、2頭の獅子が魔除けや五穀豊穣を祈願して舞を披露する。

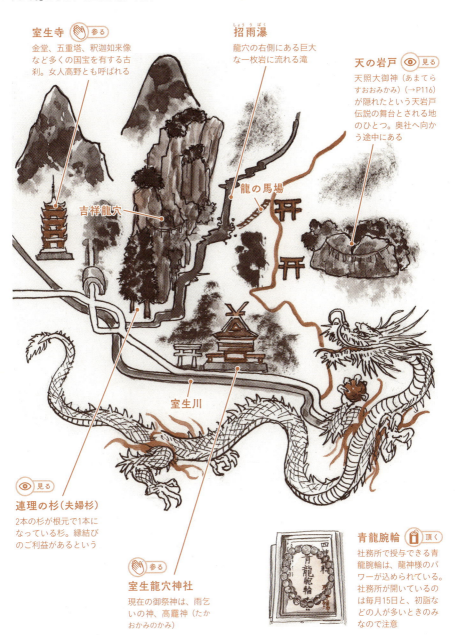

諏訪湖《すわこ》【長野県】

巨大な龍神が棲む湖 湖畔には諏訪大社も

諏訪湖は、長野県のほぼ中央に位置する信州一大きな湖で、周囲は約十六キロ。「中央構造線」と「糸魚川《いといがわ》・静岡構造線」という二大断層が交差する場所にあり、大地のエネルギーに満ちたスポットとなっている。

　諏訪の神様は、昔から水と風の守護神とされており、十一世紀の蒙古《もうこ》襲来のときには、諏訪の龍神が飛んでいき大嵐を起こして撃退したという伝説がある。また、諏訪湖にある諏訪神社の御神体である守屋山《もりやさん》に雲がかかると雨が降るともいわれている。そのようなことから、諏訪の神様は龍の姿だと考えられている。

信州の誇る生気に満ちたパワースポット

体験する
諏訪湖を楽しむ
湖上ではボートや遊覧船、釣りも楽しめる
北アルプス連峰
見る

立石公園から眺める

上諏訪の標高934mに位置する立石公園からの諏訪湖の眺めは、夕景と夜景が特に絶景。ほかに高ボッチ高原からの眺めもおすすめ

諏訪の龍神様

諏訪湖の龍神は巨大。本来、日本の神々は10月に出雲に集まるとされるが、諏訪湖の龍神は大きすぎて、出雲に着いても尾がまだ諏訪湖にあった。その姿を見た出雲の神様が「移動は大変だろう」と気遣い、出雲に行かなくてよくなったそうだ。以来、信濃国（長野県と岐阜県の一部地域）では10月を「神在月」と呼ぶという

DATA
ご利益：パワーチャージ
アクション：湖を見る

諏訪には不思議な現象や伝説が多く、諏訪湖の御神渡りは「諏訪の七不思議」に数えられる。そのほか、上社で元旦におこなわれる蛙狩神事における不思議な伝説「元朝の蛙狩り」など、諏訪大社にまつわる伝説も多い。

諏訪湖の「御神渡《おみわた》り」

真冬に諏訪湖が全面凍結すると、南の岸から北の岸にかけて氷が裂けて氷の山脈が出現する。これは「御神渡り」と呼ばれ、神様の通り道と考えられている。

諏訪湖
建御名方神《たけみなかたのかみ》
諏訪大社の御祭神で、諏訪大神ともいう。水と風を司る龍神でもある

見る **御神渡り伝説**

昔、諏訪大社の建御名方神とお妃が喧嘩し、お妃は湖の向こうの下諏訪に引っ越してしまった。建御名方神は寂しくなり、あるとき氷の張った湖の上を下諏訪まで駆け抜けた。すると氷はバリバリと音を立てて氷の山脈になった。以来、湖に氷が張る時期になると、建御名方神は下諏訪にいるお妃に会いに行くようになったという

諏訪大社４社巡り

諏訪湖を挟んで上社（前宮と本宮）と下社（春宮と秋宮）に分かれ、国内でもっと古い神社のひとつ。古くから雨や水、五穀豊穣を司る神、また武勇の神として親しまれ、武将にも信仰されていた。

4社の御朱印で記念品を受け取る 頂く

4社の巡り方に決まりはない。4社の御朱印を集めると、最後の社で記念品を頂ける

下社春宮《しもしゃはるみや》

長い参道の先にある下諏訪の社。2月から7月まで御祭神が秋宮から遷される

下社秋宮《しもしゃあきみや》

日本最大とされる青銅製の狛犬がある。8月から1月まで御祭神を迎える

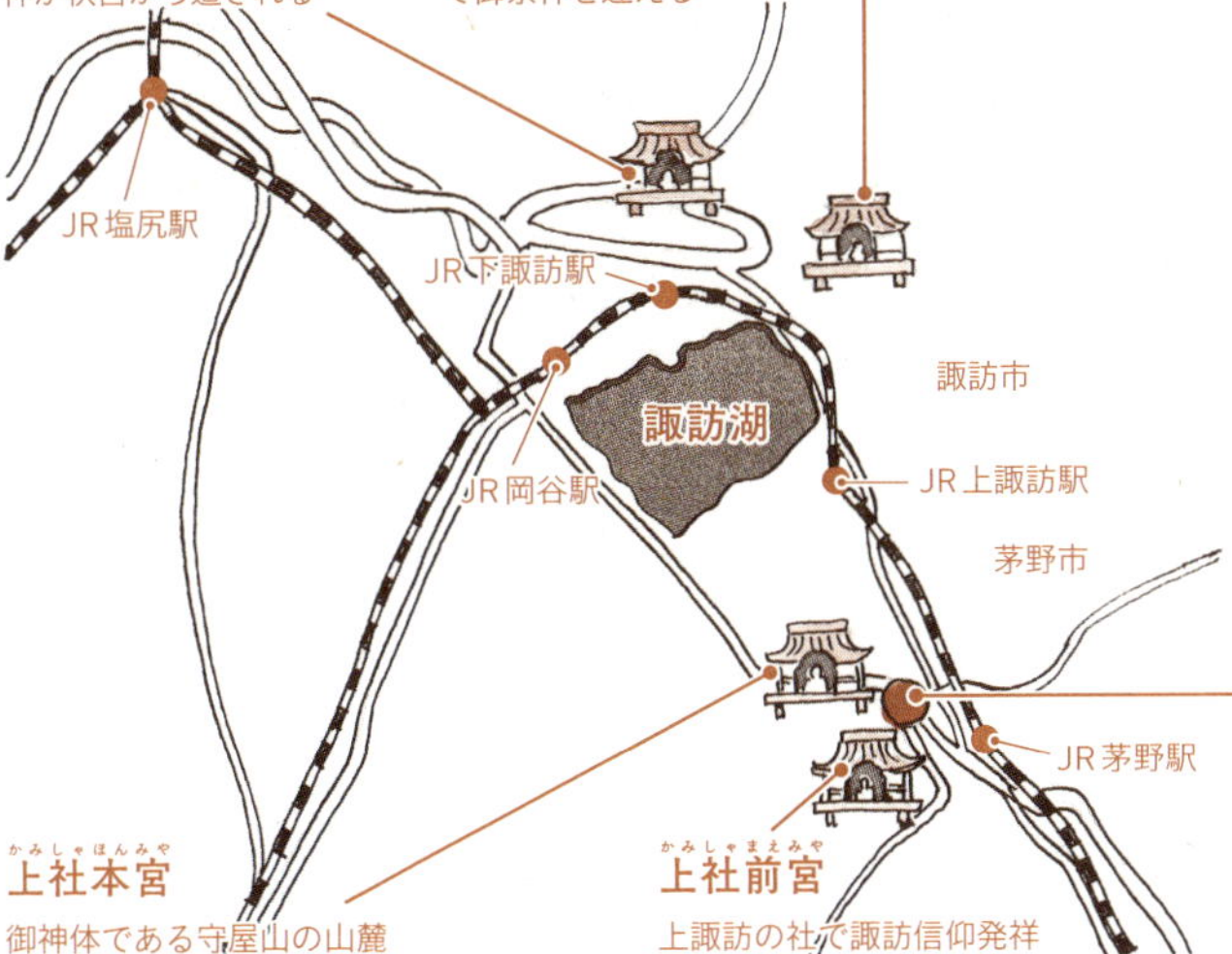
JR塩尻駅
JR下諏訪駅
諏訪市
諏訪湖
JR岡谷駅
JR上諏訪駅
茅野市
JR茅野駅

上社本宮《かみしゃほんみや》

御神体である守屋山の山麓にある。諏訪造りの社殿や美しい彫刻が見られる

上社前宮《かみしゃまえみや》

上諏訪の社で諏訪信仰発祥の地。御柱祭の際、社殿の四隅に御柱が立てられる

見る

７年に一度の御柱祭《おんばしらさい》

平安時代から続く諏訪大社の神事で、日本三大奇祭のひとつ

御柱を選んで奥山から人の手で曳き、境内に立てる

参る

ミシャグジ様を祀る御頭御社宮司総社《おんとうみしゃぐじそうしゃ》

ミシャグジとは諏訪を中心に古くから信仰されている水と風を司る神様（精霊）。建御名方神が来る以前、諏訪信仰の中心はミシャグジだったとされる

諏訪の温泉は、古くから「神の湯」として親しまれており、上諏訪温泉や下諏訪温泉、蓼科（たてしな）温泉には諏訪大社にまつわる伝説も多いという。なお、下社秋宮には「御神湯」という手水舎があり、温泉の湯で手を清めることができる。

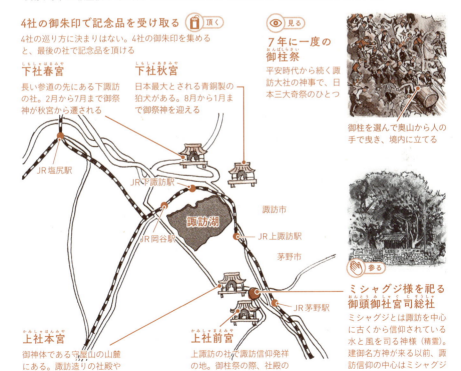

貴《き》船《ふね》神社《じんじゃ》【京都府】

水の神様の「氣」に触れられる場所

賀《か》茂川《もがわ》の上流に位置する、全国に約二百六十ある貴船神社の総本社。水を司る高龗神《たかおかみのかみ》を御祭神とし、京都の水源を守る神として、古くから信仰されている。創建の年代は不明だが、約千三百年前から存在する古社である。神武天皇の母、玉《たま》依姫命《よりひめのみこと》が大阪湾から、船に乗って貴船川上流の奥宮の位置に至ったとする伝説がある。このとき、清水が湧き出る地に建てた祠が貴船神社の起源とされる。

「きふね」は「氣生根」とも記され、気が生まれる根源とされてきた。清らかな神の「氣」に触れることで力がみなぎるという。

本宮、結社、奥宮を参る貴船神社の「三社詣」

DATA
ご利益：運気隆昌、縁結び
アクション：神社をお参りする

本宮
石垣から貴船山の湧き水があふれる。ここで「水占みくじ」ができる
結社
磐長姫命（いわながひめのみこと）を御祭神とする、縁結びで有名な社。平安時代の歌人、和泉式部が参拝したところ、夫との復縁が叶ったことから「恋の宮」とも呼ばれる
奥宮本殿の龍穴から生まれる龍の「氣」のイメージ
奥宮
創建の地。奥宮本殿の下には龍穴があるが、神聖な穴のため見ることはできない
船形石
社殿の横にある石組み。玉依姫命が乗ってきたとされる「黄船」が、人目につかぬよう中に隠されているという
貴船川

体験する
水占みくじ
本宮の石垣から湧き出る御神水に浸すとおみくじに文字が浮かび上がる

体験する
緑色の結び文
結び文に願い事を書き、結び処に結ぶと願いが成就するという

貴船神社には「丑の刻参り」の原型ともいわれる伝説がある。丑の刻参りとは、丑の刻（午前2時頃）に呪いたい相手に見立てた藁人形を五寸釘で木に打ちつける儀式。貴船神社で丑の刻参りをした女が鬼と化した「宇治の橋姫」伝説が有名である。

秩父今宮神社《ちちぶいまみやじんじゃ》【埼玉県】

霊山より湧き出る泉に宿る水神

一〇〇年頃、武甲山《ぶこうざん》より湧き出る霊泉に水神を祀ったのを起源とする神社。その後、修験道の開祖である役小角《えんのおづぬ》が、霊泉のそばに八大龍王を合祀し、「八大龍王宮」と呼ばれるようになる。

役小角がこの地を選んだのは、霊山である武甲山からの湧き出る霊泉と、龍が住める木があったことが、龍神を祀る条件を満たしていたからだといわれている。以降、秩父修験の中心地だったが、明治時代の修験禁止令にて修験道が廃止されて現在に至る。

境内に入れば、龍神にまつわるスポットを巡ることができる。

龍神の棲む大木と池

DATA
ご利益：金運
アクション：神社をお参りする

龍神木 見る
境内の中央に立つ欅（けやき）の古木。推定年齢500～600年。龍神が棲むと伝わる

龍神木の洞《うろ》
龍神木の上部には、龍神が出入りするという洞がある

龍上観音
「龍上観音」とは、龍神に乗って人々を救いにきた観音菩薩の姿を表したもの

龍神池 見る
山道の右手にある霊泉。龍神の仮の姿だといわれている

歩く
秩父願い石巡礼
秩父に点在する寺社、パワースポットを「石所」として巡ることができる。各地にある「願い石」を集める旅で、秩父今宮神社は恋愛運を授ける紅水晶が受け取れる

6種の御朱印 頂く
「龗（龍神という意味）」の文字が書かれたものや、滝上観音が描かれたもの、一粒万倍日だけにいただける限定の御朱印もある

八大龍王とは『法華経』に現れる8体の龍の王のこと。仏法を守護し、雨を降らせる力をもつ。日照りの際には龍王に祈り、雨乞いをおこなったという。

金蛇水神社《かなへびすいじんじゃ》【宮城県】

金蛇を御神体とする水神信仰の霊場

金

蛇沢という谷の出口にある、水神信仰の霊場。巳（金蛇）を御神体とし商売繁昌、金運円満などのご利益があるという。昔、宗近《むねちか》という刀鍛冶がこの地で名刀を鍛えようとしたが、カエルの鳴き声に悩まされたので雌雄一対の金の蛇を作り、水中に放った。するとピタリと鳴き止み、名刀を鍛えられたことから、この地は金蛇水神社と社名を改め、巳を御神体とするようになったという。十二日に一度の「巳の日」には、特別な御朱印が頒布される。

また「花の社」としても知られていて、五月には藤、牡丹、ツツジの花まつりを楽しむことができる。

金蛇を祀る花の社で金運上昇を祈る

DATA
ご利益：金運
アクション：神社をお参りする

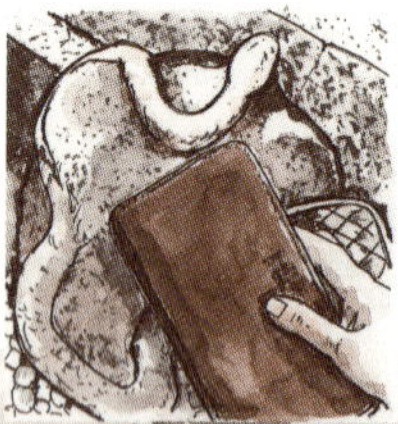

体験する

蛇紋石《じゃもんせき》に触れる

境内には蛇の紋様が浮かぶ石が置かれている。財布で石を撫でると金運のご利益があるという

金蛇弁財天社

東北最大級の等身大の八臂（はっぴ）弁財天が祀られている

九龍の藤

樹齢300年とされる見事な藤棚を堪能できる

御神体の金蛇

頂く

蛇のおみくじ

金運について書かれた「金運白蛇お巳くじ」

頂く

蛇の御指環

蛇のデザインの神環。金と銀の2種類がある

かつて7色の水が湧いたという御霊池、約100種もの牡丹が色鮮やかに咲く牡丹園など、ほかにも見どころが多い。クレジットカード型のお守りも金運が上がると人気で、12年に一度の巳年には限定カラーのブラックカードも頒布される。

蛇窪神社《へびくぼじんじゃ》【東京都】

白蛇様と龍神様を祀る「東京の白蛇様」

白蛇大神と蛇窪龍神をお祀りする品川区の神社。通称「東京の白蛇様」として親しまれており、境内には白蛇や白龍の像が並び、巳の日や己巳《つちのとみ》の日は御縁日とされている。社殿のとなりの白蛇辨財天社《はくじゃべんざいてんしゃ》にある辨天池は、白蛇様の住処といわれ、「白蛇清水」という清水が湧き出ている。この清水でお金を洗うと金運を授かるそうだ。

また、蛇窪龍神は雨を降らせてこの地域の干ばつを救ったという伝説をもつ。神様の使いである白蛇は八匹目で白龍になるという伝説があり「巳が龍＝身が立つ」ことから立身出世のご利益があるとされる。

DATA
ご利益：金運
アクション：銭を洗う

蛇にまつわるものが多い蛇窪神社の境内

白蛇辨財天社
白蛇様の住む辨天池があり、金運のご利益があるとされる

体験する
白蛇種銭の銭回し

「白蛇種銭」をひとつ取る
石臼の金杯の上に乗せ、時計回りに3回ゆっくり回す

白蛇清水銭洗い

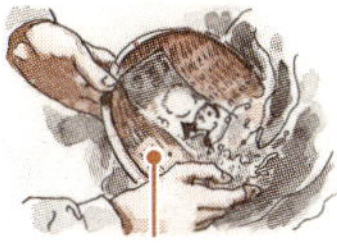

ザルに白蛇種銭とお金を入れ、水鉢の中に浸して3回回して清める

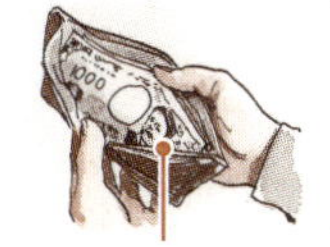

白蛇種銭を財布に納め、お金は自宅に保管する

撫で白蛇
夫婦の白蛇を撫でて、復活・開運を祈願する

歩く
白蛇様の戻り道を通って参拝する
昔、白蛇様が蛇窪神社から戸越公園の池に移住し、その後、もとの住処である蛇窪神社の辨天池に戻ったという。戸越公園の池から蛇窪神社までの道は「白蛇様の戻り道」といい、参拝ルートにするとご利益があるという

頂く
巳にまつわるお守りやおみくじ

夢巳札《ゆめみふだ》
天然記念物山口県の「岩国のしろへび」の脱皮と蛇窪大明神のお札入りの御守り

巳くじ
「凶」が出たら身代わりに「巳守」をいただける

白蛇神符
御守・御祈願を受けた人は無料でいただける

境内にある蛇窪龍神社は、蛇窪の守護神。蛇窪神社創建前からこの地にあり、1000年以上の歴史をもつという。鳥居のそばにある7匹の白蛇と全長8mの巨大な白龍の像は、神様の使いである白蛇が8匹目で白龍になるという伝説を表しているという。

忍野八海《おしのはっかい》【山梨県】

龍王が守護する八つの美しい湧水群

忍野八海は、忍野村にある八つの美しい湧水池だ。かつてこの一帯には、忍野湖という湖があったが、富士山の噴火活動などを経て枯渇。その後、富士山の伏流水が噴出し、この湧水群が生まれた。

忍野八海は古くから霊水として知られ、中世には富士修験者の霊場、江戸時代には、内八海《うちはっかい》や外《そと》八海と並ぶ富士講《ふじこう》信者の巡礼地となった。八つの湧水池にはそれぞれ龍神（八大龍王）が祀られ、さまざまな伝説が残されている。富士山の雪解け水が地下の溶岩で長い間ろ過されて生まれた水により、どの湧水池も神秘的な美しさを放っている。

かつては富士修行者の水行の霊場だった忍野八海

富士講信者は、富士山の登拝だけでなく、富士山周辺の湖沼（内八海、外八海）などでも水行をおこなったという。

DATA
ご利益：パワーチャージ
アクション：池に行く

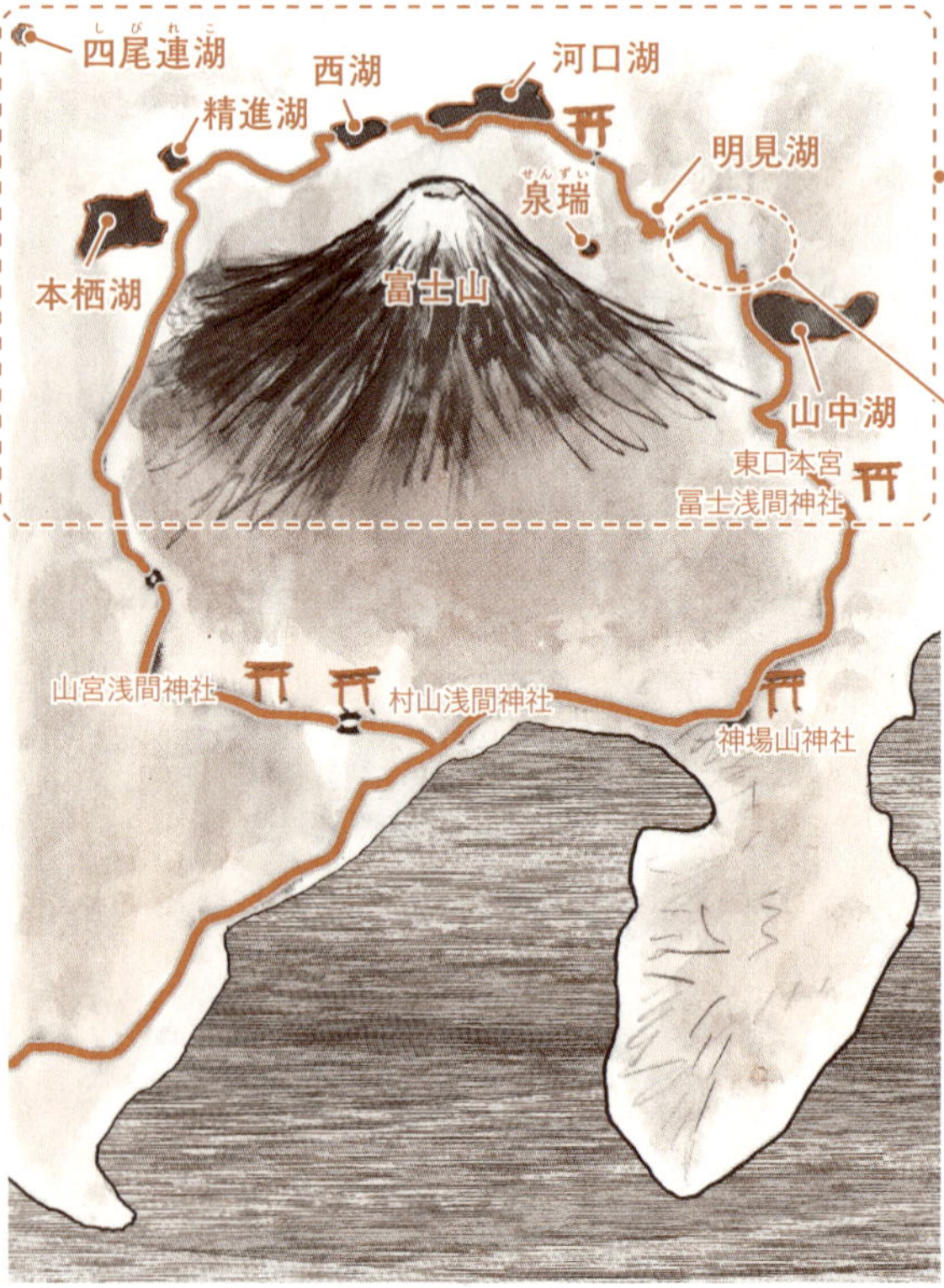

内八海
富士山を取り巻く8つの湖。泉瑞・山中湖・明見湖・河口湖・西湖・精進湖・本栖湖・四尾連湖の順に巡礼することを「内八海巡り」という

忍野八海
8つの池は、北斗七星と北極星の形を表すという説もある

富士講
富士講とは、富士山登拝を目的とする信仰集団。江戸時代に広まった

「内八海」は、富士講の開祖である角行（かくぎょう）が水行をおこなったとされる8つの湖を指し、富士八湖ともいう。富士講の人々は、富士山への登拝の前に湖水を巡って身を清めたといい、これを「八海巡り」と呼ぶ。

神秘的な湧水群「忍野八海」巡礼ルート

8つの湧水池をそれぞれ守る「八大龍王」とは、仏法を守る8つの龍の神様のこと。
忍野八海のすべてを回ることで、八大龍王を参拝できる。

天気のいい日には、鏡池で逆さ富士を見ることができる

7.鏡池《かがみいけ》

龍王：摩那斯《まなし》竜王《りゅうおう》

7番霊場。水面に富士山が鏡のように映ることから命名。あらゆる善悪を見分ける力があるという池で、慈悲深い龍神が祀られている

8.菖蒲池《しょうぶいけ》

龍王：優鉢羅《うはつら》竜王《りゅうおう》

8番霊場。菖蒲が生い茂る池で、この菖蒲を体に巻くと病が治るという伝説をもつ。人々に平穏をもたらす龍神が祀られている

4.銚子池《ちょうしいけ》

龍王：和修吉《わしゅきつ》龍王《りゅうおう》

4番霊場。酒を注ぐ「銚子」に形が似ていることから名づけられた。人々の災難を祓う力をもつ龍王が祀られている

6.濁池《にごりいけ》

龍王：阿那婆達《あなばだっ》 多《た》龍王《りゅうおう》

6番霊場。かつて村人が行者に不親切にしたため、池の水が濁ったという伝説をもつ。恵みをもたらす龍神が祀られている

5.湧池《わくいけ》

龍王：徳叉迦《とくしゃか》龍王《りゅうおう》

5番霊場。八海最大の湧水量を誇る水底の景観が美しい池。ひと睨みで死をもたらすという強力な龍王が祀られている

2.お釜池《かまいけ》

龍王：跋難陀《ばつなんだ》龍王《りゅうおう》

2番霊場。釜の湯が沸騰するように湧水が湧いたという伝説をもつ。出口池の龍王の弟で、雨乞いの龍神として知られている

3.底抜池《そこなしいけ》

龍王：沙伽羅《しゃがら》龍王《りゅうおう》

3番霊場。お釜池とつながっているという伝説をもつ池。雨乞いの本尊とされる強大な霊力をもつ龍王が祀られている

1.出口池《でぐちいけ》

龍王：難陀《なんだ》龍王《りゅうおう》

1番霊場。八海最大の湖で「清浄な霊水」と呼ばれる。行者はこの水で穢れを祓ったといわれている。雨乞いの龍神が祀られている

「外八海」は、富士山を取り囲むように点在する8つの湖で、角行縁(ゆかり)の地。琵琶湖(滋賀県)・二見ヶ浦(三重県)・芦ノ湖(神奈川県)・諏訪湖(長野県)・霞ヶ浦(茨城県)・中禅寺湖(栃木県)・榛名湖(群馬県)・桜ヶ池(静岡県)を指す。

那智《なち》の滝《たき》【和歌山県】

人々を癒し鍛えてきた那智山の神滝

那智山を流れる川から生まれた滝のうち、もっとも落差のある高さ百三十三メートルを誇る大滝。滝壺の深さは約十メートル、毎秒一トンの水が流れるという。

古くから、高くそびえる荘厳な滝そのものが神として崇められてきた。熊野三山《くまのさんざん》の信仰（↓P１７６）とともに、修験道の滝行の場としても発展した神聖な場所である。熊野那智《なち》大社にある飛瀧《ひろう》神社は、御祭神の大穴《おおな》牟遅神《むちのかみ》が現れたという滝が御神体だ。

また、熊野那智大社で頒布される「烏牛王《からすごおう》神符」は、那智の滝の水ですった墨で書かれたお札で、魔除けのご利益があるといわれている。

飛瀧神社で那智の滝（那智御瀧）を拝む

熊野那智大社の別宮で、御祭神を大穴牟遅神とする神社。滝そのものが御神体のため、神社には社がなく観覧舞台（御瀧拝所舞台）のみ設けられている。

DATA
ご利益：パワーチャージ
アクション：滝を眺める

飲む
延命長寿のお瀧水
御瀧拝所舞台では、延命長寿の効果があるという那智の滝の滝壺の水を飲むことができる

見る
御瀧拝所舞台
飛瀧神社にある那智の滝を真正面から拝むことができる拝所

日本一の巨大おみくじ 体験する

滝の長さにちなんで133cmもある筒からおみくじを引くことができる

大きな筒から棒を出せるよう持ち手がついている。ふつうのおみくじ同様にくじ棒を出す

西行法師の「身につもることばの罪もあらはれてこころすみぬる三かさねの滝」、高浜虚子の「神にませばまことうるはし那智の滝」などのように、多くの歌人、文人たちが那智の滝に思いを馳せた和歌などを残している。

華厳滝《けごんのたき》【栃木県】

雄大な滝の姿に自然の力を感じる

日《にっ》光三山《こうさんざん》（→P44）を訪れたら足を運びたいのが、日本三名瀑のひとつに数えられる華厳の滝だ。約千二百年前、日光を開山した勝道上人《しょうどうしょうにん》によって発見されたと伝えられている。壮大な景観と轟音、その豊富なマイナスイオンなどから、大自然のエネルギーを感じさせるとして、強大なパワースポットとして知られている。

見る

観瀑台から眺める

華厳の滝エレベーターに乗ると、滝壺とほぼ同じ高さにある観瀑台まで下ることができる。華厳の滝の豪快な姿を間近で目撃できる

間近に迫る険しい岸壁。観瀑台から見ないと出会えない迫力だ

高さ97mの岸壁から1秒間に約3tもの中禅寺湖の水が流れ落ちている

紅葉と滝のコントラストが美しい秋など、四季折々の姿が楽しめる

DATA
ご利益：パワーチャージ
アクション：滝を眺める

養老《ようろう》の滝《たき》【岐阜県】

滝の水が酒に変化？ 伝説が息づく名瀑

古来、文人や画家などにも親しまれた名瀑。流れ落ちる水は清らかで、日本の滝百選のひとつでもある。この地域には、孝行息子が父のために汲んだ滝の水が酒に変わったという「養老の滝」伝説が語り継がれている。滝の近くには養老神社があり、伝説の水は境内にある霊泉・菊水泉《きくすいせん》という説もある。

養老の滝

高さは30m、幅は約４m

飲む

近くには名水「菊水泉」も

菊の香りがするという評判から菊水泉と呼ばれ、病に効くとされる

養老孝子伝説

源丞内（げんじょうない）という息子が不思議な水を発見。病気の父親に飲ませると、すっかり元気になった。この噂が国中に広まり、孝行息子が年老いた父親を養ったことから、滝は「養老の滝」と呼ばれるようになったという

DATA
ご利益：パワーチャージ
アクション：滝を眺める

日本三名瀑は、和歌山県の那智の滝、栃木県の華厳滝、茨城県の袋田の滝とされるが諸説ある。

阿寒湖《あかんこ》・屈斜路湖《くっしゃろこ》・摩周湖《ましゅうこ》

【北海道】

アイヌの文化が伝わる美しく雄大な湖

北海道の東部にある三つのカルデラ湖。風光明媚な人気の観光名所であり、アイヌ民族に古くから大切にされてきた聖地でもある。

釧路市《くしろし》にある阿寒湖はマリモの生息や温泉地としても有名な地。近くには、最大規模のアイヌコタン（集落）がある。弟子屈町《てしかがちょう》にある屈斜路湖は日本最大のカルデラ湖で、アイヌ語で「湖の出口」を意味する「クッチャロ」に由来するという。透き通った美しい水をたたえる摩周湖は、アイヌでは「カムイトー（神の湖）」と呼ばれて崇められてきた。それぞれ雄大な景色を堪能できるとともに、この地の歴史にも触れられる名所だ。

アイヌの伝説や文化に触れる神秘の湖

それぞれの地を訪れることで、アイヌ固有の伝説や文化を知ることができる。

見る

阿寒湖のマリモ

阿寒湖の豊かな自然を象徴するマリモが水中で生息している。これほどの大型マリモが育つのは世界で2か所しかないという

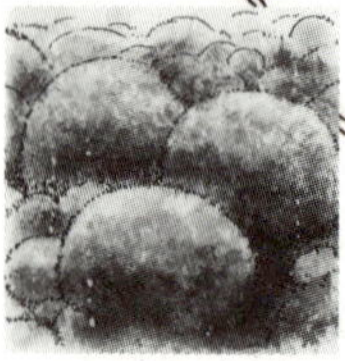

屈斜路湖

冬になると湖面が凍結し、割れて盛り上がった氷が道を作る「御神渡（おみわた）り」が見られる。アイヌではこの現象を「カムイパイカイノカ（神が歩いた跡）」と呼んだという

摩周湖

透明度の高い湖面に映し出される空の青は「摩周ブルー」と名がつくほどの美しさ。展望台から眺めを楽しめる

阿寒湖

阿寒湖アイヌコタンは、アイヌ文化について学べる博物館や店頭工芸品のギャラリーがあり、多くの人が訪れている

カムイシュ島

摩周湖に浮かぶ島。「カムイシュ」は「神になった老婆」という意味で、孫を見失ってしまった老婆が悲しみのあまり動かなくなり島になったという伝説がある

DATA
ご利益：パワーチャージ
アクション：湖に行く

屈斜路湖では、クッシーと呼ばれる未確認生物の目撃情報がある。1973年夏、複数の中学生が湖面で動く何かを目撃。その後1980年代には目撃者が続出し、話題になった。弟子屈町には現在もクッシーのモニュメントが設置されている。

江《え》の島《しま》【神奈川県】

五龍の伝説が眠る天女が見守る島

藤《ふじ》沢《さわ》市《し》の南に位置する小島で、有数の観光スポット。島の形が「江」の字に見えることから名づけられたといわれている。古くから天女と五頭龍にまつわる物語が伝わっている。「江島縁起」によると、昔、水害を起こして人々を苦しめていた五頭をもつ龍が、天から舞い降りた天女に一目惚れした。天女に求婚するも悪行を理由に断られた龍は、善行を積んで天女と結ばれ、人々は平和な暮らしを取り戻したという。

天女が海上の雲から降り立ったときに生まれたのが江の島で、天女の弁財天を江島《えのしま》明神として奉っているのが現在の江島神社である。

江島神社の三女神が守護する島を巡る

江島神社の御祭神は宗像大社《むなかたたいしゃ》（→P148）と同じ三女神。「江島大神」「江島明神」とも呼ばれる。

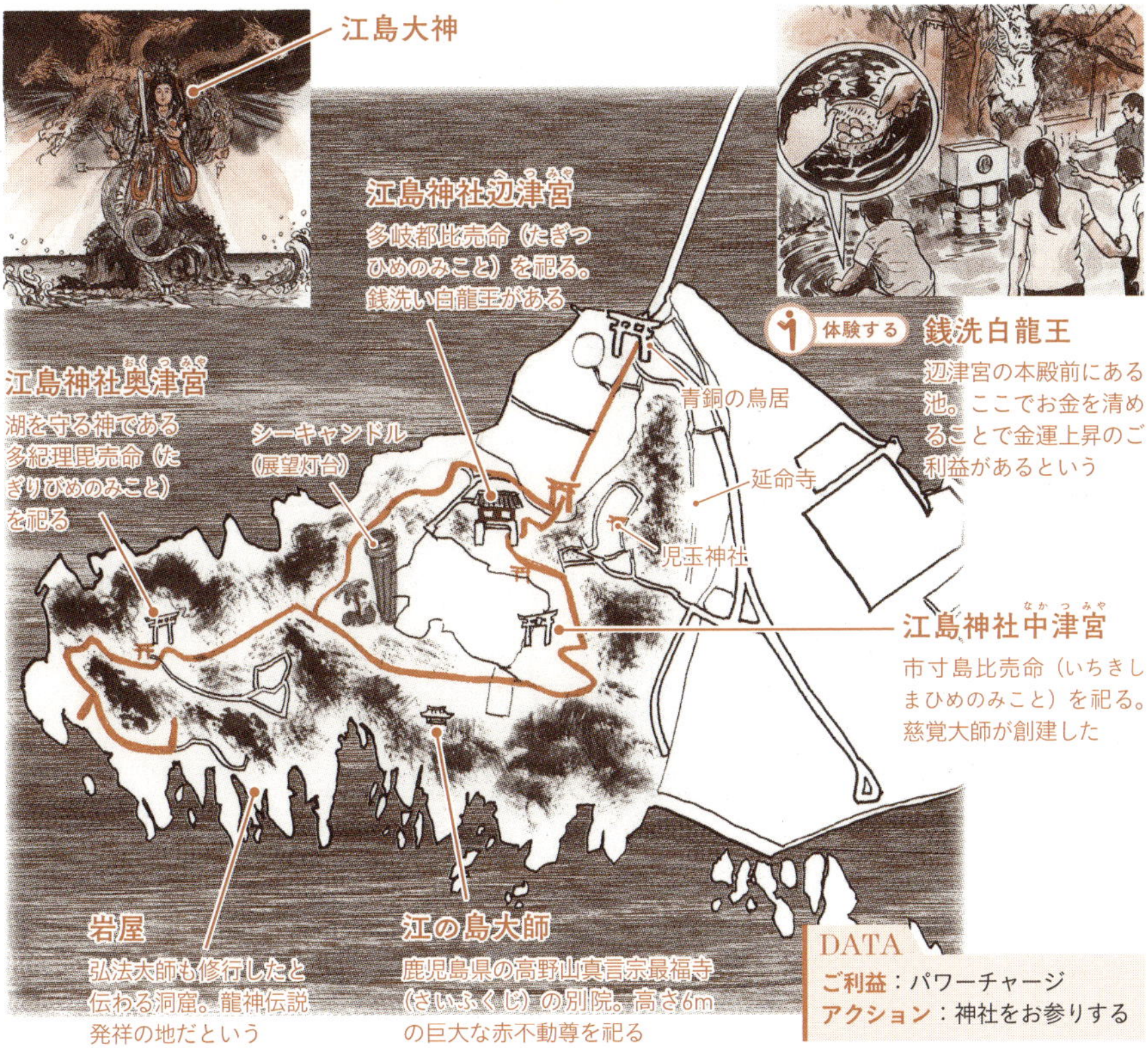
江島大神
江島神社辺《へ》津《つ》宮《みや》
多岐都比売命（たぎつひめのみこと）を祀る。銭洗い白龍王がある
体験する
銭洗白龍王
辺津宮の本殿前にある池。ここでお金を清めることで金運上昇のご利益があるという
江島神社奥《おく》津《つ》宮《みや》
湖を守る神である多紀理毘売命（たぎりびめのみこと）を祀る
シーキャンドル（展望灯台）
青銅の鳥居
延命寺
児玉神社
江島神社中《なか》津《つ》宮《みや》
市寸島比売命（いちきしまひめのみこと）を祀る。慈覚大師が創建した
岩屋
弘法大師も修行したと伝わる洞窟。龍神伝説発祥の地だという
江の島大師
鹿児島県の高野山真言宗最福寺（さいふくじ）の別院。高さ6mの巨大な赤不動尊を祀る

DATA
ご利益：パワーチャージ
アクション：神社をお参りする

江島神社の辺津宮横、奉安殿に安置されている江島弁財天は、「鎌倉・江の島七福神」巡りのコースに含まれる。近江の竹生島（ちくぶしま）、安芸（あき）の宮島とともに日本三大弁財天のひとつに数えられ、技芸上達や財宝、幸福を招く福の神である。

志賀海神社《しかうみじんじゃ》【福岡県】

神話の時代から海の安全を見守る綿津見三神《わたつみさんしん》

博多湾の北部に位置する志賀島《しかのしま》にて、海上交通の安全を見守ってきた神社。「海神の総本社」「龍の都」とも称される。伊邪那岐命《いざなぎのみこと》（→P114）の禊祓《みそぎばらい》で生まれた、仲津綿津見神《なかつわたつみのかみ》、底津《そこつ》綿津見神、表津《うはつ》綿津見神の綿津見三神が御祭神。

また、三韓へと出兵した神功皇后《じんぐうこうごう》の伝説もある。海に向かって建つ亀石遥拝所からの景色の美しさは格別という。

玄界灘を一望する遥拝所

本殿から直ぐ右にある遥拝所。大嶽神社と小嶽神社を拝しているという

見る

亀石

鳥居の手前にある2つの石は「亀石」と呼ばれる。昔、神功皇后が旅立つ際に、航路を守るために現れた志賀明神と勝馬明神が乗ってきた黄金の雌雄の亀だという

DATA
ご利益：交通安全
アクション：神社をお参りする

青島神社《あおしまじんじゃ》【宮崎県】

古代の神事に使われた吉凶占いを体験できる

日《ひゅ》向灘《うがなだ》に面した青島全体を境内とする神社で、島全体がパワースポットといわれている。「鬼の洗濯岩」と呼ばれる奇岩群に囲まれており、和合をもたらす山幸彦《やまさちひこ》（彦《ひこ》火々出見尊《ほほでみのみこと》）などを御祭神とし、縁結びのご利益で知られる。

元宮が建つ場所から多数の弥生式土器が出土しており、古代の祭祀がおこなわれていたという。祭祀に使われたという天《あめ》の平瓮《ひらか》（土器の皿）を投げる吉凶占いができる。

体験する

天《あめ》の平瓮《ひらか》投げ

願いを込めて平瓮を磐境（いわさか）に向かって投げる。磐境に投げ入れれば心願成就し、割れれば開運厄祓いになるという

平瓮

平瓮には「祈」の文字が記されている

DATA
ご利益：縁結び
アクション：島に行く

志賀海神社の御祭神である綿津見三神は、それぞれ海の中、底、表を守る海の守護神。水と潮を支配し、海上の安全をはじめ、海産物の恵みをもたらしてくれる。また、潮の満ち引きを操ることから人の生活や生命の吉凶を左右するといわれている。

和《わ》多《た》都《づ》美《み》神社《じんじゃ》【長崎県】

夫婦神が祀られる龍宮伝説の地

長崎対馬《つしま》にある山幸彦（彦《ひこ》火《ほ》火《ほ》出見尊《でのみのみこと》）と豊玉《とよたま》毘《び》売《め》（豊玉姫命《とよたまひめのみこと》）の夫婦神を奉る古社。山幸彦が、なくした釣り針を探して訪れた龍宮があり、豊玉毘売と出会ったと伝わる地だ。

境内には、二人を結んだ縁結びの井戸「玉《たま》ノ井《い》」もある。豊玉毘売の父神である大綿《おおわた》津《つ》見神《みのかみ》（豊玉《とよたま》彦命《ひこのみこと》）がこの地に「海《わたづみ》宮《のみや》」と呼ばれる宮殿を建てたという。

拝殿の裏にある美しい森
巨木が並ぶ原生林には遊歩道があり、散策ができる

参る
豊玉毘売のお墓
森の奥にある磐座（いわくら）は、豊玉毘売の墓だと伝わる

DATA
ご利益：縁結び
アクション：神社をお参りする

龍宮《りゅうぐう》神社《じんじゃ》【鹿児島県】

浦島太郎と乙姫が出会った縁結びの地

薩《さつ》摩《ま》半島の南端の岬に建つ神社。豊玉毘売（乙姫）を御祭神とし、「龍宮」とは、日本神話で山幸彦が豊玉毘売と出会った場所であり、昔話の『浦島太郎』の浦島太郎が訪れて乙姫と出会った場所である。出会いの地であるため縁結びのご利益があるとされる。

願いが叶うという浦島太郎と亀の像や、絵馬ではなく貝殻に恋愛成就を祈る場所がある。

体験する
浦島太郎と亀の像
願いを叶えるには、浦島太郎の像の周りを2回回ってから亀を撫でる

貝殻を奉納する
神社では絵馬の代わりに貝殻に願い事を記して奉納するという。像の周りにも多くの貝殻が置かれている

DATA
ご利益：縁結び
アクション：像をなでる

和多都美神社の伝説は、『古事記』などにある「海幸彦（うみさちひこ）・山幸彦伝説」として知られている。兄の海幸彦に借りた釣り針をなくした山幸彦が、海神のもとへ探しに行き、妻（豊玉毘売）をめとる。やがて地上に戻り、海幸彦との戦いに勝利する。

浄土《じょうど》ヶ浜《がはま》【岩手県】

白い奇岩がそびえる三陸海岸の景勝地

宮《みや》古《こ》湾《わん》に面した臼木《うすき》半島の海岸で、三陸復興国立公園の代表的な景勝地。とがった形の岩の白、岩の上に茂る松の緑、海の青のコントラストがとても美しい。この景色を見て感動した僧侶の霊鏡竜湖和尚《れいきょうりゅうこおしょう》が「さながら極楽浄土のごとし」と言ったことから名づけられたという。

波が穏やかで海水は透き通っており、夏には海水浴にたくさんの人が訪れる。

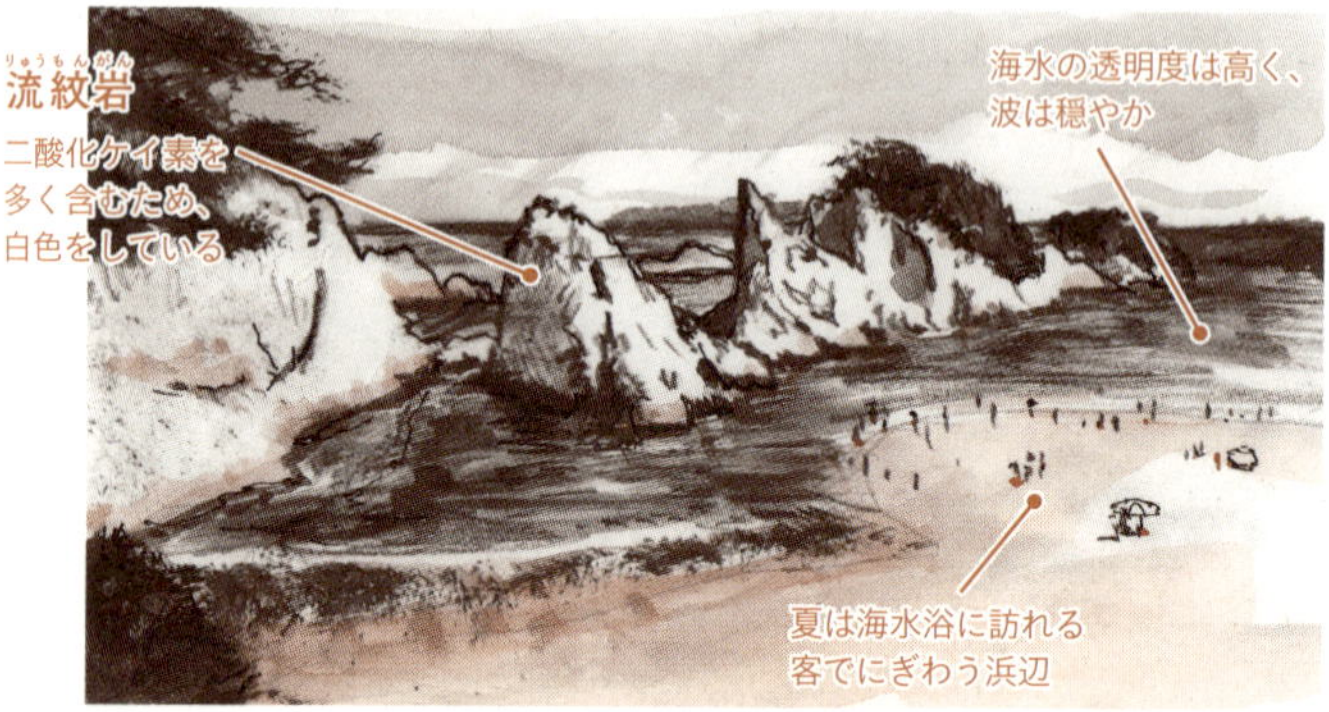
流紋岩《りゅうもんがん》
二酸化ケイ素を多く含むため、白色をしている
海水の透明度は高く、波は穏やか
夏は海水浴に訪れる客でにぎわう浜辺

DATA
ご利益：パワーチャージ
アクション：浜を散策する

隠岐《おき》の島《しま》【島根県】

自然のパワーに満ちた神秘の島々

島根県北東部に浮かぶ隠岐の島（隠岐諸島）は、人が住む四つの島と、約百八十の無人島で構成されている。『古事記』の国生み神話で三つ目に生まれた「隠岐《おき》之《の》三《みつ》子島《ごのしま》」だといわれている。古の時代を感じる天然杉や岩など非常に自然が豊かである。

また、四つの島には百以上の神社があり、たくさんの神様と出会うことができる。

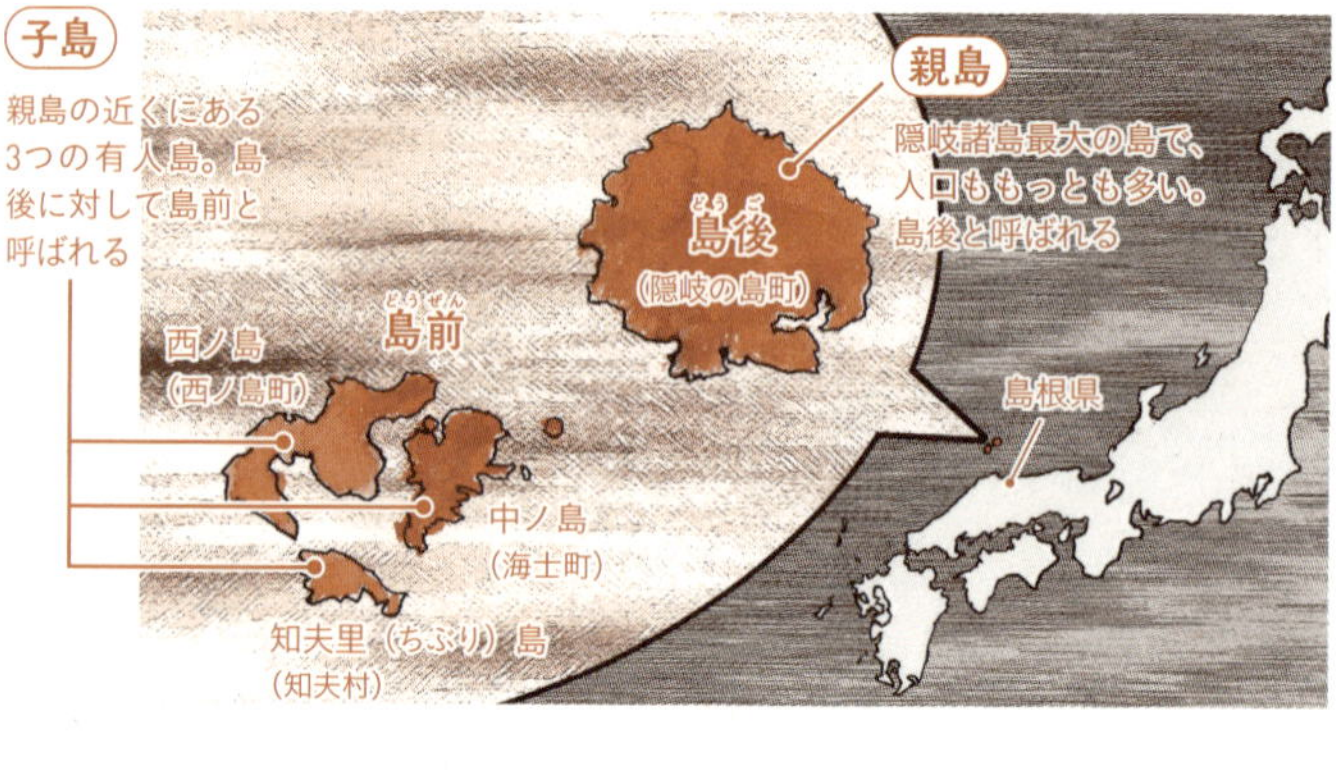
子島
親島の近くにある3つの有人島。島後に対して島前と呼ばれる
島前《どうぜん》
西ノ島
（西ノ島町）
中ノ島
（海士町）
知夫里（ちぶり）島
（知夫村）
親島
隠岐諸島最大の島で、人口ももっとも多い。島後と呼ばれる
島後《どうご》
（隠岐の島町）
島根県

DATA
ご利益：
パワーチャージ
アクション：
島に行く

隠岐諸島最大の島である島後には、人魚の肉を食べた比丘尼（びくに）伝説をもつ樹齢1000年以上の「八百杉」、日本の滝百選や全国名水百選に選ばれている「壇鏡(だんきょう)の滝」などがあり、大自然の神秘に触れることができる。

銭洗弁財天宇賀福神社《ぜにあらいべんざいてんうがふくじんじゃ》【神奈川県】

洗うとお金が増える水の神が導いた湧き水

隠《かくれ》里《ざと》と呼ばれる佐助ヶ谷《さすけがやつ》の最奥に建つ鎌倉市の神社。体が蛇、頭が人の水の神・宇賀福神が祀られている。世の中が飢饉などで荒れていた平安末期、巳年の巳の月巳の日に源頼朝（→P132）の夢に宇賀福神と名乗る老人が現れた。宇賀福神は「この地の湧き水で神仏を供養せよ」と伝えた。頼朝が従うと、荒廃していた世が治まったという。

後に鎌倉幕府の執権、北条時頼が一族の繁栄を願って湧き水の霊水で銭を洗った。以降、「銭を洗って清めると福銭となり、お金が増える」という信仰が民衆にも広まったといわれている。

銭洗弁財天宇賀福神社の銭洗水

銭洗水でお金を洗う 体験する

ザルにお金を入れ、柄杓で湧き水をかけて洗う。洗ったお金は有意義なことに使うといいという

参る **本宮でお参りする**

水の神である市寸島比売命（いちきしまひめのみこと）が祀られている社。市寸島比売命は弁財天と同一視されている

奉納用の生卵も売店で販売されている。蛇の好物とされる生卵を各社にお供えすると、よりご利益を頂けるとか

DATA
ご利益：金運
アクション：銭を洗う

洞窟の中に宇賀福神と銭洗弁財天を祀る奥宮（おくみや）があり、そこで霊水が湧き出ている。現在も巳の日を中心に、銭を洗うために訪れる人が絶えない。なお銭洗水は、江戸時代に定められた「鎌倉五名水」のひとつにも数えられている。

天《あめ》の真《ま》名《な》井《い》【鳥取県】

山の恵みを感じる清らかな湧き水

鳥取県の大山《だいせん》から湧き出る、米子市《よなごし》を代表する名水。環境庁の名水百選にも選ばれている。「真名井」とは神聖な井戸や泉のことで、その名にふさわしいクリアで美しい湧き水が一日二千五百トンも流れ出ている。米子市の生活用水のほか、農業用水やニジマスの養殖にも使用されている。泉の近くには水車小屋や遊歩道があり、散策が楽しめる。

こんこんと湧き出る水

現地には柄杓があり、近くの駐車場でも水を汲むことができる

DATA
ご利益：自然の恵み
アクション：水を飲む

神山《かみやま》の秘水《ひすい》【岩手県】

岩手山《いわてさん》の恵みをたっぷり含んだ神聖な水

岩手県雫石《しずくいし》にある岩手山《いわてさん》神社には、岩手山から湧く聖なる水がある。この神社は、九世紀に坂上田村麻呂《さかのうえのたむらまろ》が建てたといわれており、蝦夷《えぞ》討伐の際の国家鎮護を祈願したという。湧き水は境内にあり、「神山の秘水」と呼ばれている。澄んだ透明な湧き水は自由に汲むことができ、地元の住人はもちろん、遠方からも訪れる人気スポットである。

神山の秘水 飲む
湧き水は飲むことができる。きちんと神社に参拝してから頂くようにしよう

DATA
ご利益：自然の恵み
アクション：水を飲む

岩手山の柳沢口にある岩手山神社。宮沢賢治が登山をするときには、この神社の社務所で休憩していたという。岩手山神社以外にも、雫石には雫石神社や鶯宿温泉（おうしゅくおんせん）神社、多賀神社などの神社があり、人気のスポットとなっている。

弘法《こうぼう》の霊水《れいすい》【徳島県】

あらゆる人の心と体を平等に癒す清らかな水

徳島県にある四国八十八ヶ所霊場（↓P174）の第二十二番札所、平等《びょうどう》寺《じ》の井戸水。万病に効く霊水として信仰されている。かつて、弘法大師（↓P128）が修行をしていたときに地面を杖で掘ると、白い水が湧き出たという。平等寺の山号「白水山」はこの伝説にちなんでいる。この霊水で身を清めた弘法大師が本尊となる薬師《やくし》如来《にょらい》を刻み、平等寺を建立した。

弘法の霊水
弘法大師が錫杖で地面をついたところに水が湧き出たという「弘法の霊水」伝説は、平等寺のほか日本各地にある

大師が掘った井戸
当時は乳白色の水が湧き出ていたという井戸

DATA
ご利益：万病に効く
アクション：身を清める

若狭《わかさ》神宮寺《じんぐうじ》の閼伽井《あかい》【福井県】

井戸の水を若狭《わかさ》から奈良へと届ける儀式「お水送り」

小《お》浜市《ばまし》の若狭神宮寺から、奈良の東大《とうだい》寺《じ》で三月十二日におこなわれる儀式「お水取り」に使われる水を送るという千三百年続く伝統ある行事が「お水送り」。毎年、三月二日に神宮寺の本堂横にある「閼伽井」で水を汲む。その後、松明を持った白装束の山伏たちが「鵜《う》の瀬《せ》」という河原に水を運ぶ。そこから流された閼伽水が十日かけて東大寺の「若狭井」に届くという。

お水送り
松明を持って水を運ぶ儀式に参加することで見学が可能。普段は、閼伽井の湧き水を飲むことができる

鵜の瀬
神宮寺から約2kmほどのところにある河原。名水百選にも選ばれており、飲用可能

DATA
ご利益：五穀豊穣
アクション：祭りを見学する

「お水送り」の神事の起源。あるとき東大寺二月堂で神様の集まりがおこなわれたが、若狭国の神様である遠敷（おにゅう）明神は、魚釣りに夢中のあまり遅刻してしまった。これを詫びて、お供えするお水を送る約束をしたことが由来といわれている。

登別地獄谷《のぼりべつじごくだに》【北海道】

鬼たちが守る万病に効く温泉

北海道を代表する名湯のひとつ、登別温泉。約一万年前に火山の噴火でできた地獄谷と呼ばれる温泉地には湯鬼神《ゆきじん》という鬼が棲んでおり、万病に効くという薬湯を守っているという。夏におこなわれる「地獄の谷の鬼花火」という行事では、湯鬼神たちが地獄谷に姿を現す。湯鬼神は手筒花火をあげ、人々のために病気や災いなどの厄を焼き払ってくれるといわれている。

湯鬼神
かつて人々を苦しめていた鬼が、蝦夷（えぞ）の神の怒りを買ったため、薬湯を守るよう言いつけられたという伝説がある

登別地獄谷
北海道の南西部、登別市にある温泉で泉種が多い。地獄谷は約1万年前の火山活動でつくられた

DATA
ご利益：万病に効く
アクション：温泉に入る

雲仙地獄《うんぜんじごく》【長崎県】

「温泉《うんぜん》」と呼ばれた湯けむりに包まれた名湯

百二十度の噴気がもうもうと立ち込める雲仙市の名所で、遊歩道があり、散策が可能。かつては「温泉」と書かれていたが、後に「雲仙」の表記になった。大叫喚《だいきょうかん》地獄展望所や、地熱を足で感じる「足蒸し」ができる休憩所などがある。雲仙地獄の隣にある温泉《うんぜん》神社は、約千三百年前に創建された九州を守る「四面宮《しめんぐう》」の総本社で、恋愛や子宝のご利益があるという。

雲仙岳
島原半島の中央部にある火山で、20以上の山の総称

高温のガスと地下水が混ざり、真っ白な湯けむりとなって地上に噴出している

DATA
ご利益：恋愛成就
アクション：温泉に入る

雲仙地獄に出かけるなら「四面宮御朱印巡り」も人気だ。島原半島を中心に25社以上ある四面宮縁（ゆかり）の神社のうち10社と、雲仙岳災害記念館（がまだすドーム）を巡り、豆御朱印を頂く。すべてそろえれば特別な御朱印をもらえる。

道後温泉《どうごおんせん》【愛媛県】

三千年の歴史を誇る日本最古といわれる湯

松山市にある温泉地で、古くからさまざまな文献にその名が登場する古湯。『伊予国風土記《いよのくにふどき》』では、大国主神《おおくにぬしのかみ》が病に倒れた少彦名神《すくなひこなのかみ》を温泉の湯であたためて救った話や、温泉に来た聖徳太子が碑を建てた話などが載る。夏目漱石の小説『坊っちゃん』にも登場したこの地の象徴的存在の道後温泉本館や「坊っちゃん列車」、伊佐爾波《いさにわ》神社など、観光名所も多い。

少彦名神
日本神話に登場する神で体が小さい。大国主神とともに国造りをしたという産業の神様

大国主神
日本神話に登場する国造りの神。因幡の白兎の伝説（→ P158）でも知られる

玉の石 見る
温泉の湯で回復した少彦名神は、「ましましいねたるかも（しばらく寝ていたようだ）」と言って、石の上で踊ったという。この石が道後温泉本館北側に奉られている

DATA
ご利益：疲労回復
アクション：温泉に入る

草津温泉《くさつおんせん》【群馬県】

人々を長年癒し続けてきた由緒ある名湯

「草津よいとこ一度はおいで」の『草津節』で知られる温泉地で、有馬《ありま》、下呂《げろ》と並ぶ日本三名泉のひとつとされる。日本一の自然湧出量を誇る湯は強い酸性で殺菌効果が高く、神経痛や疲労回復、美肌に効果があるといわれている。古くから癒しの名湯として有名で、草津開湯伝説のある倭建命《やまとたけるのみこと》（↓P122）や源頼朝（↓P132）など名だたる人物が入浴したという。

体験する
草津三湯めぐり
草津温泉を代表する大滝乃湯、御座之湯、西の河原露天風呂の三湯を巡ること。源泉かけ流しの湯が楽しめる

西の河原露天風呂
豊かな自然に囲まれた巨大な浴場。美しい風景を味わいながらゆっくりと湯に浸かれる

DATA
ご利益：疲労回復、美肌効果
アクション：温泉に入る

道後温泉の霊験は、白鷺(しらさぎ)により発見されたという伝説がある。あるとき、ケガをした白鷺が岩間に温泉を見つけ、傷口を浸したら傷が癒えた。これを見た人々が温泉に浸かると、疲労が回復し病も癒えたことから利用されるようになったという。

column

修行体験でパワーを得る

**お寺によっては、一般の人々が修行を体験できる。
修行で精神力を高め、パワーをチャージしよう。**

坐禅

禅宗を発端とした修行法。姿勢を正して座り、半眼でゆっくりと呼吸しながら精神統一をおこなう。

写経・写仏

写経は仏教の経典、写仏は仏様の姿を書き写す修行法。心静かに筆を運ぶことで心身を落ち着かせる。

滝行（水行）

密教や修験道の修行法。滝壺に入り、滝に打たれながらお経を唱え続けることで、自身の心を鍛える。

護摩行

密教の修行法。僧侶が祈祷中、燃え盛る炎の前に集まって、自分で護摩木を炉の中へ入れたり、僧侶に祈ってもらったりする。

精進料理

仏教の教えに基づき、肉や魚を使わず野菜や果物などを中心に作られた料理。食事も大切な修行のひとつとされている。

宿坊《しゅくぼう》に泊まってみよう

宿坊とは、お寺の境内に設けられた宿泊施設のこと。宿坊の歴史は平安時代にさかのぼり、やがて一般庶民へと広まっていった。現在も宿坊は各所にあり、生きた伝統や文化に触れることができる。さまざまな修行を体験できる宿坊もあるので、探してみよう。

5章

神々や英雄の聖地

神話や伝説は、場所と結びついて、より強固になった。物語が継承される限り、聖なるパワーは尽きることはないだろう。

神々や英雄の舞台にまつわる聖地概論

日本特有の「神々・御霊《ごりょう》・人神信仰」

天照大御神《あまてらすおおみかみ》
（→P116）

須佐之男命《すさのおのみこと》
（→P118）

日本にすまう八百万《やおよろず》の神々

日本には八百万の神がいるといわれる。自然崇拝やアニミズムの考えでは神はあらゆる場所、物に宿るからだ。これらの神々にまつわる土地は崇められ、聖地となる。

代表的なのは天照大御神など、『古事記』や『日本書紀』の日本神話の神々だ。神話に登場したり、神が訪れたりした場所は、神々が祀られ、社《やしろ》や祠《ほこら》が建てられ、聖地化してきた。

一般的に聖地になるような特異な自然環境は元来、神聖化されやすい。信仰がすでにあった聖地が『古事記』や『日本書紀』の神話で体系化された場合もあるかもしれない。

死後に神となった人々

崇徳上皇《すとくじょうこう》
（→P134）

西郷隆盛《さいごうたかもり》
（→P141）

人智を超えた伝説上の人物

弘法大師《こうぼうだいし》
（→P128）

温羅《うら》
（→P124）

日本特有の御霊信仰と人神信仰

次に、神様ではなく伝説上の人物にまつわる聖地もある。弘法大師や温羅など、史実を超えたエピソードが存在する者たちだ。常人を超えた特別な力をもつ彼らの物語が、特定の場所に関連づけられることで聖地となるのである。

　また、歴史上の人物が、死後に神として崇められて聖地が生まれる場合もある。日本で信じられている御霊信仰は、非業の死を遂げた人物が祟りを起こすという考えだ。彼らを神として祀ることで祟りを抑えようと考え、神社などに祀ったのだ。

　このように神や人にまつわる聖地は特別な物語が紡がれている。

伊邪那岐命《いざなきのみこと》・伊邪那美命《いざなみのみこと》

【三重県・滋賀県・京都府・兵庫県・島根県】

国土を生み出した日本神話の夫婦神

まだ大地がなく大海原が広がっていた頃、天の神々が男神の伊邪那岐命と女神の伊邪那美命に国造りを命じた。二神は天浮橋《あめのうきはし》から天《あめ》沼矛《のぬぼこ》で海をかき回し、矛を引き上げるときに落ちた塩が積もって「オノゴロ島」になった。二神はこの地に降りて結婚し、島や自然の神々となる子がたくさん生まれたという。

後に伊邪那美命は命を落とし、悲しんだ伊邪那岐命は黄泉《よみ》の国まで追ったが、変わり果てた伊邪那美命の姿を見て逃げ出した。穢れを払おうとした禊《みそぎ》で、神々が生まれた。このとき最後に生まれたのが天照大御神《あまてらすおおみかみ》、月読命《つくよみのみこと》、須佐之男命《すさのおのみこと》である。

天地開闢《かいびゃく》と日本の神々

日本神話によると、天と地の始まりのときに高天原《たかまのはら》に現れた神々を「別天神《ことあまつかみ》」という。その後、「神世七代《かみよのななよ》」の神々が現れ、最後の7代目に登場したのが伊邪那岐命と伊邪那美命である。

DATA
ご利益：夫婦円満、子孫繁栄
アクション：神社などをお参りする

伊邪那岐命
日本神話に登場する国生みの男神。オノゴロ島で柱を回りながら伊邪那美命と結ばれたという神話がある

伊邪那美命
伊邪那岐命とともに国生みをした女神。火之迦具土神（ひのかぐつちのかみ）を産んだ際に命を落とす

天沼矛
二神が国生みをするときに海をかき回すために使ったという矛

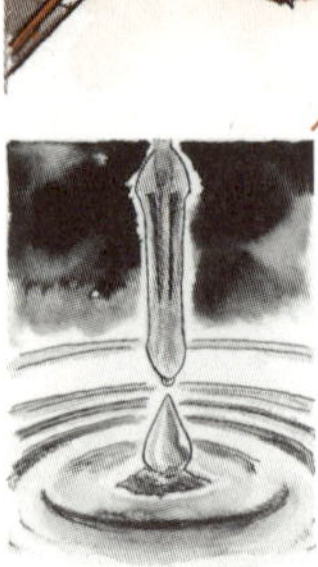

見る

滴った雫の塩から生まれた
オノゴロ島【兵庫県】

最初の国土とされる島。伝承地はいくつかあるが、兵庫県淡路島（→P155）とする説が有力で、南あわじ市の沼島（ぬしま）や淡路島の絵島（えしま）が候補地

天浮橋ではないかとされる
天橋立《あまのはしだて》【京都府】

見る

高天原と葦原中国（地上界）を結ぶ浮き橋。京都には、天地をつなぐ梯子が伊邪那岐命が寝ている間に倒れてできたという名所「天橋立」があるが、これを天浮橋だとする説もある

オノゴロ島だとされる淡路島へは、電車やバス、自動車などさまざまな交通手段がある。島内はタクシーやレンタサイクルでの観光も可能だ。

国生み・神生みと伊邪那美命の埋葬

たくさんの島々と自然の神々を産んだ伊邪那美命。しかし、火の神「火之迦具土神」の出産時に、火傷を負って命を落としてしまう。

火傷で苦しみながらも、弱った伊邪那美命の体から出た糞尿などからも神々は生まれたという

火之迦具土神

火を司る神。母を死なせたとして伊邪那岐命に切り殺された

参る

伊邪那美命が亡くなった地

花《はな》の窟《いわや》神社【三重県】

伊邪那美命が葬られた地であると『日本書紀』に記されている、熊野に建つ神社

参る

伊邪那美命が埋葬された地

比《ひ》婆《ば》山《やま》久《く》米《め》神社《じんじゃ》【島根県】

『古事記』では、伊邪那美命は島根県と広島県の県境にある比婆山に葬られたと記されている

参る

火の神として祀られる

全国各地の
愛宕《あたご》神社・秋葉《あきは》神社など

火之迦具土神は「火伏（ひぶせ）の神」として信仰されている

伊邪那岐命の黄泉の国の訪問

妻を取り戻すために死者が住む黄泉の国へ向かった伊邪那岐命。しかし、「私の姿を見ないでほしい」という約束を破って妻の腐った体を見てしまう。怒った伊邪那美命に追われたものの、なんとか逃げのびたという。

黄泉比良坂まで逃げた伊邪那岐命は、千引の岩で入口を塞いだ

伊邪那美命は多くの軍勢を引き連れて夫を追いかけた

見る

あの世とこの世の結界

黄泉《よもつ》比《ひ》良《ら》坂《さか》【島根県】

黄泉比良坂とは、黄泉の国に通じる入口。出雲町にある黄泉比良坂には千引（ちびき）の岩とされる巨石がある

伊邪那岐命の隠居

黄泉の国から戻った伊邪那岐命は、天照大御神に高天原、月読命に夜の世界、須佐之男命に海原の統治をそれぞれ任せ、「多賀《たが》の幽宮《かくりのみや》」で隠居生活を送ったという。多賀の地は淡路島の伊弉諾神宮《いざなぎじんぐう》とされているが、滋賀県の多賀大社《たがたいしゃ》とする説もある。

参る

最初に生まれた
淡路島にある神社

伊弉諾神宮【兵庫県】

子の天照大御神に国を任せた後、伊邪那岐命が余生を過ごしたとされる地に立つ神社

参る

伊邪那岐命縁《ゆかり》の三本杉

多賀大社【滋賀県】

伊邪那岐命と伊邪那美命を祀る神社。三本杉は伊邪那岐命が食後に地面に刺した杉の箸が根づいて大きくなったという

天照大御神《あまてらすおおみかみ》

【長野県・三重県・京都府・宮崎県】

国家安泰や子孫繁栄をもたらす最高神

伊《い》邪《ざ》那《な》岐命《ぎのみこと》（→P114）が禊《みそぎ》で洗った左目から生まれた太陽神。神々が住む高天原《たかまのはら》を治める女神だ。あるとき、弟の須《す》佐《さ》之男命《のおのみこと》（→P118）が高天原で暴れ、悲しんだ天照大御神は天岩屋《あまのいわや》に隠れる。その結果、世界は闇に包まれてしまう。

ほかの神々は知恵を絞り、岩屋の前で宴を開く。外のにぎやかな様子が気になった天照大御神が岩屋の戸を開けた瞬間、天手力男神《あめのたぢからおのかみ》が戸を投げ飛ばした。こうして世界に光が戻ったという。天照大御神を祀る神社は伊《い》勢《せ》神宮《じんぐう》（→P18）などをはじめ全国各地にたくさんあり、現在も人々の信仰を集めている。

伊邪那岐命の禊から生まれた太陽神

黄泉《よみ》の国の穢れを祓うため、伊邪那岐命は阿《あ》波《わ》岐《ぎ》原《はら》で体を清めた。天照大御神は、このときに生まれた神である。

八尺瓊勾玉《やさかにのまがたま》
岩戸隠れのときに真榊（神事に使われる木）に飾られた勾玉

八咫鏡《やたのかがみ》
天照大御神そのものであるとされる宝物。伊勢神宮に納められている

天叢雲剣《あめのむらくものつるぎ》（草薙剣《くさなぎのつるぎ》）
須佐之男命が退治した八岐大蛇の尾から出てきた剣。熱田神宮に納められている

三種の神器
天孫降臨の際に、天照大御神が迩迩芸命（ににぎのみこと）に授けた宝物。代々の天皇家が受け継いだ

DATA
ご利益：子孫繁栄、五穀豊穣
アクション：神社などをお参りする

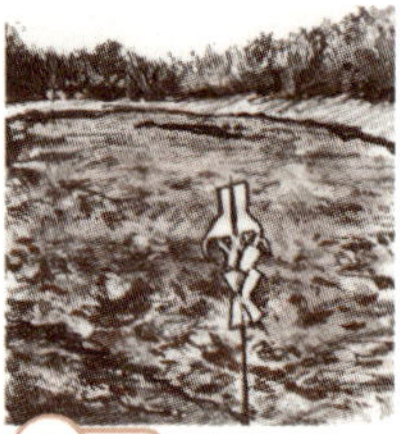

見る

三貴子誕生の地
みそぎ池・江《え》田《だ》神社
【宮崎県】
伊邪那岐命が禊をしたと伝わる、天照大御神誕生の地。池の南には伊邪那岐命と伊邪那美命を祀る江田神社がある

禊から生まれた特別な三貴子《みはしらのうずみこ》
伊邪那岐命の禊から生まれた多くの神のなかでももっとも貴い神を三貴子という

伊邪那岐命
- 天照大御神
- 月読命《つくよみのみこと》
- 須佐之男命

みそぎ池は、宮崎市阿波岐原（あわきがはら）町の阿波岐原森林公園「市民の森」にある。池には御幣が立っており、神聖な場所であることが伝わってくる。4月から10月の間は、美しい睡蓮の花が咲く。

天照大御神の神隠れ

天照大御神が天岩屋に隠れ、光を失った世界にはさまざまな災いが起きるようになった。困った高天原の神々は話し合い、岩屋の前で歌や踊りをする祭りをして天照大御神に岩戸を開けさせた。

天岩戸《あまのいわと》

天手力男神の投げた岩戸が落ちた場所とされる場所は、複数の説がある

参る

投げた岩戸が落ちた地

戸隠《とがくし》神社
【長野県】

天手力男神をご祭神とする戸隠神社（→P50）は、その名の通り天岩戸が落ちた地と伝わっている

見る

天岩戸伝説を再現

高千穂神楽【宮崎県】

高千穂神社の境内で毎晩おこなわれている舞。「手力雄の舞」や「鈿女（うずめ）の舞」など代表的な4つの神楽を見ることができる

天宇受売命《あめのうずめのみこと》

岩屋の前で踊った芸能の神。笹の葉を手に、胸も露わにして一心不乱に踊ったという

天岩屋

天照大御神が隠れたという天岩屋だとされる地は、九州や近畿を中心にいくつも存在する

参る

天照大御神が隠れたとされる地

天岩戸神社
【宮崎県】

天岩戸の地としてもっとも有名。天孫降臨の神話が伝わる高千穂（→P24）にある。天岩戸の洞窟は神域であり御神体だ

見る

神々が相談したとされる地

天安河原《あまのやすかわら》【宮崎県】

天照大御神を岩屋から出すために、神々が話し合った場所とされる河原。知恵の神・思兼神（おもいかねのかみ）、八百万神をご祭神とする

天照大御神を祀る「神明《しんめい》神社」

天照大御神を御祭神とする神社を「神明神社」という。伊勢神宮内宮《いせじんぐうないくう》（→P18）を総本社とし、全国に約5000社あるとされる。

倭姫命《やまとひめのみこと》

垂仁（すいにん）天皇の皇女。天照大御神を祀る地を探して各地を巡り、伊勢に社を建てた

伊勢神宮
内宮（皇大神宮）【三重県】

天照大御神を御祭神とするもっとも代表的な神社。三種の神器の八咫鏡が御神体として祀られている

元伊勢三社【京都府】

皇大《こうたい》神社（元伊勢内宮）
豊受大神社（元伊勢下宮）
元伊勢天岩戸神社

天照大御神を祀る聖地を決める際に、伊勢に定まる前に4年ほど祀っていた皇大神社を含む、天照大御神の縁（ゆかり）の三社

須佐之男命《すさのおのみこと》

高天原《たかまのはら》で暴れた後に英雄となった荒ぶる神

【京都府・島根県・広島県】

伊《い》邪《ざ》那《な》岐命《ぎのみこと》（↓P114）の禊《みそぎ》で鼻から生まれた男神。父からは海原を治めるよう命じられたが、母に会いたいと泣いてばかりいたため、伊邪那岐命に追放される。姉の天照《あまてらす》大御神《おおみかみ》（↓P116）が治める高天原でも大暴れし、高天原も追放される。

地上に降りた須佐之男命は、出雲《いずも》の人々を苦しめていた八岐大蛇《やまたのおろち》を退治する。櫛名田比売《くしなだひめ》と結ばれ、人々からは英雄として崇められた。

荒ぶる神として天界では恐れられた須佐之男命だが、地上ではその力を人々を救うために使った。その結果、災厄を取り除く守護神として、各地で祀られることになった。

後に牛頭天王《ごずてんのう》と同一視された荒神様

神仏習合により、天竺《てんじく》の祇園精舎《ぎおんしょうじゃ》の守護神である牛頭天王と同一視された。災厄を取り除く神となり、全国各地で祀られている。

天羽々斬《あめのはばきり》

八岐大蛇を斬ったという剣

参る

牛頭天王として祀られる

素盞嗚《すさのお》神社【広島県】

「戸手の天王さん」の名で親しまれてきた神社。方角の神である天道神でもあり、吉凶あらゆる方位を司る

八坂《やさか》神社【京都府】

祇園にある神社。新羅国の牛頭山から須佐之男命を迎えたという。平安京の東を守護した

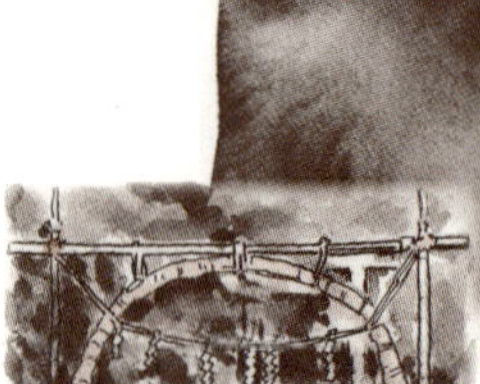

茅《ち》の輪《わ》くぐりと須佐之男命

茅（ちがや）という植物を編んだ巨大な輪をくぐると災い避けとなるという儀式が「茅の輪くぐり」。須佐之男命が登場する蘇民将来の伝説に由来する

DATA

ご利益：勝負運、縁結び

アクション：神社などをお参りする

神仏習合により、牛頭天王は薬師如来（やくしにょらい）を本地仏とし、須佐之男命は牛頭天王の化身とされた。牛頭天王はもとはインドの祇園精舎の守護神である。八坂神社では、毎年7月におこなわれる祇園祭が有名。

須佐之男命の八岐大蛇退治

高天原を追われた須佐之男命は、出雲で八岐大蛇という怪物に食べられる運命にあった櫛名田比売に出会う。須佐之男命は強い酒で八岐大蛇を酔わせて剣で斬り、櫛名田比売を助けて結婚したという。

八岐大蛇
頭と尾が8つあるという怪物。体は8つの谷と峰をまたぐほど巨大だった
八塩折《やしおり》の酒
須佐之男命が八岐大蛇に飲ませたという酒
櫛名田比売
足名椎命（あしなづちのみこと）と手名椎命（てなづちのみこと）娘の1人で、須佐之男命と結ばれる。縁結びや稲作のご利益があるとされる女神

参る

櫛名田比売を隠した地
八重垣神社【島根県】

須佐之男命が八岐大蛇退治のときに八重垣を造って櫛名田比売を隠した森が、現在の八重垣神社の境内奥にある佐久左女（さくさめ）の森だという

見る

八岐大蛇の棲み家
天《あま》が淵《ふち》【島根県】

斐伊（ひい）川上流にある、八岐大蛇が住んでいたと伝わる地

須佐之男命の新婚生活

夫婦になった須佐之男命と櫛名田比売は、須賀《すが》の地に2人で暮らすための宮殿を建てた。その際に、宮殿の周りに美しい雲が立ち上り、須佐之男命は歌を詠んだという。この歌にある「出雲」が出雲国の国名の起源である。

八雲立つ
出雲八重垣
妻籠みに
八重垣つくる
その八重垣を

須佐之男命が詠んだという日本初の和歌

参る

日本初之宮とされる和歌発祥の地
須我《すが》神社【島根県】

夫婦になった須佐之男命と櫛名田比売が暮らしたという地に建つ。須佐之男命を主祭神とし、「悪切・開運」、「夫婦円満」などのご利益がある

須佐之男命の晩年

須佐之男命は、「この地は小さい国だがよい国だ」と言って最後に開拓した土地に自らの名である「須佐《すさ》」と命名したという。そして自身の御魂を鎮めたと伝わる。

参る

自らの御魂を鎮めた地
須佐神社【島根県】

須佐之男命を主祭神とする神社。社殿の後方にある推定樹齢1300年の大杉には良縁や子宝のご利益があるという

建御雷神《たけみかづちのかみ》

【茨城県・長野県・奈良県・島根県】

出雲《いずも》の国譲りを説得した武運の神様

伊邪那岐命《いざなぎのみこと》（↓P114）が火之《ひの》迦具土神《かぐつちのかみ》を切り殺したとき、岩についた血から生まれたのが剣神・建御雷神だ。地上を治めていた大国主神《おおくにぬしのかみ》に、国を譲れという天照《あまてらす》大御神《おおみかみ》（↓P116）の意思を伝えにきた使者である。大国主神が二人の息子に意思を聞いたところ、二人目の息子・建御名方神《たけみなかたのかみ》が建御雷神に勝負を挑んだ。建御雷神は建御名方神を投げ飛ばして勝利し、国譲りを同意させたという。

この神話から、建御雷神は武運の神様として崇められるようになり、茨城県の鹿島神宮《かしまじんぐう》や奈良県の春日大社《かすがたいしゃ》などに祀られている。

勝利に導く武神・雷神として信仰を集める

建御名方神との勝負に勝ったことから、戦いの神様として知られる。また、初代天皇の神武《じんむ》天皇の東征を建御雷神の剣が助けたという伝説もある。

DATA

ご利益：勝負運、武道上達

アクション：神社などをお参りする

建御雷神

火之迦具土神を切った「天之尾羽張（あめのおはばり）」という十拳剣（とつかのつるぎ）（長剣）についた血から生まれた神のひとり

布都御魂剣《ふつのみたまのつるぎ》

建御雷神は、剣の上にあぐらをかいたポーズで大国主神の前に現れた

鹿

建御雷神の使い。建御雷神が鹿島神宮から春日大社に向かう際は、白い鹿に乗って向かったと伝わる

参る

鹿島神宮【茨城県】

建御雷神（武甕槌大神）を御祭神とする。社殿が北向きに建つのは、建御雷神の威力をもって北方の勢力を鎮めるためだという

参る

春日大社【奈良県】

御蓋山（→P57）の麓に建つ。奈良に都が移される際に、国家安穏を祈願して建御雷神（武甕槌命）を鹿島神宮より迎えた。鹿を神使として大事にしている

茨城県南部〜千葉県にある鹿島神宮、香取神宮、息栖（いきす）神社は、いずれも日本神話の国譲りにまつわる神様が祀られており、「東国三社」と呼ばれる。江戸時代はこの三社を巡る「東国三社参り」がおこなわれていたという。

建御名方神との力比べで勝利する

大国主神の息子・建御名方神は力自慢で知られていたため、建御雷神に力比べを挑んだ。しかし、負けてしまい、その後は諏訪に逃げたという。

大国主神

地上の国を治めていた国つ神

稲佐《いなさ》の浜【島根県】

出雲大社（→P22）の近くの浜辺。国譲りの交渉がおこなわれた

敗れた建御名方神がこもった地
諏訪大社【長野県】

諏訪湖（→P90）にある、建御名方神を御祭神とする神社。力比べに負けた後、建御名方神はこの地を開拓する神となり、信仰を集めている

相撲の起源ともいわれる

建御雷神と建御名方神の力比べを相撲の起源とする説もある。また道場などで「鹿島大明神」「香取大明神」と書かれた掛け軸がよく見られるが、この神話から武神として崇められていることに由来するという

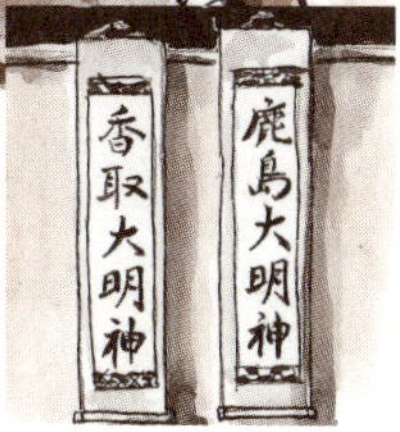

神武《じんむ》東征を手助けする

天孫・迩迩芸命《ににぎのみこと》の子孫である神倭伊波礼昆古《かむやまといわれびこ》（後の神武天皇）は、日向《ひゅうが》（宮崎県）から天下を治めるために東へ向かった。その道中で熊野を訪れた際、一行は熊野の神に毒でやられてしまう。このとき、建御雷神の剣によって救われ、無事に奈良まで到達できたという。

布都御魂剣

毒にやられた神武天皇を救った剣。建御雷神が自らの代わりにこの剣を地上に降ろすと、神武天皇一行は復活した

神武天皇

日本の初代天皇。16年をかけて東征を成し遂げた

参る

布都御魂剣が祀られた地
石上神宮《いそのかみじんぐう》【奈良県】

建御雷神の剣を「布都御魂大神（ふつのみたまのおおかみ）」として祀っている。第10代崇神（すじん）天皇の御代に、剣が宮中から現在の地に移されたという

倭建命《やまとたけるのみこと》

【岐阜県・静岡県・愛知県・大阪府・鹿児島県】

過酷な運命に翻弄された悲劇の英雄

第十二代景行《けいこう》天皇の子として生まれた皇子。武勇に優れていたため、大和朝廷の反対勢力の征討を父に命じられた。西の熊曽《くまそ》を征伐すると、次は東の蝦夷《えぞ》の討伐を命じられる。厳しい命令を嘆きながらも叔母の倭比《やまとひ》売《め》から草薙剣《くさなぎのつるぎ》を授けられ、東征を進めた。東国の平定後、倭建命は妻の宮簀《みやす》姫命《ひめのみこと》に草薙剣を預けたまま伊吹山《いぶきやま》（→P54）の神と戦い、命を落とす。死後は白鳥となって空を飛んでいったという。

数々の武勇伝から、戦いの神様として崇められている。また、戦で火に囲まれた窮地から助かったという伝説から火伏《ひぶせ》の神としても知られる。

兄を殺し父から恐れられた倭建命

非常に気性が激しかったという倭建命は、ある日、双子の兄を誤って殺してしまう。息子の力を恐れた父の景行天皇は、息子を遠ざけようと九州の熊曽討伐を命じたという。

草薙剣

須佐之男命（→P118）が八岐大蛇の尾から取り出した天叢雲剣（あめのむらくものつるぎ）で、三種の神器のひとつ。後に倭建命の手に渡り、草薙剣と呼ばれるようになる

狼

倭建命の眷属（けんぞく）。武蔵の御嶽山で迷った際に道案内したという神話が『日本書紀』に載る

DATA

ご利益：勝負運、出世開運

アクション：神社などをお参りする

参る

大鳥大社【大阪府】

倭建命を御祭神とする。死後、白鳥となった倭建命が降り立った地に建てられたという

参る

熱田神宮【愛知県】

草薙剣を御霊代として祀り、熱田大神（天照大御神）を御祭神とする。倭建命の死後、妻の宮簀姫命が神剣を熱田の地に祀ったと伝わる

熱田神宮にある「剣の宝庫　草薙館」では、熱田神宮に奉納された約450口の刀剣が順次展示されている。

倭建命の西征

九州南部の熊曽討伐を命じられた倭建命は、叔母の倭比売から衣装を借りる。女装して敵の首長である熊曽《くまそ》健《たける》兄弟を油断させ、命を奪った。

女装した倭建命

見る

熊曽平定の舞台

熊曽の穴【鹿児島県】

古代の南九州の部族で大和朝廷と対立していた熊曽が住んでいたとされる地。熊のように勇ましい人々だったという

倭建命の東征

東征の任についた倭建命は倭比売から天叢《あめのむら》雲剣《くものつるぎ》と袋を授かって出発する。道中で、野に放たれた火に囲まれたが、剣で草を薙ぎ払い、袋の中の火打ち石を使って難を逃れた。これ以降、天叢雲剣が「草薙剣」と呼ばれるようになった。

参る

草薙剣をふるった舞台

焼津《やいづ》神社【静岡県】

御祭神である倭建命が火に囲まれた地であることから、「ヤキツ」と呼ばれるようになり、「焼津」という地名の由来になった

草薙神社【静岡県】

倭建命が、草を薙いで燃える野原から助かったという伝説がある地に建つ

伊吹山の猪神による呪いと死

草薙剣を持たぬまま伊吹山で白い猪と対峙した倭建命は、相手が神だと気づかなかったために氷のように冷たい雨に打たれて瀕死となる。なんとか大和に帰ろうとしたが叶わず、三重県の能褒野《のぼの》で命を落とした。倭建命の魂は、白鳥となって大和のある西へと飛び立ったと伝わる。

白鳥
伊吹山の猪神
やまとは国のまほろば…

倭建命の魂が最後に留まった地

見る

白鳥陵《しらとりのみささぎ》古墳【大阪府】

大阪府羽曳野市（はびきのし）にある大型の前方後円墳。白鳥となった倭建命が降り立ったという伝説があり、飛び去る様子が「羽を曳くが如く」といわれたことが地名の由来

倭建命の像【岐阜県】

歩く

伊吹山の山頂や大鳥大社など、倭建命の終焉の地となった岐阜県や大阪府に像がある

倭建命は旅の途中で力尽きる前に「倭(やまと)は 国(くに)のまほろば 畳(たた)なづく 青垣(あをがき) 山隠(やまごも)れる 倭(やまと)し美(うるは)し」と、故郷を思って歌を詠んだという。

吉《き》備《び》津《つ》彦命《ひこのみこと》VS温羅《うら》【岡山県】

英雄と鬼の激突から生まれた吉凶占い

吉《き》備国《びのくに》（現在の岡山県）に伝わる伝説が、吉備津彦命と温羅の戦いだ。崇神《すじん》天皇の御代、吉備で悪事を働いていた温羅という鬼がいた。大和朝廷に命じられた吉備津彦命は、激しい戦いの末に温羅を討ったという。この物語は、昔話『桃太郎』の原型になったといわれている。きびだんごの「黍」は「吉備」から名づけられたとする説もある。

伝説の舞台となった岡山には、二人の激戦を伝える遺跡がたくさん残っている。また、退治された温羅の首を埋めた地に建つ吉備津神社の「鳴釜神事《なるかましんじ》」は、釜の音で吉凶を占う儀式で、現在も体験が可能だ。

桃太郎伝説と吉備津彦命の温羅退治

吉備津彦命は桃太郎のモデルとされ、桃太郎につき従った犬・猿・雉に相当する部下もいたという。温羅は大和朝廷と対立した勢力の首領だったとされるが、伝説では鬼神として描かれている。

DATA
ご利益：健康長寿、厄除け
アクション：神社などをお参りする

犬養健《いぬかいたける》・楽々森彦《さささもりひこ》・留玉臣《とめたまおみ》
吉備津彦命に仕えた臣下たち。『桃太郎』に登場する犬・猿・雉のモデルとされる

温羅
温羅の正体は、異国から来た鬼神とも百済（くだら）の国から渡来した王子ともいわれている

吉備津彦命
孝霊（こうれい）天皇の皇子で吉備国を平定した。吉備津神社の御祭神であり、非常に長寿だったことから、「健康長寿」の御利益があるという

鬼ノ城《きのじょう》 歩く
温羅が住んでいたという標高400mの山城。鬼城山（きのじょうざん）ともいう。復元された城壁沿いを歩くコースもある

吉備津神社の授与品には、吉備津彦命や温羅が描かれた絵馬がある。また、桃太郎が描かれた絵馬や御朱印帳もある。

吉備津彦命VS温羅　戦いの遺跡

吉備津彦命が陣を構えたという倉敷市《くらしきし》にある楯築《たてつき》遺跡や、温羅が根城としていた総社市《そうじゃし》にある鬼ノ城など、伝説の舞台に今も訪れることができる。

矢喰《やぐい》の岩

吉備津彦命が放った矢と温羅が投げた岩が空中でぶつかり、落ちたという岩

楯築《たてつき》神社

吉備津彦命が盾として築いたという巨石が残る弥生時代の墳丘墓。一帯を境内地とする楯築神社の御神体の「旋帯文石（せんたいもんせき）」は、吉備津彦命が空を飛ぶために使った乗り物とする伝説もある

血吸川《ちすいがわ》

吉備津彦命は2本の矢を放ち、1本が温羅の左目を射抜いた。このときの血で真っ赤に染まった川

赤浜

川の赤い水が由来とされる、血吸川の下流の地名。赤色の理由は鉄分を多く含んでいたからだという

鯉喰《こいくい》神社　参る

傷ついた温羅は鯉に化けて川を泳いで逃げた。吉備津彦命は鵜に化けて温羅を捕まえて食べたという伝説の地に建つ神社

吉備津神社の鳴釜神事

首をはねられた温羅だが、唸り声を上げ続けて吉備津彦命を困らせた。吉備津神社の御釜殿の下に地面に埋めても声は止まない。ある日、吉備津彦命の夢に温羅が現れ、温羅の妻が釜で湯を沸かせば、釜の音でこの世の吉凶を占うと言った。その通りにすると唸り声は止んだという。

吉備津神社【岡山県】　見る

神事に使われる「吉備津の釜」。江戸時代の奇談集『雨月物語』にある「吉備津の釜」のモチーフとしても有名

阿曽女《あぞめ》

温羅の妻の名で、現在は神事を執りおこなう女性。釜で湯を沸かす役目を担う

鳴釜神事では祈願したことのご神託をうかがうことができる。社務所にて申し込むことができる。

安倍晴明《あべのせいめい》【京都府・大阪府】

数多の逸話を残した陰陽師《おんみょうじ》の力が伝わる地

平安時代に活躍した陰陽師。天文学や暦学に精通していた晴明は、天体の動きから吉凶を占い、政治にも影響力をもっていたという。また、白狐から生まれた、式神《しきがみ》を使う呪術を用いた、など人智を超えた神秘的な伝説が多い人物でもある。

生誕の場所である大阪の阿倍野《あべの》、邸宅があった京都、ライバルの蘆屋《あしや》道満《どうまん》と呪術対決をおこなったという兵庫県の播磨《はりま》など、関西を中心に晴明にまつわるスポットはたくさんある。小説や漫画、映画などのキャラクターとして描かれることも多く、スター的存在の晴明の威光は、現代においても健在といえるだろう。

平安時代に活躍した稀代の陰陽師

晴明は、深い知識と不思議な霊力で平安京を守っていた。晴明が祀られている地には、災厄を祓う、病気を癒すなどのご利益が伝わっていることが多い。

DATA
ご利益：魔除け、厄除け
アクション：神社などをお参りする

清明井《せいめいい》

晴明の不思議な力によって湧き出たという井戸。病を癒すと伝わる水は飲むことができる

式神
陰陽師が操る鬼神。人や鳥など自在に姿を変える。晴明は屋敷内の雑務を式神に任せていたという
五芒星
頂点が五つの星形。晴明が呪符として用いたことから「晴明桔梗」とも呼ばれる。魔除けの効果があるという
一の鳥居
本殿
二の鳥居
安倍晴明公像

参る

晴明神社【京都府】

晴明の屋敷跡に一条天皇の命で創建された神社。魔除けや厄除けのご利益がある。鳥居の額には「晴明桔梗」が掲げられている

晴明神社のお守りやお札や絵馬には、五芒星が描かれているものが多い。

安倍晴明の出生伝説

晴明の父、安倍保名《あべのやすな》は阿倍野の信太《しのだ》の森で狩人に追われていた白狐を助ける。その後、白狐は葛《くず》の葉《は》という女性の姿で保名の前に現れ、結ばれる。2人の間に男児が生まれたが、数年後、正体がばれた母は森に帰ってしまったという。

信太の森
葛の葉(白狐)
童子丸(晴明)
安倍保名

晴明を産んだ白狐を祀る
参る

信太森《しのだのもり》神社(葛葉稲荷《くずのはいなり》神社)【大阪府】

安倍保名と葛の葉の伝説が伝わる地に建つ。安産祈願の「安倍晴明遥拝の石」、無事に森に帰り着いたことから交通安全のご利益があるという葛の葉が使った「姿見の井戸」などがある

京の都に残る安倍晴明伝説

平安京は晴明の活動の中心地。現代の京都にも、晴明にまつわるスポットがたくさんある。

晴明と十二神将の式神

平安京の鬼門《きもん》(北東) にあったことから、魔界との境といわれる一条戻橋《いちじょうもどりばし》。晴明は式神として十二神将を使役していたが、妻がその姿を恐れたので、この橋に十二神将を隠していたという。

歩く

一条戻橋【京都府】

堀川に架かる一条通の橋。名前の由来は、父を亡くした息子がこの橋の上で祈ると父が生き返ったという伝説

晴明が呪力を披露した地

晴明が遍照寺《へんしょうじ》の僧を訪ねた際、若い貴族に「式神で人を殺せるか」としつこく聞かれた。晴明は呪術で草の葉を操り、人の代わりにカエルをつぶして見せたという。

参る

遍照寺【京都府】

晴明が訪れたという寺。当時からは場所を移しているが、広沢池の近くに建つ

晴明のよみがえり伝説

京都の真如堂《しんにょどう》のご本尊・不動明王は晴明が自宅で祀っていたものだと伝わる。晴明が不慮の死で亡くなったとき、不動明王が閻魔大王に命乞いをして、よみがえり、85歳まで長生きしたという。

閻魔大王
不動明王
安倍晴明

晴明が蘇生した地
頂く

真如堂の秘印【京都府】

閻魔大王が授けた「五行之印」。蘇生後、晴明はこの秘印を施して多くの民を救ったという。現在も、護符として授与している

信太森神社の境内にある巨大な「千枝の楠」には、白狐の葛の葉が姿を隠した場所だという伝説がある。「姿見の井戸」は、水面を覗いて姿が映れば無事に帰って来られるといわれている。

弘法大師《こうぼうだいし》

強大なパワーを示した真言密教の祖

【静岡県・和歌山県・香川県・高知県】

平安時代に活躍した僧で、名は空海《くうかい》。弘法大師は諡号《しごう》。唐で密教を学び、「真言宗」を日本に伝えた人物だ。讃岐国《さぬきのくに》に生まれ、土佐《とさ》での修行や、四国八十八ヶ所（↓P174）の霊場を巡る旅、高野山（↓P42）の開山と入定までの生涯で、数々の伝説を残している。

書道や詩文でも、非凡な才能を発揮し、さらには不思議な霊力を使った超人的なエピソードにも事欠かない。古くから畏敬の存在であるとともに「お大師さま」と呼ばれて庶民から親しまれてきた。弘法大師にまつわる聖地は関西を中心に全国にあり、現在も信仰を集めている。

四国遍路は弘法大師の足跡をたどる旅

讃岐国（現在の香川県）出身の弘法大師は、四国の各地で修行をした。その際に弘法大師が創建したとされる88か所の霊場を巡る旅を四国遍路という。

参る

四国遍路の主な弘法大師の伝説

善通寺《ぜんつうじ》にある産湯井《うぶゆい》【香川県】

誕生したとき、この井戸の水を使ったと伝わる。第75番札所

出釈迦寺《しゅっしゃかじ》にある捨身《しゃしん》ヶ《が》嶽禅定《たけぜんじょう》【香川県】

7歳のとき、「仏の教えを広めるという願いが叶わぬならば、この身を仏に捧げる」として身を投げた地。願いは通じ、釈迦如来が現れて弘法大師の命を救ったという。第73番札所

弥谷寺《いやだにじ》にある獅子之岩屋《ししのいわや》【香川県】

幼いときに学問に励み、後に修行をおこなったという洞窟。第71番札所

満濃池《まんのういけ》【香川県】 見る

仲多度（なかたど）郡の溜池。決壊を繰り返していたが、弘法大師が加護を祈願し、修築したと伝わる

幼名は真魚（まお）。讃岐の屏風ヶ浦（びょうぶがうら）で生まれたとされる
遍路修行をする人々が持つ金剛杖は、弘法大師を表す象徴だという

DATA
ご利益：厄除け、安産
アクション：お寺などをお参りする

弘法大師の出身地の香川県には、弘法大師にまつわる聖地が数多く存在する。誕生の地とされる善通寺、母親の菩提寺として建立された曼荼羅（まんだら）寺、弘法大師が作った釈迦如来を本尊とする出釈迦寺などである。

修行の地・室戸岬《むろとざき》の伝説

青年時代に「虚空蔵菩薩求聞持法《こくうぞうぼさつぐもんじほう》」という厳しい修行をおこなったのが土佐国（現在の高知県）の室戸岬だ。御厨人窟《みくろど》という洞窟で修行をした弘法大師は、ここで初めて悟りを開いたという。

見る

明星を飲み込んだ修行の地

御厨人窟・神明窟《しんめいくつ》【高知県】

弘法大師の修行の地として伝わる、室戸岬の洞窟。中に五社神社の社がある

口に飛び込んだ明星

修行で真言を唱えていた弘法大師の口に、空から飛んできた明星が入った。この明星こそが虚空蔵菩薩であったという

洞窟から見える空と海

この洞窟から見えた空と海に深く感動し、「空海」と名乗るようになったという

弘法大師による数々の奇跡

各地を渡り歩いた弘法大師が、奇跡を起こしたという伝説は多い。徳島県にある平等寺《びょうどうじ》の弘法の霊水（→P107）や、金泉寺《こんせんじ》の黄金の井戸など、特に長寿や健康をもたらすという霊水の伝説が多いようだ。

見る

独鈷の湯と修善寺《しゅぜんじ》【静岡県】

弘法大師が寺を訪れた際に、桂川で病を患っていた父親の体を洗う子と出会う。孝行の心に感心した弘法大師が独鈷で岩を打つと、病を癒す温泉が湧き出たという

独鈷《とっこ》

密教で用いられた法具

弘法大師の入定《にゅうじょう》

入定とは、精神統一し、無我の境地に入る修行のこと。弘法大師は高野山《こうやさん》にて禅定《ぜんじょう》（永遠の瞑想）に入った。1200年後の今も祈り続けているという。

生身供《しょうじんぐ》

高野山の御廟にいる弘法大師に食事を運ぶ儀式。1日2回おこなわれる

参る

金剛峯寺《こんごうぶじ》の弘法大師御廟【和歌山県】

高野山のもっとも聖なる場所。禅定した弘法大師の肉体が今も瞑想を続けているとされる

御厨人窟には、現地のルールにしたがって中に入ろう。「御厨人窟の波音」はこの場所でしか聞くことができず、環境庁の「日本の音風景100選」のひとつである。

源義経《みなもとよしつね》
平家を滅ぼした悲運の武将

【北海道・青森県・岩手県・神奈川県・奈良県】

平安時代末期から鎌倉時代初期の武将である源義経は、日本の歴史上、もっとも高い人気を誇る人物の一人。打倒平家を掲げて挙兵した兄・源頼朝《みなもとのよりとも》（→P132）のもとへ馳せ参じた若き義経は、その類まれなる戦のセンスで活躍するが、後に兄に疎まれて命を狙われ、奥州平《おうしゅうひら》泉《いずみ》（現在の岩手県平泉市）で藤原泰衡《ふじわらのやすひら》に襲われ自害したと伝わる。

幼少期を過ごしたという京都の鞍《くら》馬山《まやま》、青年期と晩年に身を寄せた奥州平泉、平家との激戦の舞台、東北地方から北海道にかけて点在する義経北行伝説のルートなど、義経にまつわる地は数多い。

平家を滅ぼした戦の天才

平家との戦では次々に勝利し、負け知らずだった義経。一の谷の戦いの「鵯《ひよどり》越《ごえ》の逆落とし」、屋島の戦いでの奇襲攻撃、壇ノ浦の戦いでの「八艘《はっそう》飛び」など、戦にまつわる数々の伝説を残している。

一の谷の戦い
(兵庫県神戸市)
壇ノ浦の戦い
(山口県下関市)
屋島の戦い
(香川県高松市)
幼少期に鞍馬山の天狗に武芸を教わったという伝説ももつ
義経は船から船へ飛び乗る「八艘飛び」を披露した
壇ノ浦の戦いで源氏が勝利し、平家は滅亡した

参る

義経を祀る地

白旗《しらはた》神社【神奈川県】

義経を祀る神社。自害した義経の首が確認されたという伝説の地で、義経を白旗明神（白旗が源氏の旗であったことに由来）として祀ったという。武芸や芸能、学問にご利益があるとされる

DATA
ご利益：学業成就、社運隆昌
アクション：神社などをお参りする

壇ノ浦の戦いがおこなわれた山口県下関には、義経が戦勝祈願をしたと伝わる大歳（おおとし）神社、合戦の様子を再現した義経と平知盛の像があるみもすそ川公園などがある。また、合戦で敗れた平家の安徳天皇を祀っている赤間（あかま）神宮もある。

義経が青春期と晩年を過ごした地・平泉

7歳のときに京都の鞍馬山に預けられて以降、義経の詳しい記録は残っていない。だが16歳ごろに京都から平泉に移り、奥州の藤原秀衡《ふじわらのひでひら》のもとで青春期を過ごしていたといわれている。また、兄の頼朝に追われた後、義経はふたたび秀衡を頼って身を寄せたことからも、平泉周辺には義経に関わる史跡や伝説が多い。

伝説によれば、義経は京都を出るとき、鬼一法眼という天狗から、戦の攻略法が書かれた『虎の巻』を盗んだといわれている

弁慶（べんけい）の立ち往生。義経をかばった弁慶は、その身にたくさんの矢を浴びて立ったまま死んだという

参る

平泉に残る義経縁《ゆかり》の地

高館義経堂《たかだちぎけいどう》【岩手県】

義経最期の地とされる場所。義経堂の中には義経の木造が御本尊として安置されている

千手院《せんしゅいん》【岩手県】

平泉町の千手院に残る石塔は、義経の妻子の墓とされる。義経は妻子を殺して自害したと伝えられている

義経は生きていた？ 義経北行伝説

義経は自害せず、奥州から脱して北へ逃げたという伝説もある。義経は三陸海岸を北上し、さらに海を渡り北海道へ逃げた。この伝説を裏づけるかのように、東北地方から北海道にかけて無数の義経伝説や遺跡が残されている。さらには北海道から中国大陸にわたり、モンゴルでチンギス・ハンになったという説もある。

義経《よしつね》神社【北海道】

義経の御神像が祀られている。江戸時代に創建。義経は神様として尊敬され、この地で「ハンガンカムイ」と呼ばれるようになったという

船魂《ふなだま》神社【北海道】

義経一行が津軽海峡を渡る際に力を貸してくれた船魂様に感謝し、義経が祠を祀った。これが北海道最古の神社とされる船魂神社とされる

竜飛崎《たっぴざき》（龍飛崎）【青森県】

義経一行が海峡を渡るため、空飛ぶ竜馬に乗って飛び立ったとされる岬

龍馬山義経寺《りゅうばさんぎけいじ》【青森県】

義経一行が津軽海峡を渡るために祈りを捧げたという観音像を祀ったお寺

八戸市《はちのへし》【青森県】

平泉から逃れた義経一行はこの地に10年ほど滞在したという。八戸で最古の神社という龗（おがみ）神社は、義経と縁が深い

宮古市【岩手県】

義経一行が訪れたという横山八幡宮や久昌寺（きゅうしょうじ）、甲冑を埋めたという判官稲荷（はんがんいなり）神社などがある

高館義経堂には、義経とその臣下の武蔵坊弁慶の主従を供養する宝篋印塔（ほうきょういんとう）が建っている。

源《みなもと》頼《より》朝《とも》【神奈川県・静岡県】

平家を滅ぼした初代鎌倉幕府将軍

源頼朝は、日本で初めて武家政権を確立した、日本史上の重要人物の一人。幼い頃に罪人として伊豆国《いずのくに》（現在の静岡県）に流されながらも、宿敵の平家打倒のため挙兵。最初は苦戦を強いられたが、鎌倉を拠点として次第に勢力を広げていった。後に合流した弟の源義経《みなもとのよしつね》（→P130）らに平家を追討させ、ついに壇ノ浦の戦いで平家を滅亡させた。

朝廷に認められた頼朝は征夷大将軍に任命され、鎌倉の地に武家政権を確立。その後、約七百年にわたる武家政治の礎を築いた。鎌倉や流刑地だった伊豆には、頼朝縁《ゆかり》の地が数多く残されている。

鎌倉を本拠地とした頼朝

鎌倉に幕府を開いたのは、攻防に優れた地形だったこと、源氏と縁の深い土地だったことなどの理由があるという。

非常に用心深く、疑り深い性格だったという
頼朝は1192年に朝廷から征夷大将軍に任命された

参る

源頼朝と深い関わりをもつ神社

鶴岡八幡宮《つるがおかはちまんぐう》【神奈川県】

源頼義（頼朝の祖先）が、京都の石清水八幡宮を鎌倉に勧請（遠方の神様を地元の地域に迎えること）したことが始まり。頼朝によって現在の地に移され、以降は源氏の氏神・武士の守護神として武家の人々に広く信仰された

佐助稲荷《さすけいなり》神社【神奈川県】

頼朝が伊豆にいたとき、夢に「かくれ里の稲荷」と名乗る翁が現れ挙兵を促したという。その後、初代鎌倉幕府将軍となった頼朝が「かくれ里の祠」を見つけ、神社を再建させたという。「佐助」は「佐殿（頼朝のこと）を助けた神」という意味で、別名「出世稲荷」と呼ばれ信仰されている。近くには同じく頼朝と縁の深い銭洗弁財天宇賀福神社（→P105）がある。

DATA

ご利益：出世開運

アクション：神社などをお参りする

鶴岡八幡宮の周辺には、源氏にまつわるスポットが多い。源氏の邸宅があった場所で山頂には頼朝の像がある「源氏山」、頼朝の住居があり、政治の拠点としていた「大蔵幕府跡」などである。

伊豆国から源氏再興を掲げる

源頼朝は、後白河天皇の第3皇子以仁王《もちひとおう》による兵士討伐の令旨（命令書）を受け、伊豆国で挙兵。だが、最初は苦戦し、石橋山の戦いで平家に敗れて安房国《あわのくに》（現在の千葉県）に逃れた。

「しとど」は「ホオジロ」といわれている

しとどの窟【神奈川県】 見る

頼朝が九死に一生を得た、湯河原にある洞窟。石橋山の戦いで敗走中、頼朝らは窟に避難したが、追っ手が迫ってきた。頼朝がいよいよ観念した瞬間、「しとど」という鳥が飛び出し、追っ手は引き返したという

現在、洞窟内には複数の石仏が立ち並ぶ。首のない地蔵を3体見つけると死期が早まるという噂もある

兄弟の出会い

頼朝が関東・伊豆を平定後、黄瀬川八幡《きせがわはちまん》の地に布陣。その際、奥州平泉《おうしゅうひらいずみ》より駆けつけた源義経と対面を果たしたといわれている。

八幡神社【静岡県】 見る

八幡神社の境内には、兄弟が腰をかけたという「対面石」が残されている

頼朝が祈願した地

頼朝が強運を祈ったという伊豆山《いずさん》神社（静岡県熱海市）、箱根神社（神奈川県箱根町）（→P48）、三《み》嶋大社《しまたいしゃ》（静岡県三島市）。この3社を巡る「三社詣」をおこなうと、開運成就するという。

伊豆山神社【静岡県】

頼朝と北条政子が結ばれた場所として知られる。強運守護・縁結びの神様

箱根神社【神奈川県】

頼朝をはじめ、関東武士の崇敬を受けた神社。幕府による箱根神社の参拝は恒例行事となった

三嶋大社【静岡県】

伊豆に流された頼朝が深く信仰し、源氏再興を祈願して成就させたという神社

頼朝の眠る地

頼朝の死因は不明で、落馬が原因ともいわれている。頼朝と、第2代執権北条義《ほうじょうよし》時《とき》の眠る墓は、鎌倉市の史跡法華堂跡にあり、国指定史跡となっている。

白旗（しらはた）神社には、源氏の旗印である白旗にちなんで白旗桜（オオシマザクラ）が咲いている

法華堂《ほっけどう》跡【神奈川県】 参る

頼朝の墓とされる石造りの層塔。かつては頼朝の法華堂（霊廟）があったが、明治時代に頼朝を祀る白旗神社が創建。現在、頼朝の墓は神社境内にある

静岡県熱海市にある伊豆山神社の境内には、頼朝と北条政子が腰掛け、愛を語り合ったという伝説をもつ「腰掛石」があり、実際に腰掛けることができるという。また、頼朝と政子が描かれた御朱印もある。

崇徳上皇《すとくじょうこう》

讃岐《さぬき》に流され帰京を望み天皇を呪った上皇

【京都府・香川県】

平安時代に活躍した第七十五代天皇。上皇となった後に後白《ごしら》河《かわ》天皇との勢力争いに敗れ、怨霊になったという。保元の乱に破れた崇徳上皇は、讃岐（現在の香川県）に配流された。いつか都に帰ることを望んでいたが叶わず、亡くなってしまう。その後、都で災いが相次いで起きたため、天皇を恨んでいる崇徳の祟りではないかと恐れられるようになる。後白河天皇は崇徳の菩提を丁重に弔い、祟りを鎮めようとした。

日本三大怨霊のひとりに数えられ、当時の人々から非常に恐れられていた。後の世では、悪い縁を断つ神様として崇められるようになっている。

悲運の生涯を送った上皇

讃岐に流された崇徳上皇は、都に戻りたいと願ったものの許されることはなかった。悲しみと恨みを抱いて過ごした讃岐の地には、崇徳上皇と関わりの深い場所が多く残されている。

参る

崇徳をお祀りしている主な神社

金刀比羅宮《ことひらぐう》【香川県】

配流にあった崇徳が参籠したと伝わる。主神の大物主神とともに、相殿に崇徳上皇を祀っている（→P150）

安井金比羅宮《やすいこんぴらぐう》【京都府】

崇徳が寵妃を住まわせ、境内の藤を好んだという地に建つ。御祭神の崇徳が讃岐の金刀比羅宮で参籠した際に、欲を断って祈願したことから、悪縁を断ち、良縁を結ぶ御利益があるという

縁切り縁結び碑《いし》

安井金比羅宮にあり、碑の穴をくぐって祈願する

瀬をはやみ
岩にせかるる
滝川の
われても末に
逢はむとぞ思う
（川の流れが速いので
岩にせき止められた
川の流れが二つに割れても
また一つの流れになるように
あなたと離れていても
また会おうと思います）
崇徳は和歌にも秀でており、『小倉百人一首』にも選ばれている

DATA

ご利益：縁切り

アクション：神社などをお参りする

安井金比羅宮には、高さ1.5m、幅3mほどの巨石「縁切り縁結び碑」がある。絵馬のような形で、縁切りまたは縁結びの願いが書かれた「形代(かたしろ)」が石が見えなくなるほどたくさん貼られている。

京で崇徳上皇の祟りと噂が流れる

崇徳は、3年の月日をかけて写経した写本を朝廷に送ったが、拒否される。怒りに震えた崇徳は、舌を噛み切って流れた血で送り返された写本に天皇への呪いの言葉を記したという。その後、京の都は大火や戦乱などの災いが起き、後白河天皇の周囲の者たちが亡くなったことから、崇徳の祟りだといわれるようになる。

日本国の大魔縁となり
皇を取って民とし民を皇となさん
この経を魔道に回向す！

天皇家を呪った崇徳は、髪も爪も切らず変わり果てた姿に。食事も断ち、凄まじい姿で亡くなったという

見る

遺体を浸した地

八十場《やそば》(八十八)の清水【香川県】

崇徳の亡骸を浸したという霊泉。この湧き水には不思議な力があるという

参る

火葬の煙が止まった地

青海《おうみ》神社【香川県】

崇徳の亡骸が白峯山で荼毘に付された際に、煙が止まったため、崇徳を祀ったという

大天狗になったという伝説もある

崇徳の死後、家臣だった源為朝が九州に渡ろうとした際に嵐にあう。このとき、大天狗となった崇徳が臣下を引き連れて現れ、救ってくれたという

参る

菩提を弔う地

白峯寺《しろみねじ》の頓証寺殿《とんしょうじでん》【香川県】

白峯山にある、崇徳上皇の菩提寺。四国八十八ヶ所（→P174）の霊場のひとつ。崇徳の御陵を慰めたという大天狗の相模坊（さがみぼう）も祀られている

約700年ぶりの帰京

生前は京に戻ることはできなかった崇徳。1868年、明治天皇が崇徳の御霊を神輿に乗せて京都に迎え入れた。白峯神宮を建立して御祭神として祀っている。

参る

崇徳上皇が眠る地

白峯陵《しらみねのみささぎ》【香川県】

坂出市（さかいでし）に位置する、亡骸が埋葬されている御陵。和歌を通じて崇徳と交流があったという西行法師も訪れたことがあるという

崇徳上皇が祀られた地

白峯神宮《しらみねじんぐう》【京都府】

崇徳の御霊を祀るため上京区に建立された神社。蹴鞠の神様である精大（せいだい）明神も祀られており、サッカーをはじめとするスポーツや武道の守護神として信仰されている

崇徳上皇の遺髪が埋められた地であるという「崇徳天皇御廟」は、京都の繁華街・祇園の中心地にある。崇徳上皇の月命日である21日には、白峯神宮の神職により月次祭がおこなわれているという。

菅原道真《すがわらのみちざね》

怨霊となって都を騒がせた学問の神様

【京都府・福岡県】

平安時代に活躍した政治家であり学者。右大臣にまで出世した道真だったが、左大臣・藤原時平《ふじわらのときひら》の陰謀で失脚する。九州の太宰府《だざいふ》に左遷された道真は、そのまま京に戻ることなく命を落としてしまった。

その後、時平や代わりに右大臣となった源光《みなもとのひかる》が病や事故で死亡し、御所に雷が落ちて死傷者が出るなどの災いが続いた。これらは怨霊となった道真の仕業によるものだと人々は信じた。荒ぶる道真の御霊を鎮めるため、雷の神である「天神《てんじん》様」として祀ったという。元より学者として優れていた道真は、現在では学問の神様として親しまれている。

京都から遠く離れた九州の地で生涯を終える

5歳で和歌を詠み、11歳で漢詩を詠んだと伝わるほどの才能あふれる存在だった道真は、政治家としても優れており異例の出世を遂げた。策略によって左遷された後も、太宰府の地で国の平安を願っていたという。

東風《こち》吹かば
匂ひおこせよ梅の花
あるじなしとて春な忘れそ

太宰府の地に行くと決まった道真は、京都の邸宅に咲く梅との別れを惜しんで句を詠んだという

道真の墓所がある
全国天満宮の聖地

太宰府《だざいふ》天満宮《てんまんぐう》【福岡県】

道真の魂が眠る墓地の上に社殿が建つ。菅原家直系の子孫が代々、宮司を務めている。受験などの合格祈願のために毎年多くの人が訪れる

本殿の右手に御神木の「飛梅」がある。自宅にあった梅の木が、道真を慕って一晩で京から太宰府まで飛んできたという伝説がある

DATA

ご利益：学業成就、受験合格

アクション：神社などをお参りする

太宰府天満宮の授与品には、学力向上・受験合格のご利益があるお札やお守り以外に、学業鉛筆もある。2B、HB、マークシート対応の3種があり、学業に励む人への贈り物としても人気。

雷神と結びつけられ恐れられる

道真の死後、御所の清涼殿《せいりょうでん》に雷が落ちた。道真の恨みが災いの原因とみなされたため、道真は雷神（天神様）であるとされたという。全国各地にある「天満《てんまん》宮《ぐう》」とは、天満天神の神名をもつ道真を祀る神社のことである。

天神様となった道真

道真は、死後に最高官職である太政大臣の位を与えられた。しかし都での災禍は収まらず、天神様という神として祀ったという

雷が落ちた御所の清涼殿

平安京の天皇が暮らしていた建物。ここに雷が落ちた際に、雷雲に乗った道真を目撃したという者もいたそうだ

撫牛

天神様のお使いが牛のため、境内に撫牛がある。

参る

雷神＝天神様として祀られる

北野天満宮【京都府】

全国の天満宮の総本社。古来より北野天神（火雷天神）が祀られていた北野の地に、雷神となった道真の魂を鎮めるために創建された

全国各地の天神信仰

雷や雨などを司る天神様は、古くから荒ぶる神であるとともに農耕の神様として信仰されていた。道真が天神様となり、その信仰は全国各地に広がった。牛は天神様の使いとされているが、雨乞いの儀式で捧げられていたから、道真が丑年だからなどの説がある。

参る

湯島《ゆしま》天満宮（湯島天神）【東京都】

天手力男神（あめのたぢからおのかみ）を御祭神として創建された神社。後に道真も御祭神となり、関東一の学問の神様として知られるようになった

菅原天満宮【奈良県】

菅原家の始祖とされる天穂日命（あめのほひのみこと）を祀る。社の近くには産湯池の遺跡があり、道真誕生の地と伝わる

防府《ほうふ》天満宮【山口県】

京から九州に渡る際に道真が立ち寄った、本州最後の地に建つ。日本で最初に天神様を祀ったという由緒がある

北野天満宮では毎月25日を「天神さんの日」として、縁日が開かれ参道には露天が立ち並ぶ。これは道真が6月25日に生まれ、2月25日に亡くなったことにちなむ。命日の2月25日には「梅花祭」の祭典がおこなわれ、厄払玄米が授与される。

平将門《たいらのまさかど》

【福島県・茨城県・栃木県・埼玉県・千葉県・東京都】

平将門の乱で知られる東国の武将

平将門は、平安時代中期に下総《しもうさの》国《くに》豊田郡（現在の茨城県）に生まれた豪族。桓武天皇の流れをくむ平氏の一族で、関東地方で徐々に力をつけ、常陸《ひたち》（茨城県）、下野《しもつけ》（栃木県）などを次々に征服。自ら「新皇」と名乗って独立を宣言したが、九四〇年に藤原秀郷《ふじわらのひでさと》たち地方武士により滅ぼされた。

また、京都でさらされた首が怨念により東国まで飛んでいったなど、将門は死後にさまざまな逸話をもち「日本三大怨霊」の一人にも数えられている。東京都千代田区には将門塚《まさかどづか》（→P169）があり、将門は今も手厚く供養されている。

数々の不思議な伝説をもつ平将門

将門は武士の先駆者であり、朝廷の支配に立ち向かった英雄としての人気も高い。さまざまな人間離れした伝説や逸話をもち、関東を中心に、将門にまつわる碑や寺社が多い。

見る

7人の影武者がいた!?

大雄山海禅寺《だいゆうさんかいぜんじ》の七騎塚【茨城県】

将門が父を弔うために創建した寺にある、将門の7人の影武者を供養した塚。鏡が池という池の前に7人の家臣を立たせたら将門そっくりに変身したという伝説がある

将門が東国で起こした一連の事件は「平将門の乱」と呼ばれる

参る

平将門の娘・夜叉姫《やしゃひめ》伝説

東福寺《とうふくじ》【茨城県】
恵日寺《えにちじ》【福島県】

平将門の三女の五月姫は、父の仇を取るために妖術使いの滝夜叉姫になったという伝説をもつ。実際には尼となり父の菩提を弔ったとされ、彼女の墓といわれる場所は東福寺（茨城県つくば市）と恵日寺（福島県いわき市）の２か所がある

DATA
ご利益：除災厄除
アクション：神社などをお参りする

茨城県坂東(ばんどう）市は、平将門関連のスポットがたくさんある。将門が喉を潤したという「石井の井戸」、総合文化ホール・ベルフォーレに建つ「将門の騎馬像」、将門生誕1100年を記念して建てられた「平将門文学碑」などだ。

成田山《なりたさん》の調伏《ちょうぶく》の護摩により討ち死にする

将門討伐のため、朝廷側は成田山に不動明王を安置して、21日間の朝敵調伏の護摩祈祷をおこなった。満願の日、戦場の風向きが変わり、将門は流れ矢を額に受けて討ち取られたという。

満願の日に矢が額に当たり、将門は落馬。藤原秀郷が将門の首を斬ったという

朝廷側は、成田山（下総国公津ヶ原）にて21日間の朝敵調伏の護摩をおこなった

参る
平将門が御祭神
神田明神《かんだみょうじん》【東京都】

平将門を祀る神社。後に徳川幕府の庇護を受けて江戸総鎮守となり、江戸の町を守る結界の一部ともいわれている。成田山新勝寺と同じ日に参詣すると将門の祟りがあるとされる

参る
平将門の乱を機に開山
成田山新勝寺《しんしょうじ》【千葉県】

不動明王を御本尊とする「関東三大不動」のひとつ。平将門の乱を平定した940年2月14日に開山した

死してなお伝説は続く

平将門の首は京都でさらされたが、目は見開き恐ろしい形相で「わが体いずこにありや」と夜な夜な喋ったり、東国へ向けて飛んで行ったりしたという。また、将門の死後、五体がバラバラになり飛散したという伝説もあり、各地に五体を祀る塚や寺社がある。

将門の五体を祀る代表的な場所

首	将門塚（東京都） 将門の首塚（埼玉県）	京都から飛んできた将門の首が落ちた場所に建てられたという千代田区の「将門塚」が有名。埼玉県幸手市の浄誓寺境内奥にも将門の首塚があり、将門終焉の地という伝説もある
手	大手神社（栃木県）	将門の手を祀る、足利市五十部町の神社。「大手様」と呼ばれ、手にまつわる祈願に霊験があるという
腹	大原神社（栃木県）	将門の腹を祀る、足利市大前町の神社。「おおばら様」と呼ばれ、腹部の病気などに霊験があるという
胴	延命院（茨城県）	将門の胴は、神田山（将門山）の延命院境内に埋葬されているという
股	子(ね)の権現（栃木県）	将門の股を祀る、足利市樺崎町の神社

東京都千代田区の神田明神では、毎年9月に「将門塚例祭」がおこなわれている。9月には限定の平将門公の御朱印が授与されるという。

元三大師《がんざんだいし》

鬼の姿になり災厄を祓った高僧

【東京都・京都府】

厄《やく》除《よ》けや疫病退散の守り神として信仰されている元三大師。平安時代の天台宗の高僧で、正式には慈恵大師《じえだいし》、僧名は良源《りょうげん》という。正月三日に亡くなったことから元三大師と呼ばれ、親しまれている。

元三大師は、都で疫病が蔓延《まんえん》した際、人々を救おうと鏡の前で祈祷をおこなった。すると鏡の中の大師の姿がみるみる鬼の姿へと変化。大師はその姿を写したお札を作って民家に配ったところ、疫病が消えたという。鬼の姿になった大師は「角《つの》大師」と呼ばれた。角大師のお札は疫病除け、魔除けの護符として広く信仰されるようになったという。

全国各地で人気の角大師護符

角が生えた骨ばかりの鬼の姿をした角大師の護符は、厄除けのお守りとして現在も人気だ。元三大師の法力は大変強く、力強い鬼の姿や、33人の童子などにも変化できたという。そのため「鬼大師」「魔滅《まめ》大師（豆大師）」「降魔《ごうま》大師」とも呼ばれ、それぞれの姿を写した厄除けの護符もある。

頂く

元三大師堂【京都府】

四季講堂ともいい、比叡山（→P40）にある。元三大師の住房があったところで、おみくじ発祥の地として知られている。悩み事に応じて住職がお経を唱え、おみくじを引いてくれる

深大寺《じんだいじ》【東京都】

日本最大の元三大師像を祀るお寺。悪魔を降伏する角大師の「降魔札」、利益を与える豆大師の「利生札（りしょうふだ）」などがある

角大師の降魔札

豆大師の利生札

骨だらけの鬼（疫病神）の姿
鬼の姿を写した弟子
鏡の前で祈り続ける元三大師

DATA
ご利益：魔除け、厄除け
アクション：お寺などをお参りする

茨城県常総（じょうそう）市の安楽寺は天台宗の寺院。江戸時代に慈恵大師良源（元三大師）が勧請された。元三大師の命日の1月3日には大縁日、毎月3日には縁日が開かれ、福だるまを求めて多くの人が訪れる。

西郷隆盛《さいごうたかもり》

西南戦争に散った明治維新の立役者

【山形県・東京都・宮崎県・鹿児島県】

薩《さつ》摩《ま》藩《はん》（現在の鹿児島県）に生まれ、幕末という激動の時代に新しい日本を作るために奔走した政治家、西郷隆盛。薩長《さっちょう》同盟の締結、江戸城の無血開城といった歴史的な事件に重要な役割を担った明治維新の立役者ながら、後に明治政府軍と対立して西南戦争を引き起こし、不遇の最期を遂げた。

西南戦争終結後、多くの人々に慕われ続けた西郷隆盛の遺徳を後世に伝えるために建立されたのが、鹿児島市にある南洲《なんしゅう》神社だ。神社の隣にある墓地には、西郷隆盛をはじめ、西南戦争における戦没者の英霊が静かに眠っている。

全国に5か所ある南洲神社

南洲神社は鹿児島市のほか、西郷隆盛と縁《ゆかり》の深い土地に4か所あり、各地で西郷隆盛の遺訓や歴史を伝えている。

山形県酒田市《さかたし》
宮崎県都城市《みやこのじょうし》
鹿児島県鹿児島市
鹿児島県奄美大島奄美市
鹿児島県沖永良部島和泊町《おきのえらぶじまわどまりちょう》

傍らにいる犬は、西郷隆盛の飼い犬である薩摩犬のツンがモデル
見る

上野の西郷隆盛像
【東京都】

上野公園の入口近くにある西郷隆盛像。上野戦争で薩摩兵が奮戦した地なので上野に建てられたといわれている

菊の葉三葉だけの西郷家の紋章
参る

2023名が眠る南洲墓地【鹿児島県】

1877（明治10）年、西郷隆盛が故郷の城山で自刃して、西南戦争は終結。桐野利秋、村田新八など薩軍2023名の眠る墓地に設けられた参拝所が、後に西郷隆盛を祀る南洲神社となった

頂く
南洲翁遺訓

酒田市の南洲神社で西郷の遺訓『南洲翁遺訓《なんしゅうおういくん》』を無料配布

「南洲翁」とは西郷隆盛の敬称。元庄内藩の人々により編纂された『南洲翁遺訓』には、生前の西郷隆盛の言葉が記録されている

DATA
ご利益：縁結び
アクション：神社などをお参りする

なぜ山形県に南洲神社があるかというと、庄内藩は幕府側として官軍に抵抗し戊辰戦争で敗れたが、西郷隆盛の計らいで公明正大な処分を受けた。この処分に感銘を受けた庄内藩は西郷隆盛と親睦を深め、その後昭和51年に南洲神社を建設したという。

column

日本にあの偉人の墓がある!?

モーゼにキリスト、楊貴妃《ようきひ》…。世界の歴史に登場する偉人たちの墓が日本にあるというミステリーに迫る。

キリストの墓【青森県】

十和田湖《とわだこ》の近くの新郷《しんごう》村に、イエス・キリストのものとされる墓がある。ゴルゴダの丘の処刑を逃れたキリストが密かに日本に渡っていたというのだ。ただしこの説の根拠とされた『竹内文書《たけうちもんじょ》』は偽書とされ、真相は不明のまま焼失している。

モーゼの墓【石川県】

能登《のと》半島の宝達山《ほうだつさん》にある古墳には、モーゼが眠っているという。「十戒《じっかい》」で知られるモーゼは日本に渡り、宝達山にたどり着いて残りの人生を過ごしたと伝わっている。現在、山の周辺にはモーゼパーク（伝説の森公園）がある。

楊貴妃《ようきひ》の墓【山口県】

長門《ながと》市《し》油谷《ゆや》に伝わるのが、傾国の美女の楊貴妃が唐（中国）から日本に渡っていたという説だ。船で日本に到着した楊貴妃だが衰弱して亡くなってしまったため丘の上に葬られたという。このとき建てられた五輪の塔は現在、二尊院《にそんいん》の境内にある。

6章

霊験《れいげん》あらたかな聖地

祈る人の心が、その地を聖地たらしめる。人々に愛されてきた聖地だけが、時代を超えて今も崇敬の念を集めているのだ。

再発見され続けている新たな「聖地」

江戸時代の流行神《はやりがみ》

江戸時代の流行神現象は、大都市であった江戸が噂の発信地。「あそこの神様がすごいらしい」などの噂が口コミで地方にどんどん広がって多くの人が集まるようになり、その場所が「聖地化」していった。

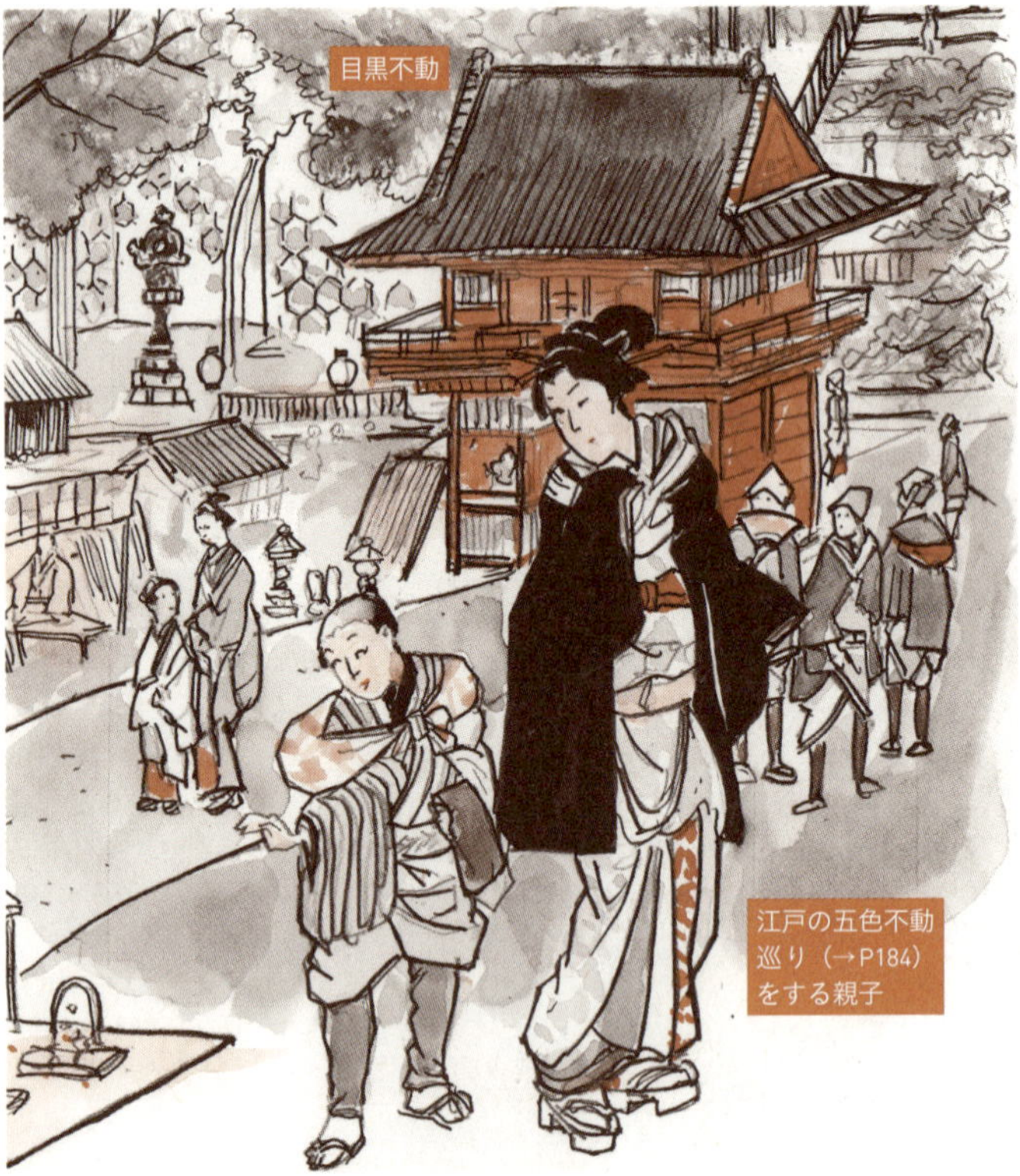
目黒不動
江戸の五色不動巡り（→P184）をする親子

「バズり」による聖地誕生

六章では、現代でも特に人気の高い聖地や話題のパワースポットを紹介する。

日本では、あまり有名ではない神様でも突然バズり、人気を博し、新たな聖地が誕生するといった現象がしばしば起こる。たとえば東京の豊《とよ》川稲荷《かわいなり》東京別院《とうきょうべついん》（→Ｐ１５６）、水天《すいてん》宮《ぐう》（→Ｐ１５６）、東京大神宮《とうきょうだいじんぐう》（→Ｐ１５７）は大人気の聖地だが、もともとは東京ローカルの寺社だ。

実は、現代と似たような現象は江戸時代にもすでに起きており、これを「流行神《はやりがみ》現象」という。日本の聖地が生まれる由来に「バズりによる誕生」という特徴があるようだ。

現代のパワースポット

パワースポット・ブーム自体が、現代の流行神現象ともいえる。神様と距離が近い日本人の宗教観や、ミーハーな気質などが相まって、たくさんのバラエティー豊かな聖地を生み出しているのかもしれない。

御神木の写真を撮り、待受画面にする参拝客
パワースポットと噂の石に触れるカップル

パワースポットも流行神現象

江戸時代の流行神現象は口コミで広がっていったが、現代ではSNSなどで伝達のスピードが速いうえ、バズり方が多様化している。たとえば厳島神社《いつくしまじんじゃ》（→Ｐ１４６）や沖《おき》ノ島《しま》（→Ｐ１４８）は世界遺産、浅草《せんそう》寺《じ》（→Ｐ１５９）は外国人観光客、豊川稲荷東京別院は芸能人ファンによって流行し、その他、アニメ聖地やパワースポットなど、いろいろなバズり方で、流行神も多様化している。

このように二〇〇〇年代に入ってからの、ローカルな神社仏閣やマイナーなスポットが改めて認知され、聖地化するという現象は西洋にはなく、日本独特の特徴といえるだろう。

厳島神社《いつくしまじんじゃ》【広島県】

御神体だった島に建つ美しき海上社殿

海上に浮かぶ社殿の風景が印象的な、宮島《みやじま》にある安芸国《あきのくに》（現在の広島県）の一宮《いちのみや》。御祭神は海を守護する三女神だが、かつては島そのものを神として崇め、人が住むことは禁じられていた。現在も墓を島外に置くなどの風習が守られている。

平清盛《たいらのきよもり》が熱心に信仰し、現在の姿である海上社殿を造営した。海も境内に含み、社殿や大鳥居のほか舞台、廻廊など見どころがたくさんある。

一説には、御神体である島の木や土地を傷つけないよう海上に築かれたという。「安芸の宮島」の名で知られており、日本三景のひとつ。一九九六年には世界遺産に登録されている。

参る

三女神を祀り海上交通を守護する

日本神話で天照大御神《あまてらすおおみかみ》(→P116)と須佐之男命《すさのおのみこと》(→P118)の「御誓《うけい》(誓約)」により、須佐之男命の剣から生まれた神々。古くから海の神として崇められている。

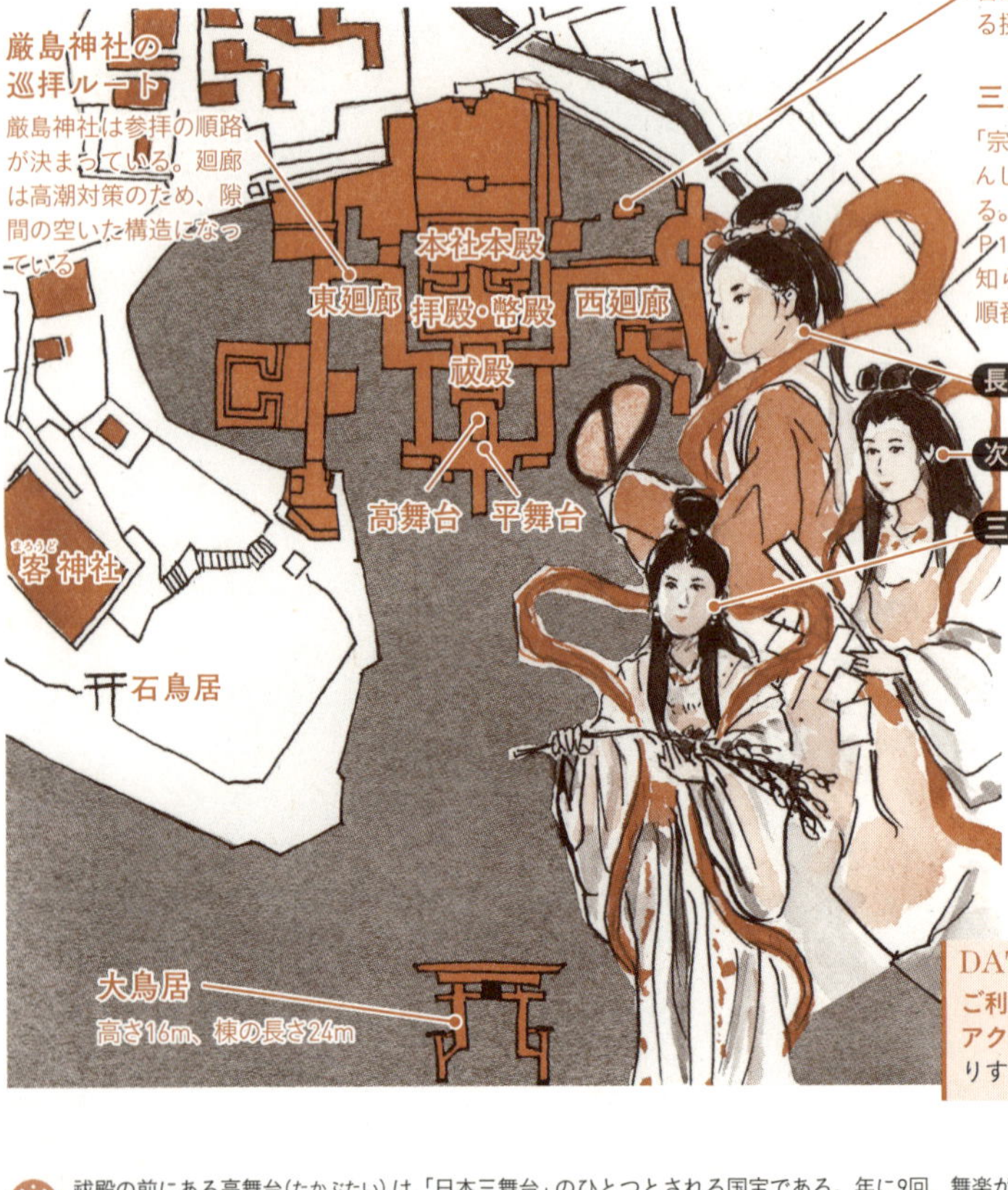

天《てん》神社
菅原道真（→P136）を祀る摂社
三女神
「宗像三女神（むなかたさんじょしん）」とも呼ばれる。福岡県の宗像大社（→P148）の御祭神として知られている。三姉妹の順番は諸説ある
長女 多紀理毘売命《たきりびめのみこと》
次女 多岐都比売命《たぎつひめのみこと》
三女 市寸島比売命《いちきしまひめのみこと》
厳島神社の巡拝ルート
厳島神社は参拝の順路が決まっている。廻廊は高潮対策のため、隙間の空いた構造になっている
本社本殿
東廻廊
拝殿・幣殿
西廻廊
祓殿
高舞台
平舞台
客《まろうど》神社
石鳥居
大鳥居
高さ16m、棟の長さ24m

DATA
ご利益：海上交通の守護
アクション：神社をお参りする

祓殿の前にある高舞台(たかぶたい)は「日本三舞台」のひとつとされる国宝である。年に9回、舞楽が舞われる。中でも4月中旬と10月中旬の夕方にそれぞれおこなわれる「桃花祭」と「菊花祭」の舞楽は人気が高い。

見る

満ち潮・引き潮で変わる大鳥居

海上に建てられた朱塗りの鳥居は、厳島神社のシンボルとなっている。
木造では日本最大。潮の満ち引きで景観が変化する。

満ち潮
満潮になると水に沈み、海上に浮かんでいるように見える
引き潮
干潮の際は歩いて大鳥居の近くまで行くことができる

拝殿・幣殿
祓殿
本殿
高舞台

御本社《ごほんしゃ》 参る

奥にある本殿と拝殿をつなぐ幣殿、手前にある祓殿をまとめて御本社という

見る

高舞台でおこなわれる舞楽

高舞台は祓殿の前方にあり、舞楽が舞われる。厳島神社には平清盛が京都より伝えたという

凶が出やすい？ おみくじ 頂く

境内で引けるおみくじには、大吉や吉以外に「平（たいら）」というめずらしい種類がある。また凶が多く出ることでも知られている

御みくじ
おみくじ
おみくじ

厳島神社では、潮位250cm以上なら鳥居が海に浮かんで見える。宮島観光協会の公式ホームページなどで、現在の潮汐や潮見表を公開している。タイミングが合えば1日に満潮時・干潮時の大鳥居を見ることもできるので、参拝の際はチェックしよう。

沖《おき》ノ島《しま》・宗像大社《むなかたたいしゃ》【福岡県】

航海の安全を祈る三つの宮

宗像大社は日本神話に登場する、もっとも古い神社のひとつ。天照大御神《あまてらすおおみかみ》（↓P116）と須佐之男《すさのおの》命《みこと》（↓P118）の「御誓《うけい》」で生まれた宗像三女神《むなかたさんじょしん》を御祭神とする沖津宮《おきつぐう》、中津宮《なかつぐう》、辺津宮《へつぐう》の総称だ。沖ノ島は玄界灘《げんかいなだ》に浮かぶ、周囲約四キロメートルの小さな島で沖津宮があり、島全体が境内地となっている。

島全体が御神体として崇められているため、沖ノ島には神職以外の一般人の立ち入りは禁じられている。古くから航海の道標で、海上交通の安全を祈る場となっていた。そのため、島内には古代におこなわれた祭祀の遺跡が見つかっている。

島そのものが御神体の立ち入り禁止の島

沖津宮のある沖ノ島には人は住んでおらず、厳しい掟に守られている。1人の神職が交代で10日ずつ常駐し、神事をおこなっている。

DATA
ご利益：航海の安全、交通安全
アクション：神社をお参りする

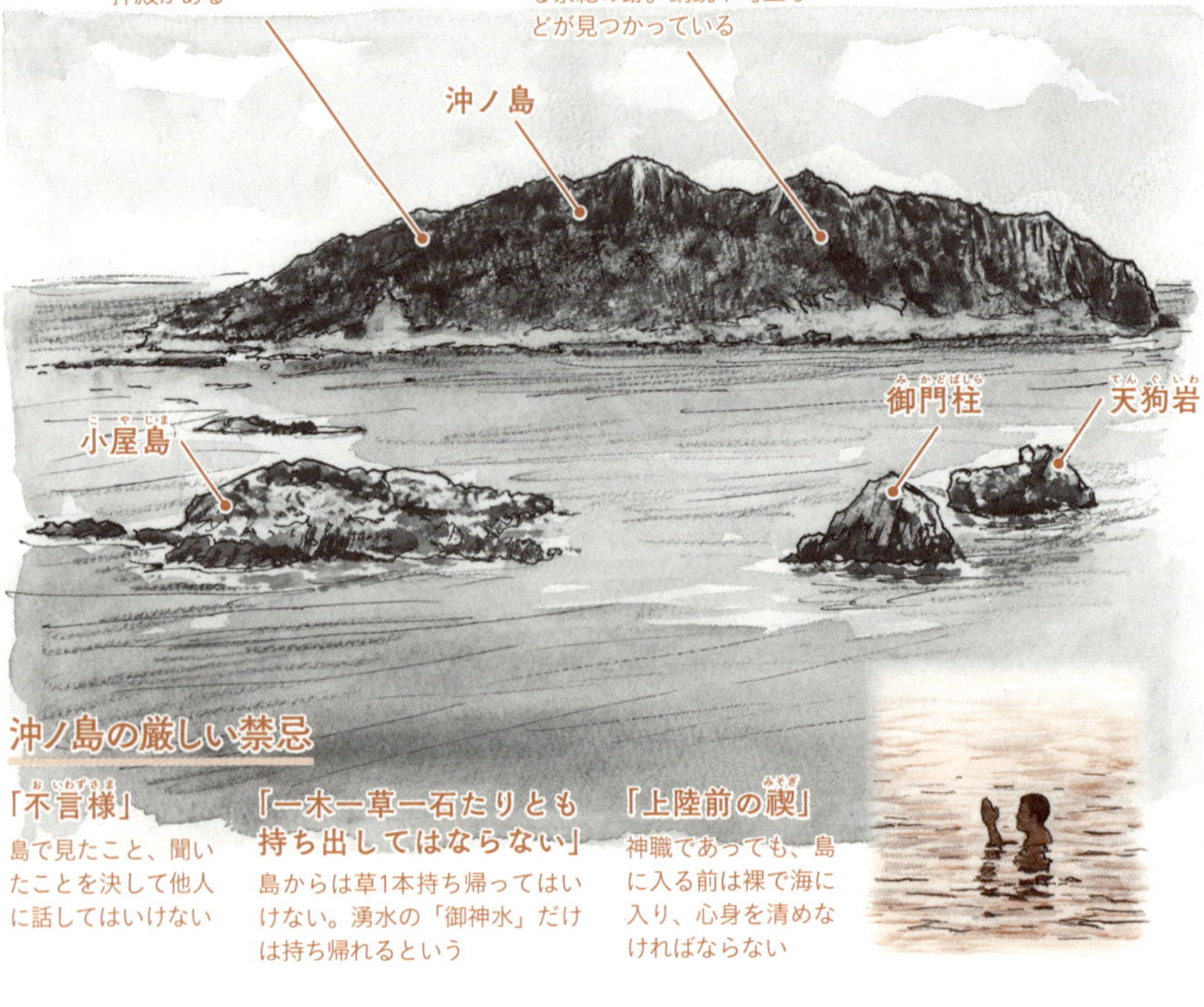
宗像大社沖津宮
島内に沖津宮の本殿と拝殿がある
古代祭祀の遺跡
4世紀後半のものと思われる祭祀の跡。銅鏡や勾玉などが見つかっている
沖ノ島
小屋島《こやじま》
御門柱《みかどばしら》
天狗岩《てんぐいわ》

沖ノ島の厳しい禁忌

「不言様《おいわずさま》」
島で見たこと、聞いたことを決して他人に話してはいけない

「一木一草一石たりとも持ち出してはならない」
島からは草1本持ち帰ってはいけない。湧水の「御神水」だけは持ち帰れるという

「上陸前の禊《みそぎ》」
神職であっても、島に入る前は裸で海に入り、心身を清めなければならない

沖ノ島の南西約1kmには、小屋島、御門柱、天狗岩と呼ばれる3つの岩礁がある。これらは沖津宮の境内の一部と考えられており、沖津宮への天然の鳥居と見なされているという。

3つの社に分かれた宗像大社

宗像大社を構成する3つの宮はそれぞれ離れた場所にある。沖ノ島にある沖津宮、大島にある中津宮、九州本土の宗像市にある辺津宮である。

沖津宮（禁足地）

沖ノ島にあるが、上陸はできない

沖津宮本殿

多紀理毘売命を祀る。古代、祭祀がおこなわれていた巨石群の間に社殿が築かれている

沖ノ島
約49km
大島
宗像市
宗像大社
福津市
古賀市
福岡市
沖津宮（沖ノ島）御祭神
多《た》紀《き》理《り》毘《び》売《め》命《のみこと》
中津宮（大島）御祭神
多《た》岐《ぎ》都《つ》比《ひ》売《め》命《のみこと》
辺津宮（宗像市）御祭神
市《いち》寸《き》島《しま》比《ひ》売《め》命《のみこと》

中津宮

人口700人ほどが住む大島にあり、麓の高台に中津宮が建っている。本殿の裏には御嶽山（みたけさん）の山頂にある御嶽神社とつながる参道がある

見る

大島から神域の沖ノ島を拝む沖津宮遥拝所

立ち入り禁止の沖ノ島を遠くから拝める。拝殿は大島の北側の海岸にある。晴れた日には沖ノ島が見えるという

辺津宮

参る

九州本土に位置する。境内には多紀理毘売命を祀った第二宮（ていにぐう）、多岐都比売命を祀った第三宮（ていさんぐう）もあり、辺津宮に来れば三女神すべてを参ることができる

辺津宮にある高宮祭場《たかみやさいじょう》

市寸島比売命が降臨したとされる地。古代の祭場で、10月には夜神楽の舞がおこなわれる

市寸島比売命

頂く

交通安全守が充実

宗像大社は交通安全のご利益でも知られており、たくさんの種類のお守りがある

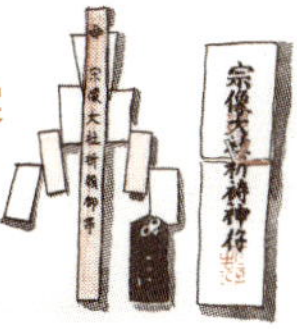

遥拝所のある大島へのアクセスは、宗像市神湊（こうのみなと）港渡船ターミナルから大島港渡船ターミナルまで、フェリーや旅客船、海上タクシーで行くことができる。島内の移動はレンタカーやタクシーを予約すると便利。

金《こ》刀《と》比《ひ》羅《ら》宮《ぐう》【香川県】

「こんぴらさん」の名で親しまれる海の神様

「讃《さぬ》岐《き》の金毘羅《こんぴら》さん」と呼ばれる、四国を代表するパワースポット。「金毘羅」とはサンスクリット語の「クンピーラ」のことで、これはインドのガンジス川に住む鰐《わに》を神格化した水の神のこと。このことから、金刀毘羅宮は古くから海上交通の守り神とされてきた。

琴平町《ことひらちょう》の琴平山（象頭山《ぞうずさん》）の中腹にあり、御祭神は大物主神《おおものぬしのかみ》で、かつては琴平神社と呼ばれた。後に神仏習合の影響を受け、金毘羅大権現と名を改めた。また、保元の乱の後に配流された崇徳《すとく》上皇（→P134）も祀られている。健康と幸せを祈る「幸福の黄色いお守り」などが人気。

785段の石段を上り御本宮へ

名物の石段は、門前町から御本宮までで785段ある。

さらに583段の石段を上り奥社へ

御本宮の右側にある鳥居が奥社の厳魂（いづたま）神社への入口。583段の石段を上る。表参道からの石段は合計で1368段になる

DATA

ご利益：航海の安全、豊漁祈願

アクション：神社をお参りする

見る

大門を過ぎるとこんぴら狗《いぬ》がいる

首に「こんぴら参り」という袋を下げた犬が飼い主に変わって代参（代理で参拝すること）することがあった。犬は「こんぴら狗」と呼ばれた。境内にはこんぴら狗の銅像がある

見る

天狗と烏天狗の彫り物

厳魂神社の近くにある威徳巖（いとくのいわ）と呼ばれる崖を見上げると、天狗と烏天狗の彫り物がある

金刀比羅宮の宝物館は、日本に建てられた最初期の博物館のひとつ。館内では、重要文化財の「十一面観音立像」や重要有形民俗文化財の「象頭山社頭並大祭行列図屏風」などの宝物を見ることができる。

鹽竈神社《しおがまじんじゃ》【宮城県】

海司る神が祀られた東北随一の大社

塩竈市にある大社で、塩土老《しおつちのおじの》翁神《かみ》を主祭神とし、左宮に建《たけ》御雷神《みかづちのかみ》（↓Ｐ１２０）、右宮に経津主《ふつぬしの》神《かみ》を祀る。古くから東北を鎮護する陸奥国《むつのくに》（現在の青森県、岩手県など）一《いちの》宮《みや》として信仰され、奥州藤原氏や伊達家からの崇敬も厚かった。航海や潮の干満を司る塩土老翁神は海上安全の神、建御雷神と経津主神は武運の神として信仰されている。

末社の御釜《おかま》神社は、塩土老翁神より製塩法が伝わったという地にあり、「塩竈」という地名の由来にもなっている。御釜神社には日本三奇のひとつ「四口《よんく》の神釜《しんかま》」（↓Ｐ84）が祀られている。

「しおがまさま」と親しまれている鹽竈神社

御祭神の塩土老翁神は、人々に塩の作り方を伝えたとされる海や塩の神様で、「しおがまさま」と呼ばれ親しまれている。まずは塩土老翁神が祀られている別宮をお参りし、その後正面の左宮や右宮を参拝しよう。

DATA
ご利益：商売繁盛、安産
アクション：神社をお参りする

主祭神を祀る宮は「別宮」と呼ぶ
階段を上ったところにある随身門を抜けて、正面に左宮と右宮の本殿があり、右側に別宮本殿がある

石段を上る 歩く
表参道は角度の急な202段の石段が続く。長い階段を上ると運気が上がるといわれている

御神塩 頂く
切麻（きりぬさ。麻や紙を細かく切った、神前に撒き散らす神事の道具）が入ったお清めの塩が人気

御祭神は塩土老翁神
別宮に祀られている海の神。『古事記』『日本書紀』に書かれた海幸彦と山幸彦の神話に登場する。博識の神としても知られる

鹽竈神社における別宮は「特別な宮」を意味するため、主祭神を祀る宮が別宮と呼ばれる。別宮は西向きに立っているが、塩土老翁神には海難を背負って頂くため海に背を向けているともいわれている。

寒川神社《さむかわじんじゃ》【神奈川県】

江戸も守護してきた八方除《はっぽうよけ》の神様

千六百年以上の歴史をもつ、相《さが》模国《みのくに》（現在の神奈川県）を代表する古社。御祭神は寒川比古命《さむかわひこのみこと》と寒《さむ》川比女命《かわひめのみこと》で、寒川大明神と呼ばれる。春分、秋分、夏至、冬至の日に太陽が神社の真上を通る清浄な地に建っている。江戸時代には、江戸の裏鬼門（南西）にあることから、江戸を守護する神社として崇敬されていた。

また、寒川大明神は八方除の神様として有名だ。八方とはあらゆる方角を意味し、八方除とは、あらゆる厄災を取り除き、身を守るという寒川大明神の御神徳のこと。現在も八方除のご利益を求めて、全国からたくさんの参拝者が訪れている。

DATA
ご利益：八方除け、厄除け
アクション：神社をお参りする

全国唯一の八方除の守護神

古くから、東、東南、南、西南、西、西北、北、東北の八方を基本として、吉凶が占われてきた。寒川神社では、地相、家相、方位、日柄などによるあらゆる災難を取り除く八方除の祈祷をおこなっている。

四方の守護神
東西南北の四方を守護する四神。東は青龍、西は白虎、南は朱雀、北は玄武が守護するという。

鬼門《きもん》と裏鬼門《うらきもん》
鬼門（表鬼門）とは、陰陽道で鬼の出入りするところとして忌み嫌う方角のこと。丑寅（うしとら）つまり北東にあたる方角をいう。鬼門と正反対の方角は裏鬼門といい、未申（ひつじさる）つまり南西も不吉な方角とされる

神嶽山神苑《かんたけやましんえん》 歩く
御社殿の背後にある神苑。ご祈祷を受けた人のみが入ることができる

池泉回遊式庭園につながる内門。俗世との切り替えとなる結界を意味している

難波《なんば》の小池《こいけ》 見る
神苑にある神聖な泉。御本殿の真裏にあり、1月2日の祭事では神前に備えた泉の水を境内にまいて邪気払いをする

食べる
八福餅を頂く
地元で有名な和菓子で、八方除のご利益にちなんだ八角形になっている

寒川神社は、春分、秋分の日に太陽の通り道となるレイライン（→P190）上にあることから、パワースポットとしても注目されている。特に冬の時期は、日の出や日の入りの際に富士山の影と太陽の光が重なる「ダイヤモンド富士」を鑑賞しやすい。

善光寺《ぜんこうじ》【長野県】

すべての人を受け入れ極楽往生へと導く

特定の宗派に属さず、すべての人を受け入れ、現在は天台宗と浄土宗の両派によって運営されている。源頼朝（→P132）や武田信玄などからも信仰されてきた歴史ある寺院だ。六世紀に仏教が日本に伝来した際に、百済《くだら》から渡ってきた最古の仏像のひとつだと伝わる「一光《いっこう》三尊阿弥陀如来《さんぞんあみだにょらい》」を御本尊とする。

御本尊は絶対秘仏のため見ることはできないが、七年に一度の御開帳では御本尊の身代わりである「前立本《まえだちほん》尊《ぞん》」の姿を拝むことができる。

御本尊が安置されているのは最奥の瑠璃壇《るりだん》。この真下に真っ暗な回廊があり、「お戒壇巡《かいだんめぐ》り」ができる。

お参りすれば極楽往生が約束される

「お戒壇巡り」をして御本尊と縁を結ぶことができれば、極楽往生が約束されるという。

死を疑似体験する「お戒壇巡り」 体験する

御本尊の真下を通る回廊で、真っ暗な空間。暗闇の中を手探りで進み、御本尊とつながる「極楽の錠前」に触れることで御本尊と縁を結ぶことができる

本堂の最奥部である「内々陣」の右手に、回廊へと続く階段がある

経堂の輪蔵 体験する

『一切経』全6771巻が収められているという輪蔵。これを時計回りに1周回すと、『一切経』を読んだと同等の功徳が得られるという

輪廻塔 体験する

経蔵の前にある輪が回せる塔。回して功徳を積めば極楽往生ができる

しあわせ牛守 頂く

重みのある、おみくじつきの御守り。「牛に引かれて善光寺参り」にちなんでいる

DATA
ご利益：極楽往生
アクション：お寺をお参りする

善光寺境内では、ペットを連れて参拝も可能だ。また、毎年4月から11月までの毎月第2土曜日には、善光寺境内で「善光寺びんずる市」が開かれる。地元農家でとれた野菜や果物、クラフト作家の作品など、さまざまな手作り作品が店頭に並ぶ。

新潟総鎮守《にいがたそうちんじゅ》
白山神社《はくさんじんじゃ》

【新潟県】

女神のご利益で良縁を結ぶ

「はくさんさま」の名で親しまれている、新潟を守護する神社。かつては、信濃川の中洲の白山島に建っていた。日本海につながる要地で、江戸時代には交易の拠点となり、商売繁盛の神様と崇められた。

御祭神の菊理媛大神《くくりひめのおおかみ》（白山比咩《しらやまひめ》大神）は、日本神話で伊邪那岐命《いざなぎのみこと》と伊《い》邪那美命《ざなみのみこと》（↓P114）の夫婦喧嘩を仲裁したという女神で、縁結びの神様とされている。菊理媛の「くく」は、縁を「くくる（結ぶ）」という意味をもつ。ほかにも「くくる（潜る）」という意味から、穢れを清める「禊《みそぎ》祓《はらえ》」の神様でもある。厄除けのご利益を求めて参拝する人も多い。

体験する

縁結びの女神にお祈りする

神社には、菊理媛大神をお参りし、良縁が結ばれるよう祈願する方法がたくさんある。

境内にある石や像に触れる

白山くくり石

白山比咩神社から拝受した御神石。石に触れるとご利益があるという。願い事を書いた「結びの絵馬」は、この石の上に置いてお参りしてから絵馬掛けに結ぶ

忠犬タマ公像

子宝に恵まれるという犬の像。戌の日にお腹を撫でると安産祈願にもなる

祈願の狛犬

願掛けができる狛犬。足をなでながら祈願すると叶うという。調子が悪い場所を撫でながら念じるのもよい

菊理媛大神

『日本書紀』に登場する女神。伊邪那岐命が黄泉の国から逃げ出した際に伊邪那美命と争いになったが、菊理媛が双方の言い分を聞き入れて喧嘩を治めたという。石川県にある白山神社の総本宮、白山比咩神社の御祭神でもある

結びの絵馬 頂く

授与所で受け取れる「結びの絵馬」では、理想の相手をイメージした紐の色を選べる

DATA
ご利益：縁結び、夫婦円満
アクション：神社をお参りする

境内では、開運巡りと特別な御朱印がもらえる「結びの提灯まいり」を実施。提灯を手に境内にある7つのパワースポットと本殿をお参りする。お参り後は提灯の和紙を外し、半分は御朱印として持ち帰り、もう半分は「結び文」として奉納する。

佐《さ》野《の》厄《やく》よけ大《だい》師《し》

【栃木県】

元《がん》三《ざん》大《だい》師《し》に祈り厄除けをお祈りする

元三大師（→P140）を安置する佐野厄よけ大師は、厄除けや方位除けにご利益のある天台宗の寺院。「関東厄除け三大師」のひとつに数えられ、正月の大祭には特に多くの参拝者が訪れて厄除けや心願成就を祈願する。元三大師が描かれた「魔除けの御札」、「大師おみくじ」などさまざまな開運アイテムが人気だ。

DATA
ご利益：厄除け、方位除け
アクション：お寺をお参りする

頂く

大師おみくじ

大師おみくじは自動販売機で購入できる。色は赤青黄緑白の5種で、目を閉じて生年月日を唱えながらボタンを押すという

体験する

子育て地蔵尊を磨く

自動販売機でたわしを購入し、祈りを込めて子育て地蔵の体をたわしで磨くと、丈夫な子に育つといわれている

淡《あわ》路《じ》島《しま》

【兵庫県】

国生み神話に登場する日本発祥の地

淡路島は、日本神話で伊《い》邪《ざ》那《な》岐《ぎ》命《のみこと》・伊《い》邪《ざ》那《な》美《み》命《のみこと》の二柱が最初に作った国土とされる場所。二柱が大海原を「こおろこおろ」とかき回した矛を持ち上げた際に、滴り落ちた雫の塩が島になり「オノゴロ島」が誕生したという。オノゴロ島の伝承地は沼《ぬ》島《しま》や絵《え》島《しま》など淡路島に複数あり、伊《い》弉《ざ》諾《なぎ》神《じん》宮《ぐう》をはじめ、二柱にゆかりある聖地も多い。

DATA
ご利益：パワーチャージ
アクション：島に行く

参る

おのころ島神社

巨大な鳥居がシンボル。こんもりと茂った小高い丘の境内は、遠くから見ると島のように見える

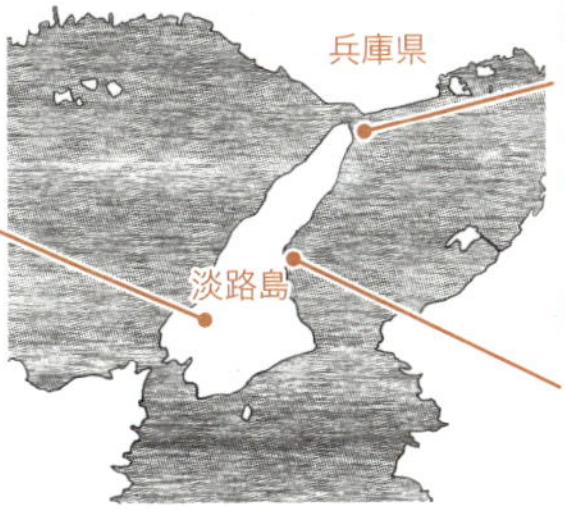

3か所ともオノゴロ島の伝承地と考えられている

絵島

約2000万年前の砂岩層が露出した小島。月の名所としても知られている

見る

沼島の上立神岩

国生み神話で、2柱が婚姻のために用いた「天の御柱」という巨大な柱ではないかと伝わることから、縁結びのご利益があるという

淡路島には電車がないため、大阪市内や神戸市内から島へアクセスする場合、車または高速バスを利用する。また、明石港からフェリー（高速船）で出港し、淡路島の岩屋港へ向かう方法もある。

水天宮《すいてんぐう》【東京都】

戌の日には安産祈願がおこなわれる

水天宮は、中央区日本橋にある安産・子授けのご利益で有名な神社。一八一八年、九州の九代目久留米《くるめ》藩主の有《あり》馬《ま》頼徳《よりのり》が、参勤交代にともない自家で祀っていた水天宮（天御中主大《あめのみなかぬしのおお》神、安《あん》徳《とく》天皇、建礼門院《けんれいもんいん》、二位《にい》の尼《あま》の四柱）を江戸の屋敷に分祀したことに始まり、江戸の庶民に愛された。

多産でお産が軽い犬にあやかり境内には犬の像がある。十二日に一度の戌の日には安産祈祷がおこなわれる。

体験する

子宝いぬをなでる

母娘の犬像の周りに記された十二支の文字。自身の干支をなでて子宝、安産を祈願する

御子守帯 頂く

昔、水天宮の鈴の緒をお腹に巻いた人が安産だったという伝説から、鈴の緒＝腹帯を安産の御守り「御子守帯」としている

DATA
ご利益：安産、子授け
アクション：神社をお参りする

豊川稲荷《とよかわいなり》東京別院《とうきょうべついん》【東京都】

芸能関係者にも人気豊川稲荷の別院

赤坂にある豊川稲荷東京別院は、愛知県豊川市の豊川閣《とよかわかく》妙厳《みょうごん》寺《じ》（豊川稲荷）という曹洞宗の寺院の別院。ご本尊は白い狐に跨った豐川吒《とよかわだ》枳《き》尼眞天《にしんてん》という仏法を守る神様で、通称「豊川稲荷」と呼ばれている。境内には南無如意宝生尊《なむにょらいほうしょうそん》天《てん》という神様が祀られた融通稲荷《ゆうずういなり》があり、一風変わった願掛け法で金運上昇をお願いできる。

芸能人やスポーツ関係者からの信仰が厚いことも知られている。

参る

融通稲荷でお参りする

10円硬貨が入った黄色い封筒をお借りする。財布に入れて持ち歩き、願いが叶ったらお返しする

DATA
ご利益：商売繁盛、家内安全
アクション：お寺をお参りする

豊川稲荷東京別院は、オフィス街の国道246号線沿いにある。境内を囲う赤い提灯が目印で、境内には多くの狐の像が立ち並ぶ。また、ここで引ける「男みくじ」「女みくじ」は人気で、中には開運を導く1文字が記された「一言守」が入っている。

東京大神宮《とうきょうだいじんぐう》【東京都】

東京のお伊勢様で恋愛のご利益を授かる

東京大神宮は、伊勢神宮（↓P18）の遥拝殿（遠方から拝む建物）として一八八〇年に日比谷に創建された神社で、後に現在の千代田区飯田橋に遷された。御祭神が伊勢神宮と同じ天照大御神《あまてらすおおみかみ》（↓P116）であることから「東京のお伊勢様」と呼ばれている。また「結び」の働きを司る造化《ぞうか》の三神《さんじん》も祀られているため、都内屈指の縁結び神社としても有名だ。

DATA
ご利益：縁結び、恋愛成就
アクション：神社をお参りする

ご利益を待ち受けに 体験する
拝殿の右側に立つ御神木の写真を待ち受けにすると運気が上昇するという噂も

頂く
当たると評判のおみくじ
和紙の人形がついた恋みくじには、未来の恋人が書かれている!?

穴八幡宮《あなはちまんぐう》【東京都】

陰《いん》が窮《きわ》まり陽《よう》にかえる「一陽来復《いちようらいふく》」御守り

新宿区早稲田にある一〇六二年創建の穴八幡宮。山裾より神穴が出現し、金剛の阿弥陀如来《あみだにょらい》像が立っていたことなどから穴八幡と呼ばれるようになったという。冬至から翌年の節分までの期間のみ頒布される「一陽来復」というお守りやお札は全国的にも有名で、金運融通や商売繁盛のご利益があることで知られている。

DATA
ご利益：金運、商売繁盛
アクション：神社をお参りする

頂く
一陽来復をおまつりする
一陽来復は、聖武天皇が冬至の日に龍神から授けられた宝器＝打出小槌に起因する

一陽来復とは「陰が窮まり陽にかえる」、つまり悪いことが続いたあと好運に向かうことを意味する

その年の恵方に「一陽来復」の文字が向くようにする

おまつりするチャンスは1年で3回。冬至・大晦日・節分の日の夜中の０時のみ

東京大神宮には40種類以上のお守りがあり、特に恋愛成就に効くというものが多い。おみくじは7種類あり、恋愛や縁結びのおみくじは「よく当たる」と口コミで評判になっている。

白兎神社《はくとじんじゃ》【鳥取県】

縁結びのご利益がある「因幡《いなば》の白兎《しろうさぎ》」の舞台

『古事記』に載る神話「因幡の白兎」の舞台として有名な、白兎の地に建つ神社。神話で大国主神《おおくにぬしのかみ》が傷を負っていた白兎を救った気多《けた》之前《のさき》が、白兎《はくと》海岸の岬のことだという。神話の中で白兎が傷を癒した「御《み》身洗《たらし》池」は、水位が一定のことから不増不滅の池とも呼ばれている。

御祭神の白兎神は火傷や皮膚の病を癒すほか、白兎が大国主神と八上《やがみ》姫《ひめ》の縁を結んだことから縁結びのご利益でも有名である。「白うさぎみくじ」や兎が描かれた朱印帳など、白兎神にちなんだ授与品も多い。良縁を求めて、国内外から参拝客が訪れている。

日本初のラブストーリー 発祥の地を参拝する

「因幡の白兎」は日本最古のラブストーリーであるとして、白兎の地は「恋人の聖地」に認定されている。

絶景の白兎海岸 歩く

神社の近くにある海岸。海水は澄んでおり、日の出や日の入りの風景が美しい。気多之前は西側にある

大穴牟遅神《おおなむちのかみ》
(後の大国主神)

日本神話に登場する国造りの神。白兎を救った優しさにより八上姫と結ばれる

白兎

ワニ（サメ）をだましたせいで皮をはがれたところを大国主神に助けられた

5つの縁を結ぶ「結び石」 頂く

社務所で頂ける「結び石」は、「良縁・子宝・繁盛・飛躍・健康」との縁を結ぶという。投げて鳥居の上に乗るとよいとされている。縁起物として持って帰ってもよい

参道に小さくて可愛い兎の像が並んでいる

「結び石」を投げず、願いを込めて兎の石像に奉納してもよい

DATA
ご利益：縁結び
アクション：神社をお参りする

白兎神社は、因幡伯耆國（いなばほうきのくに）開運神社のひとつ。干支にちなんだ12の神社や縁起のよい字を冠した8つの神社で、開運祈願とそれぞれの神社にゆかりのあるスタンプを集める「開運神社巡り」をおこなえる。

浅草寺《せんそうじ》【東京都】

秘仏がねむる都内屈指の人気スポット

千四百年近い歴史をもつ、台東区浅草にある寺。御本尊は聖《しょう》観音《かんのん》菩薩《ぼさつ》（浅草観音）。飛鳥時代、現在の隅田川で漁をしていた兄弟が、投網にかかった黄金の聖観音像を見つけた。観音様が現れた日、一夜にして千株もの松が生え、三日たつと金色の龍が天から松林に下ったと伝わる。浅草寺の山号「金龍山《きんりゅうざん》」は、これに由来する。このときの御本尊は秘仏とされ、公開されていない。

その後も、源頼朝（→P132）、足利尊氏、北条氏康などの武将に信仰され、江戸時代には幕府からも保護を受けた。庶民からも愛され、現在は東京屈指の観光スポットである。

浅草寺にはさまざまなパワースポットがある

雷門から宝蔵門までの参道の仲見世には多くの店が立ち並ぶ。宝蔵門をくぐると奥に本堂が建つ。

DATA
ご利益：諸願成就
アクション：お寺をお参りする

参る
奥の本堂では「絶対秘仏」を安置
秘仏とされている御本尊の「聖観世音菩薩」を祀っている

参る
六角堂
本堂の北西に建つ影向堂（ようごうどう）の敷地内にある御堂で、都内最古の木造建造物。日限（ひぎり）地蔵尊を御本尊とし、「いつまでに」という日数を定めて祈れば願いが叶うという

体験する
常香炉《じょうこうろ》
本堂の前には、線香の煙が立ち上る常香炉がある。参拝者はこの煙を浴びて、無病息災を祈る

浅草寺のおみくじは、平安時代から続く古来のおみくじで「観音百籤（かんのんひゃくせん）」という。「浅草寺のおみくじは凶が多い」と言われるが、凶が出てもおそれず、誠実に辛抱強く過ごすことで吉に転じるという。

明治神宮《めいじじんぐう》【東京都】

自然の中を散策できる都会のパワースポット

都心に鎮座する、明治天皇と昭《しょう》憲《けん》皇太后を御祭神とする神社。初詣に訪れる参拝者の数は日本一といわれる。一九一二年に明治天皇、二年後に皇太后が崩御し、その霊を祀るために当時代々木御苑と呼ばれていた地に造られ、創建以来、国家の隆盛と世界の平和を祈っている。

境内に広がるのは、人々が祈りを捧げる「永遠の杜《もり》」を目指して計画された鎮守の森。三百六十五種、約十七万本にのぼる全国各地からの献木が植えられている。木々に包まれて歩く参道は、都会のオアシスとして静かな時を過ごせるスポットになっている。

広大な境内に見どころが点在する

森を歩く以外にも、本殿や宝物殿、高さ12mもある大鳥居などの見どころがたくさん。

宝物殿周辺 歩く

境内の北のエリアには、宝物殿のほか縁起がよいとされる「亀石」や「さざれ石」がある

本殿 参る

まずは御祭神を祀っている本殿をお参りしよう

DATA
ご利益：夫婦円満、家内安全
アクション：神社をお参りする

見る

夫婦楠《めおとくす》

しめ縄で結ばれた2本の楠。写真をスマホの待受画面にすると、縁結びや家内安全のご利益があるという

見る

清正井《きよまさのいど》

戦国武将の加藤清正が掘ったと伝わる井戸。御苑内にあり、1年中、枯れることなく水が湧き出ているパワースポット

明治神宮御苑《ぎょえん》

境内の南側に広がる遊歩庭園。6月の花菖蒲が有名

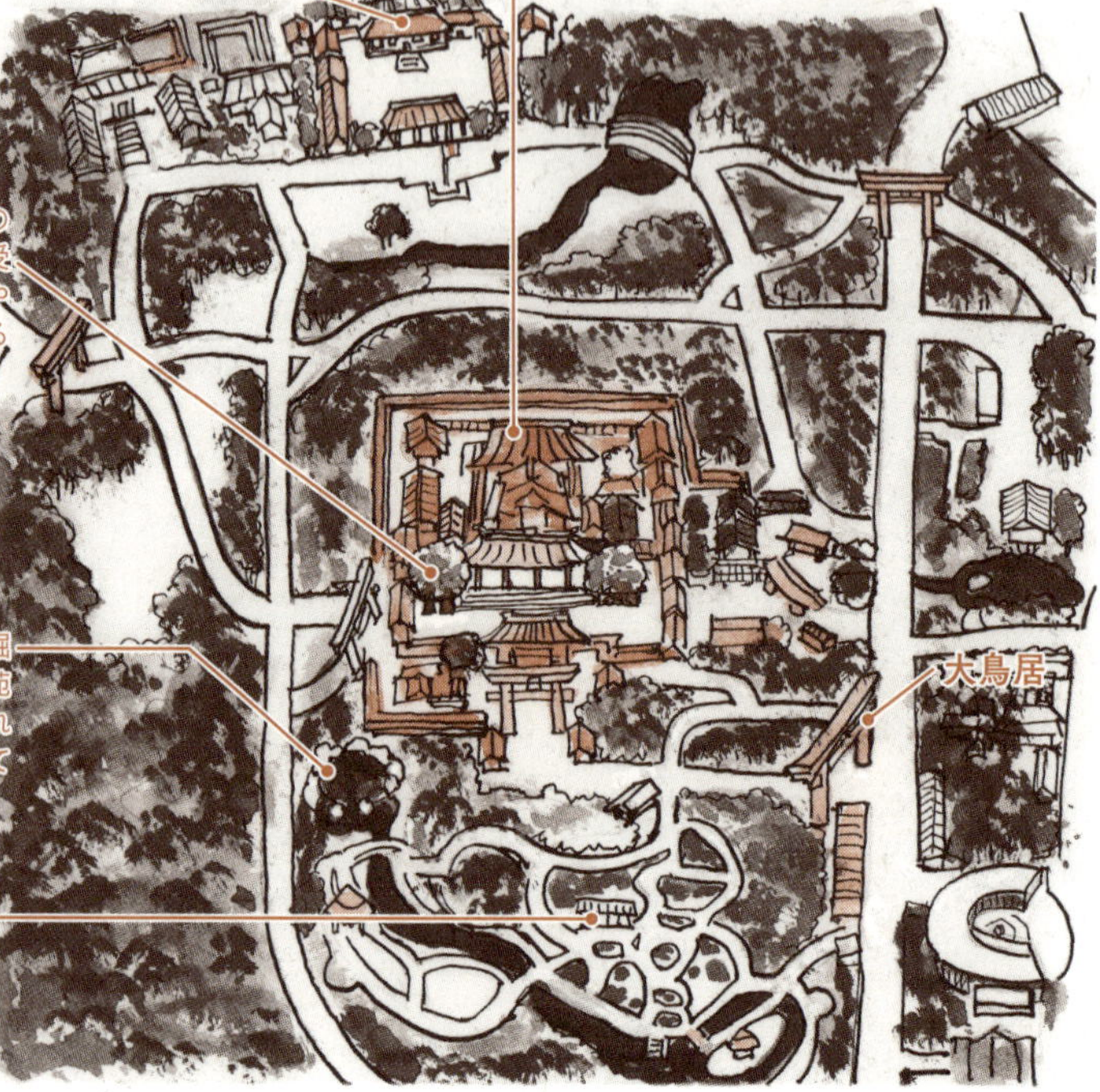

明治神宮では「大御心（おおみごころ）」という独自のおみくじがある。吉凶を占うおみくじではなく、御祭神である明治天皇と昭憲皇太后の和歌に解説文が添えられている。和歌の種類は30首。公式ホームページでも引くことができる。

宇佐神宮《うさじんぐう》【大分県】

日本の歴史を支えてきた八幡《はちまん》信仰の総本宮

全国に四万六百社あるという「八幡さま」の総本宮。八幡大神、比売大神《ひめおおかみ》、神功《じんぐう》皇后を祀り、八幡大神は応神《おうじん》天皇の御神霊とされる。御祭神は武運の神様で有名だが、厄除開運、家内安全の御神徳もある。古くから神仏習合の信仰のもと、東大寺の大仏建立への協力や、皇位を狙った僧の道鏡《どうきょう》の天皇即位を阻止した神託（宇佐八幡宮神託事件）など、日本の歴史に深く関わってきた。

約十四万坪の境内には多くの史跡があり、国宝の上宮の本殿のほか、下宮、除災難のご利益がある摂社の若《わか》宮《みや》神社、湧水が絶えない霊水、呉橋《くれはし》など見どころがたくさんある。

上下両宮を参拝する

「下宮参らにゃ片参り」という言葉があり、上宮だけでなく下宮もお参りする慣習が伝わっている。

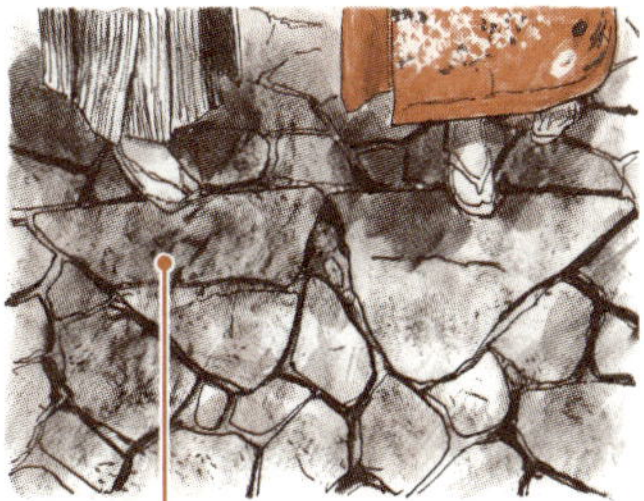

夫婦石を踏む 体験する

若宮神社に向かう階段の石畳にある三角形の2つの石。1人で踏めば良縁に恵まれ、2人で左右それぞれ踏めば良縁が続くという

10年に一度だけ扉が開く「呉橋」 見る

屋根のついた朱色の橋で、神域への玄関口とされた。呉（ご）の国の人が掛けたことから名づけられたと伝わる。現在は10年に一度、扉が開いて一般公開される

大楠に願いを掛ける 参る

高さ約30m、推定樹齢800年の御神木。上宮にあり、音楽CDの大ヒットを叶えたというエピソードがあるパワースポット

参る

一生に一度の願いを叶える「願掛け地蔵」

境内の弥勒寺跡の裏にある2体の地蔵。誰も見られずに参拝すると、願いが叶うといわれている

DATA

ご利益：厄除開運、家内安全

アクション：神社をお参りする

毎年7月31日から8月2日にかけておこなわれる流鏑馬（やぶさめ）神事など、宇佐神宮では年間、大小あわせて150近く祭りや神事がおこなわれている。参詣する際は、公式ホームページでその月のお祭りを確認してみよう。

金華山《きんかさん》黄金山神社《こがねやまじんじゃ》

【宮城県】

鹿の住む島で金運をチャージ

牡《お》鹿《しか》半島の先端・金華山にある神社。日本で初めて金が産出されたことを祝して創建された。日本五大弁財天のひとつにも数えられ、金運のパワースポットとして有名で「三年続けてお参りすると一生お金に困らない」という。体の悪いところをこすりつけると治るという御神木など、境内にはパワーあふれるスポットが多い。

金華山で宿泊参拝 体験する

神社の敷地にある宿坊で1泊する宿坊参拝もおすすめ

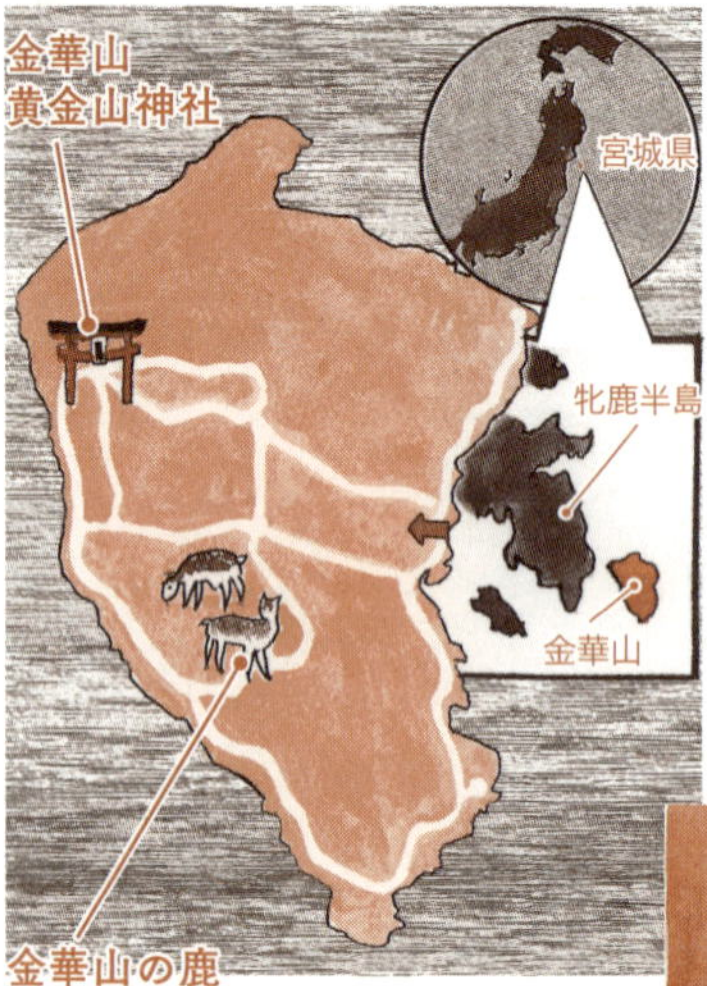

金華山の鹿

島民よりも鹿のほうが多いという金華山。島には黄金山神社を含む8つの神社があり、自然のエネルギーをたっぷり吸収できる

鈴緒（鈴を鳴らす紐）には、参拝者がつけた5円玉などがぶら下がっている

DATA
ご利益：金運
アクション：神社をお参りする

中野不動尊《なかのふどうそん》

【福島県】

不動明王が待ちかまえる細長い洞窟めぐり

千葉県の成田不動尊、東京都の目黒不動尊と並ぶ日本三不動のひとつ。「三不動」には、本堂の厄除《やくよけ》不動明王、祈祷殿の眼守《がんしゅ》不動明王、奥の院の洞窟内の三ヶ月《みかづき》不動明王が祀られているという意味もある。奥の院は大日堂、不動滝、洞窟を含んでおり、洞窟では不動明王の眷属《けんぞく》である三十六童子を参拝する「洞窟めぐり」ができる。

歩く

迷路のような洞窟めぐり

洞窟は、大日堂の奥にある。細く天井も低い洞窟内は5〜10分ほどで1周できる

ろうそくを灯して薄暗い洞窟を進む

DATA
ご利益：厄除け
アクション：お寺をお参りする

福島県会津には、会津藩主・保科正之がひらいた「三十三観音めぐり」がある。そのうちの中田観音堂（野口英世の母が信仰）・立木観音堂・鳥追観音堂の3つを巡ると、ころり安楽往生を叶えるという伝承があり、「ころり三観音めぐり」として人気。

琴崎八幡宮《ことざきはちまんぐう》【山口県】

良縁を導く縁結びの樹

宇《う》部市《べし》にある山口県の神社で、応神《おうじん》天皇、仲哀《ちゅうあい》天皇、神功《じんぐう》皇后を御祭神とする。縁結びのご加護があることで有名で、境内には二本の幹が根元でつながった御神木「縁結びの樹」がある。ここで願えば、恋愛などのあらゆる良縁を授かるという。

また、日本一ともいわれるお守りの多さでも知られ、九百種以上ある。

DATA
ご利益：縁結び、安産
アクション：神社をお参りする

縁結びの樹 体験する
円満を願う場合は左右から半周回って2人で鈴を鳴らす。縁結びを願う場合は男性は左から、女性は右から回って鈴を鳴らす

鈴は縁結びの樹を半周回った裏側にある

今宮戎神社《いまみやえびすじんじゃ》【大阪府】

商売繁盛を祈る人々でにぎわう「十日戎《とおかえびす》」

聖徳太子が建てた四天王寺の西の守り神として六〇〇年代に創建された古社。商売繁盛の神様である事代主命《ことしろぬしのみこと》（えびす様）などを御祭神とする。江戸時代に始まった「十日戎」という一月九日、十日、十一日の三日間におこなわれる例大祭が有名。たくさんの縁起物がついた「福笹《ふくささ》」を受けるために多くの参拝客が訪れる。

DATA
ご利益：商売繁盛、金運
アクション：神社をお参りする

福娘
福笹を授けてくれる女性。金烏帽子と千早を身につけている

福笹
笹には米俵や小判、鯛などの縁起物が結びつけられている

頂く
十日戎で福笹を頂く
十日戎の期間は、境内が福笹を持った人々であふれかえる

十日戎の福笹につけられる小物は「小宝」と呼ばれる。あわびのし、銭叺(ぜにかます)、銭袋、末広、小判、丁銀、大福帳、烏帽子(えぼし)、臼、打ち出の小槌、米俵、鯛などからなり、野・山・海の幸を象徴している。

女神アマミキヨの神話と神聖なる御嶽《ウタキ》

【沖縄県】

琉球王国は、十五世紀から約四百五十年間、沖縄県に栄えた王朝。創世の女神アマミキヨの神話など独自の歴史と文化があり、王国が崇めていた聖地は今も信仰の対象だ。斎場御嶽《セーファウタキ》は琉球最高の聖地で、聞得大王《きこえのおおきみ》（最高位の神女）の即位の儀がおこなわれた場所。アマミキヨが住んだ聖地を巡礼する行事「東御廻《アガリウマー》り《イ》」の参拝地のひとつでもある。

「神の島」の呼び名で知られる久高《くだか》島《じま》は、斎場御嶽の対岸、沖縄本島の南部に位置する。アマミキヨが天から降り立った神話が伝わる聖地。那覇にある首里城《しゅりじょう》は琉球王国の王宮であり、首里森御嶽《スイムイウタキ》などの聖地がある。

斎場御嶽

御嶽内の6つの「神域」を巡る

「イビ」と呼ばれる神域は、大庫理《ウフグーイ》、寄満《ユインチ》、アマダユルアシカヌビー、シキヨダユルアマガヌビー、三庫理《サングーイ》、チョウノハナの6つ。

三庫理の遥拝所

木々の間から海に浮かぶ久高島を見ることができる。現在は奥の拝所は立ち入り禁止になっているが、御門口（ウジョウグチ）の近くに久高島遥拝所がある

三庫理 参る

2つの巨岩がつくる三角形の空間が特徴的な場所。空間の先の突き当たりが三庫理、右側に拝所「チョウノハナ」がある

貴婦人様御休み所

三庫理の近くにある階段状の空間

アマダユルアシカヌビーとシキヨダユルアマガヌビー

首里城の王子、聞得大王が「水撫で（聖水を額につける儀式）」をそれぞれおこなった場所。上部にある2本の鍾乳石から滴る聖なる水を受ける壺がある

DATA
ご利益：パワーチャージ
アクション：御嶽をお参りする

斎場御嶽は聖地としての静寂を確保し、自然を保護するために、毎年6日間（旧暦5月1日〜3日、旧暦10月1日〜3日）は休息日となるので確認が必要だ。撮影は禁止ではないが、拝所を背景にした人物撮影は神域へ背を向けることになるので注意。

久高島

歩く

琉球王国の祖・アマミキヨの降臨した島

琉球の神話に登場する「神の島」。琉球の始まりの地であり、琉球王国の神事がおこなわれていた祭祀のための聖地である。

アマミキヨ降臨の地 ハビャーン（カベール岬）

アマミキヨが天から舞い降りたとされる場所

聖域「クボー御嶽」は入口まで

久高島の中心部にある聖地。とても神聖なエリアのため、立ち入り禁止となっている

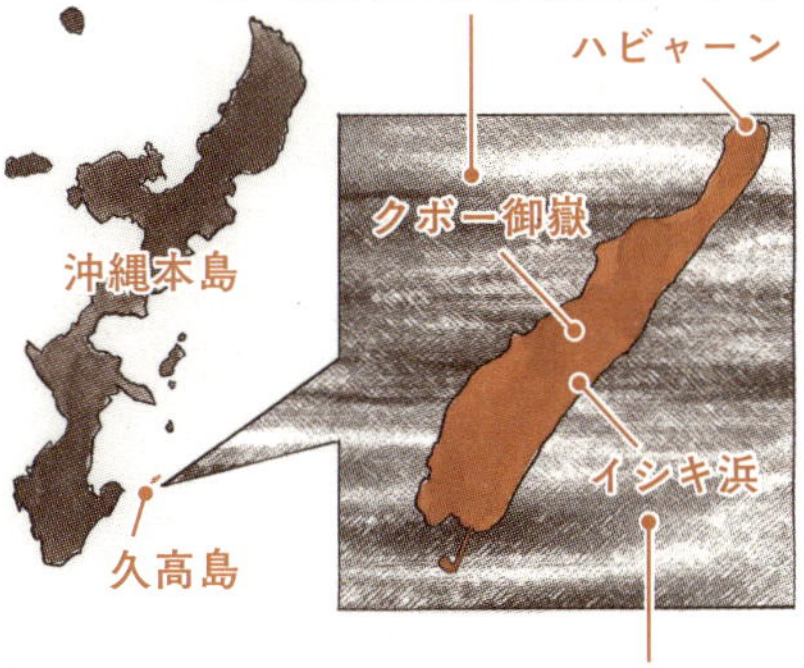

五穀発祥の地イシキ浜

五穀の種が入った壺が流れ着いたという伝説がある浜辺

首里城

見る

10か所の御嶽を中心に建てられた琉球王国の聖地

琉球王国の政治や文化の中心地であり、「十《と》嶽《たけ》」と呼ばれる礼拝所などの聖地があった。2019年に起きた火災により、首里城正殿を含む建物が全焼。2025年4月現在、復元工事が進められている。

園《ソノ》比《ヒ》屋《ャ》武《ン》御《ウ》嶽《タキ》石門《いしもん》

世界遺産に認定されている御嶽のひとつ。国王が外出する際の安全を祈っていた

首《ス》里《イ》森《ムイ》御《ウ》嶽《タキ》

首里城の御嶽の中でも特に格式が高いとされる拝所。石でできた壁の内側に小さな森がある

2019年に発生した火災で、首里城正殿などが消失。2026年の正殿復元に向け、現在は復元の現場や過程を一般公開、発信している。見学エリアは内郭城壁よりも高いため、首里や那覇を一望できる絶景ポイントになっている。

珠洲岬《すずみさき》【石川県】

「気」がみなぎる能登《のと》半島先端の絶景

能登半島の先端に位置する岬で、禄剛崎《ろっこうざき》や金剛崎《こんごうざき》などを含む、約五キロメートルの海岸の総称。『出雲国風土記《いずものくにふどき》』の国引き神話に登場する景勝地だ。二つの海流の合流地点であることから「気」がみなぎるといわれており、「日本三大パワースポット」のひとつにも数えられている。

日本海の航路の要地であり、古くは山伏がここで狼煙《のろし》を上げていたという。現在、禄剛崎に明治時代に建てられたという高い灯台がある。また、展望台や「青の洞窟」、温泉がある金剛崎は観光地としても人気で、自然のパワーが得られるとして国内外から多くの人が訪れている。

3つの気流の融合地帯で自然のパワーが集結

北からの寒流と南からの暖流がちょうど合流する地点であり、「気」がみなぎっていると考えられている。

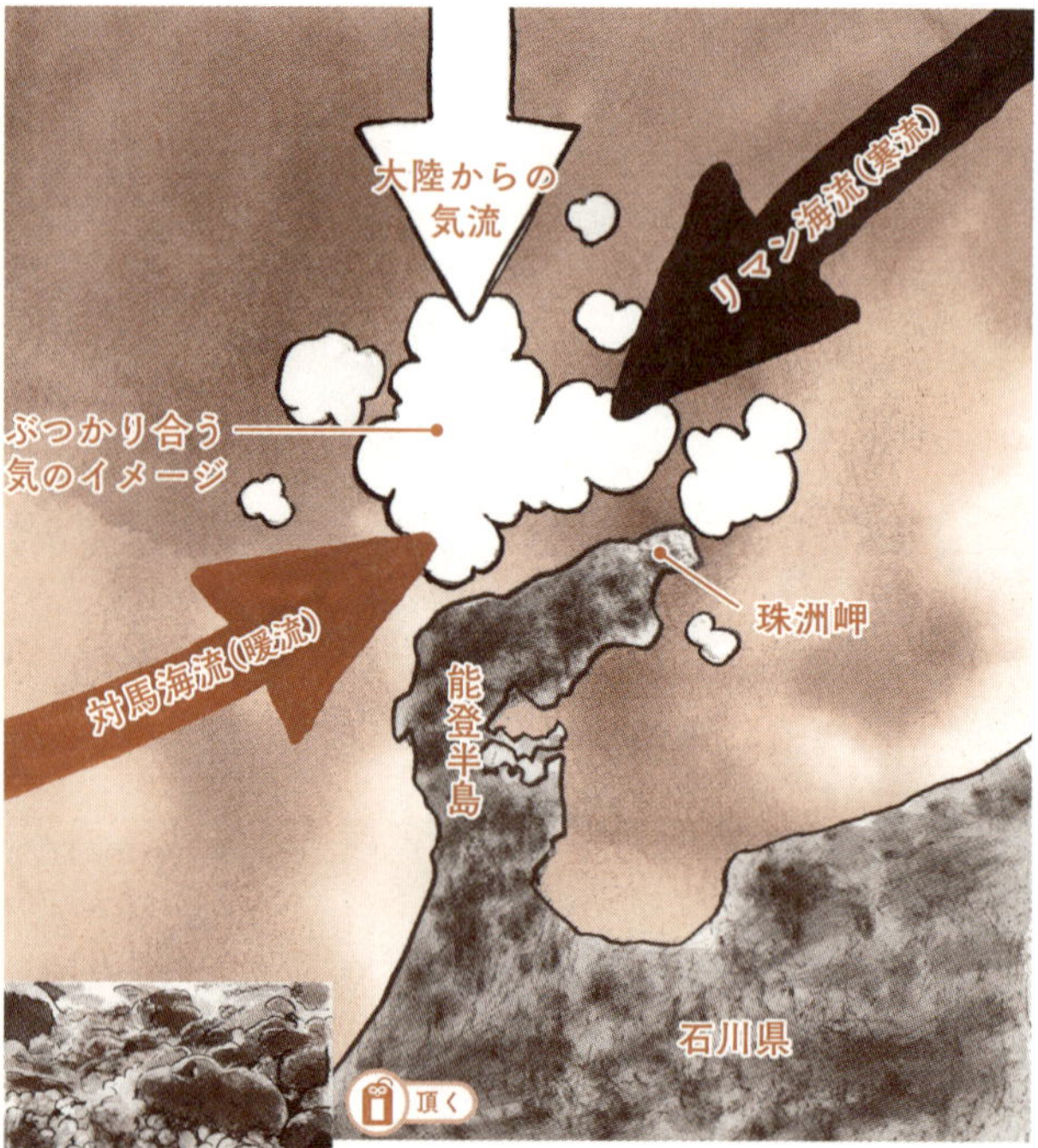

聖域の岬 見る

神秘的な場所とされてきた珠洲岬は「聖域の岬」とも呼ばれている

青の洞窟 歩く

かつて、法道という仙人が修行したとされる洞窟。2024年の能登半島地震で海岸が隆起し、洞窟内が干上がり、地形も変化した

地震の影響で変化した岩場にできたハート形の海水だまり。「ハートのパワーホール」と名づけられ新たな見どころに

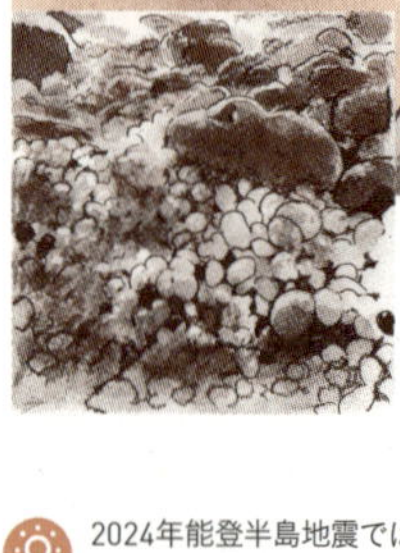

頂く パワーストーンをお土産に

洞窟内にある白く丸い石は、1人ひとつまで持ち帰っていいという

DATA
ご利益：パワーチャージ
アクション：岬に行く

2024年能登半島地震では、能登地域を中心に大きな被害を受けた。2025年4月現在、能登半島の最先端にある珠洲岬では、観光名所「青の洞窟」は営業を再開。訪れる際は、ホームページで最新情報を確認しよう。

分杭峠《ぶんくいとうげ》【長野県】

よい「氣」が満ちた癒しスポット

大《おお》鹿村《しかむら》と伊那市《いなし》との境にある峠。標高千四百二十七メートルで、中央構造線という断層の上に位置する。秋葉山《あきはさん》（↓P60）の秋葉《あきは》神社に通じており、江戸時代はお参りする人が通った道だ。森林に囲まれた大自然のパワーを感じる場所である。

分杭峠は「氣場」とも呼ばれる。これは、この地が「氣」が発生する「ゼロ磁場」で、自然のエネルギーに満ちた場所だと唱えた中国の気功師の説によるもの。一九九〇年代にテレビや雑誌などで紹介され、分杭峠は体によい「氣」が満ちた場所だとして知られるようになったという。以降、癒しを求める人々が訪れている。

未知のエネルギーが集積するゼロ磁場

分杭峠がある中央構造線上は、プラスとマイナスのエネルギーがぶつかり合うため、地球の磁場がゼロになるという説がある。

DATA
ご利益：パワーチャージ
アクション：峠に行く

プラーナ零磁場
頂く
ゼロ磁場の秘水
プラーナ零磁場という会社がミネラルウォーターを販売している
栗沢川
水場（裏磁場）
分杭峠から少し離れところに別の「氣場」もある
分杭峠
至 秋葉山↓

ゼロ磁場ができるイメージ

断層の両側からプラス方向とマイナス方向の力が押し合うことによりゼロ磁場が形成され、この周辺に未知のエネルギーが集積されやすいという

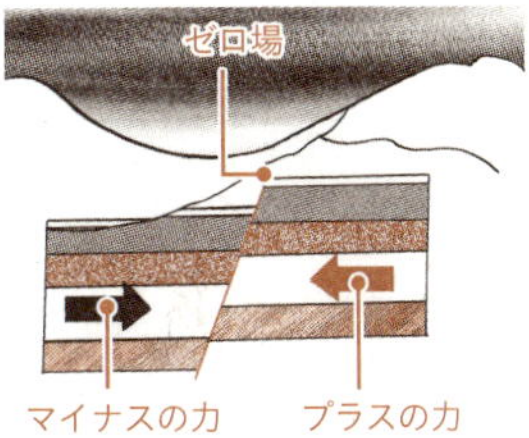
ゼロ場
マイナスの力
プラスの力

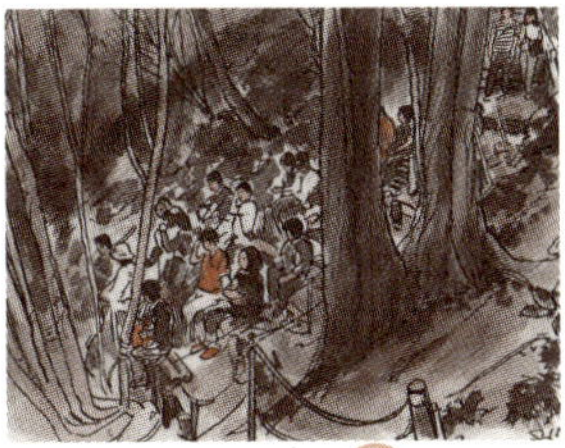

氣場でくつろぐ 体験する

分杭峠には、木でできたベンチがある。腰掛けてゆっくりとした時間を過ごせるので、大自然のエネルギーを全身で感じよう

分杭峠（氣場）へ向かうには、分杭峠行きの路線バス「分杭気の里ライン」で向かう。バス発着所の「南アルプス長谷戸台パーク（仙流荘）」から「分杭峠氣場」まで。冬期期間（12月初旬～4月初旬）は凍結、積雪のため閉鎖されている。

禁足地

入《い》らずの森《もり》（氣《け》多《た》大社《たいしゃ》）

【石川県】

夫婦神の「氣」に満ちた立ち入り禁止の森

氣多大社は大己貴命《おおなむちのみこと》（後の大国主神《おおくにぬしのかみ》）を御祭神とする古社。入らずの森は、本殿の後方にある社叢《しゃそう》で神域だ。立ち入ることが禁止されており、神官すらも中に踏み入るのは年に一度。森にある奥宮でおこなう神事のために目隠しをして通るという。森にある奥宮には須佐之男命《すさのおのみこと》（↓P118）と櫛名田比売《くしなだひめ》の夫婦神が祀られており、縁結びや夫婦円満のご利益がある。

歩く

12月1日から立春前までは「入らずの森詣」

この期間は入らずの森の神門が開かれ、立ち入ることができる。原生林に満ちている「氣」を感じられるかもしれない

普段は鳥居より奥にある森に入ることはできない

DATA
ご利益：縁結び、夫婦円満
アクション：森の前で拝む

元・禁足地

剱岳《つるぎだけ》

【富山県】

初登頂は千年前？登山史のミステリー

剱岳は立山連峰（↓P37）に位置する標高二千九百九十九メートルの山。氷河により削り出された鋭い地形で、その様子が地獄の針の山や剣山とみなされて長く禁足地とされ、恐れられていたという。一九〇七年に日本陸軍が初めて登頂したが、なぜかその山頂には奈良時代後半と思われる錫杖や剣が残されていた。剱岳初登頂の時期やルートは、今も登山史のミステリーとなっているという。

山頂で見つかった奈良時代の錫杖と剣

1907年、日本陸軍参謀本部陸地測量部員が初めて登頂したが、前人未到の地と思われた頂上から、奈良時代後半から平安時代初期に作られた錫杖と剣が発見された

剱岳を眺める 見る

現在は禁足地ではないが、一般人の登山は厳しい。上市町（かみいちまち）にはさまざまなビュースポットがあるので探してみよう

DATA
ご利益：パワーチャージ
アクション：山を眺める

「入らずの森詣」は12月1日から立春前までの約2か月間で、完全予約制。森の中を少し歩いた先にある遙拝所にて、2拝2拍手1拝をして、健康と幸せを祈願する。年末詣や初詣も兼ねている。

禁足地

八幡《やわた》の藪知《やぶし》らず【千葉県】

一度入ってしまうと出られなくなる危険な場所

市川市八幡の国道十四号線に面した小さな竹藪で、鳥居と祠に守られている空間。「一度入ってしまうと迷い、二度と出ることができない」「祟りがある」などの言い伝えがある。このことから出口が見つからず迷うことのたとえとして「八幡の藪知らず」と言われる。藪の中にある不知森《しらずのもり》神社の御朱印は、近くにある葛飾《かつしか》八幡宮にて頂くことができる。

八幡不知森《やわたしらずのもり》 👁見る

祠の横に大きな石碑がある。石碑には「八幡不知森」と記されている

鳥居には「不知森神社」と刻まれている

竹藪の広さは300坪ほど

DATA
ご利益：ー
アクション：藪の前で拝む

禁足地

将門塚《まさかどづか》【東京都】

京都から飛んできた武将の祟りを供養

ビジネス街の千代田区大手町にポツンと建つ平将門《たいらのまさかど》（→P138）の首塚。平将門とは、平安時代の関東地方の武将だ。平将門の乱を起こして朝廷と争い、下総《しもうさ》で討たれて平安京の河原に首がさらされたが、関東の地まで飛んでいったという伝説がある。後の世になっても将門の恨みは消えず、祟りが続いた。恐れた住民たちが首塚を建てて手厚く供養し、現在に至る。

将門塚 👁見る

石碑は大手町駅から出てすぐのところにある。かつて更地にしようとした際に、工事関係者に不幸が続いたという都市伝説が語り継がれている

将門の首は、河原でさらされているときに目を開けたり、叫んだりしたという

大手町の再開発でビルが建てられた際にも、石碑は残された

将門塚はだれでも訪れることが可能

DATA
ご利益：ー
アクション：首塚をお参りする

「八幡の藪知らず」は、国道14号線をはさんで市川市役所の向かい側にある。夏目漱石の『行人』や江戸川乱歩の『孤島の鬼』などの小説にも、ひとたび入れば二度と戻れないことのたとえに使われている。

column

寺社のご利益アイテムについて

神社やお寺で授与されるさまざまなご利益アイテムや縁起物には、どんな起源や意味があるのだろうか。

御朱印

神社やお寺を参拝した証としていただける。諸説あるが、奈良・平安時代の写経を奉納した際にいただく「納経受取の書付」が起源とする説がある。納経印と呼ばれることもある。

絵馬

神仏への願いを込めて奉納する板絵。古くは神社が神様に神聖な捧げ物として馬を捧げていたが、平安時代には馬を描いた絵を代わりに奉納するようになり、これが絵馬の始まりとされる。現代の絵馬は絵柄も形も自由。

神札《おふだ》

護符や呪符の一種。神札の起源は平安時代に伊勢神宮で祈祷の印として配られた「御祓大麻（おはらいたいま）」とされる。神社名や御祭神などが書かれている。神棚に祀ったり、家の柱などに貼ったりする。

お守り

紙片や木片などの内符（ないふ）（御神体の絵や経典の呪文、神仏の名前などが書かれている）を袋に入れ、紐で口を閉じて携帯できるようにしたものが主流。縄文時代に魔除けとして勾玉を身につけていたことがお守りの起源とされる。

おみくじ

平安時代に宮中でおこなわれた「御籤」が起源とされる。おみくじの原型は元三大師（→P140）が観音菩薩に祈願して授かった五言四句の偈文（げもん）100枚とされ、明治時代には神社独自のおみくじが作られた。

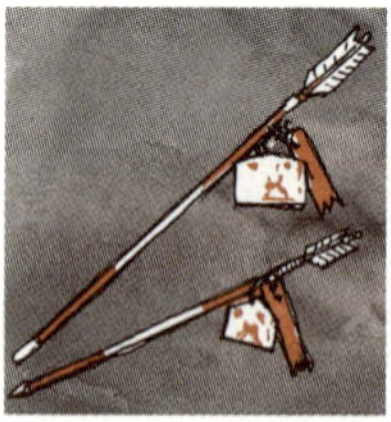

破魔矢

正月に神社やお寺で授かる厄除けの縁起物。平安時代、正月に宮中でおこなわれた「射礼（じゃらい）」という弓の技を試す年占が起源とされる。「はま」とは矢の的のことで、これが「破魔」に通じるとして破魔矢・破魔弓という言葉ができたとされる。

その他の縁起物

だるま	達磨大師の姿を模したもの。大願成就。
熊手	金運や福をかき集めてくれる。
打出の小槌	振れば富を生み出す宝物。金運招福。
しゃもじ	福をすくい取ることから、福運を招く。
招き猫	右手は金運、左手は良縁の幸運を招く。
かえる	無事に帰る・若返る・お金が返る。
うさぎ	子だくさんから子孫繁栄。ツキを呼ぶ。
ふくろう	福を招く。不苦労・福来郎の当て字も。

7章 聖地巡礼

己の心と向き合う、聖地を巡る旅。人々がたどった足跡が、後に続く人の道となり、次の時代へと信仰を伝えていく。

聖地巡礼概論

日本における「聖地巡礼」の特徴

日本の聖地巡りは「回遊型」の特徴をもつ

聖地巡礼といえば、西洋では、スペインのサンティアゴ・デ・コンポステラ巡礼、三大宗教のエルサレム巡礼が知られている。日本では四国八十八ヶ所（→Ｐ１７４）、西国《さいこく》三十三所（→Ｐ１８０）などが有名だ。その場所の神仏にまつわる霊験譚やご利益などの噂が広まることで人が集まり、やがて道が整えられて生まれたものが、聖地巡礼だ。

実は日本の聖地巡礼は、西洋とは異なる大きな特徴がある。西洋ではエルサレムなど特定の聖地を目指して一直線に進むのに対し、日本の聖地巡礼は、ルート巡り、つまり回遊型であるということだ。

聖地巡礼は地域おこしにも貢献

日本は、特定の一か所を目指すのではなく、複数の聖地をあちこち訪れる回遊型の巡礼が特徴で、巡る順番が自由である場合も多い。そのため、地域おこしと結びつきやすいという特徴もある。巡礼者は、その地域を「点」と「点」で結んだ「面」で回ってくれるためだ。

こうして巡礼が復活した例としてながさき巡礼（↓Ｐ１８８）がある。二〇一八年に「長崎と天草《あまくさ》地方の潜伏キリシタン関連遺産」が世界文化遺産に登録されたことをきっかけに巡礼路が整えられ、聖地巡礼を通じて、地域の歴史や伝統を受け継いでいくことに成功した。

四国《しこく》八十八《はちじゅうはち》ヶ所《しょ》巡《めぐ》り

弘法大師の足跡をたどる四国一周の巡礼の旅路

【徳島県・香川県・愛媛県・高知県】

四国八十八ヶ所とは、約千二百年前に、弘法大師空海《くうかい》（↓P128）が修行のために開いた霊場のこと。その八十八ヶ所の霊場（寺院）を巡礼することを四国遍路と呼ぶ。

四国遍路の行程は、徳島県の一番札所（参拝の印に札を受け取る場所）霊《りょう》山寺《ぜんじ》から香川県の八十八番札所大窪《おおくぼ》寺《じ》までの約千四百キロメートルに及ぶ。巡礼することで人間のもつ八十八の煩悩を取り除き、悟りにより功徳を得られるといわれている。二〇一五年には日本遺産として認定。四国遍路は宗教や国籍や世代を超え、自分と向き合い、人々のあたたかさと触れ合う「心の旅」でもある。

四国遍路の心得

参拝の方法

徒歩では40日以上の長旅。順打ち（徳島県、高知県、愛媛県、香川県の順番通りに巡る）、区切り打ち（何回かに分けて巡る）などさまざまな巡り方がある。

参拝の衣装

伝統的なスタイルは白装束で、弘法大師の分身である金剛杖を持つ。

遍路笠（へんろがさ）
白衣（はくえ）
輪袈裟（わげさ）
念珠（ねんじゅ）
山谷袋（さんやぶくろ）
金剛杖（こんごうつえ）

DATA
ご利益：煩悩を払う、開運
アクション：巡礼する

⑲	第69番	七宝山	観音寺
⑳	第70番	七宝山	本山寺
㉑	第71番	剣五山	弥谷寺
㉒	第72番	我拝師山	曼荼羅寺
㉓	第73番	我拝師山	出釈迦寺
㉔	第74番	医王山	甲山寺
㉕	第75番	五岳山	善通寺
㉖	第76番	鶏足山	金倉寺
㉗	第77番	桑多山	道隆寺
㉘	第78番	仏光山	郷照寺
㉙	第79番	金華山	天皇寺
㉚	第80番	白牛山	国分寺
㉛	第81番	綾松山	白峯寺
㉜	第82番	青峰山	根香寺
㉝	第83番	神毫山	一宮寺
㉞	第84番	南面山	屋島寺
㉟	第85番	五剣山	八栗寺
㊱	第86番	補陀洛山	志度寺
㊲	第87番	補陀落山	長尾寺
㊳	第88番	医王山	大窪寺

参る

四国遍路の代わりに「お砂踏み巡礼」

お砂踏み巡礼は、四国遍路ができない人のために生まれた巡礼法。寺などに八十八ヶ所霊場の砂を集め、その砂を札所として、砂を踏みながらお参りする。四国遍路と同じご利益を得られるという

各札所のご本尊が描かれた掛け軸
各札所の砂が入った袋

四国遍路は、徒歩や車、公共交通機関などを組み合わせて順拝できる。1県ごとや行けるときに行ける寺院からお参りするなど、参拝方法も自由。服装に決まりはないが白装束の人が多く、金剛杖や輪袈裟、念珠、納経帳はあったほうがいいという。

歩く

約1450kmの霊場を巡るお遍路の道

4県ごとに意味があり、徳島、高知、愛媛、香川の順にそれぞれ発心、修行、菩提、涅槃の道場と呼ばれる。仏教の悟りに至るまでの4段階を表しているという。

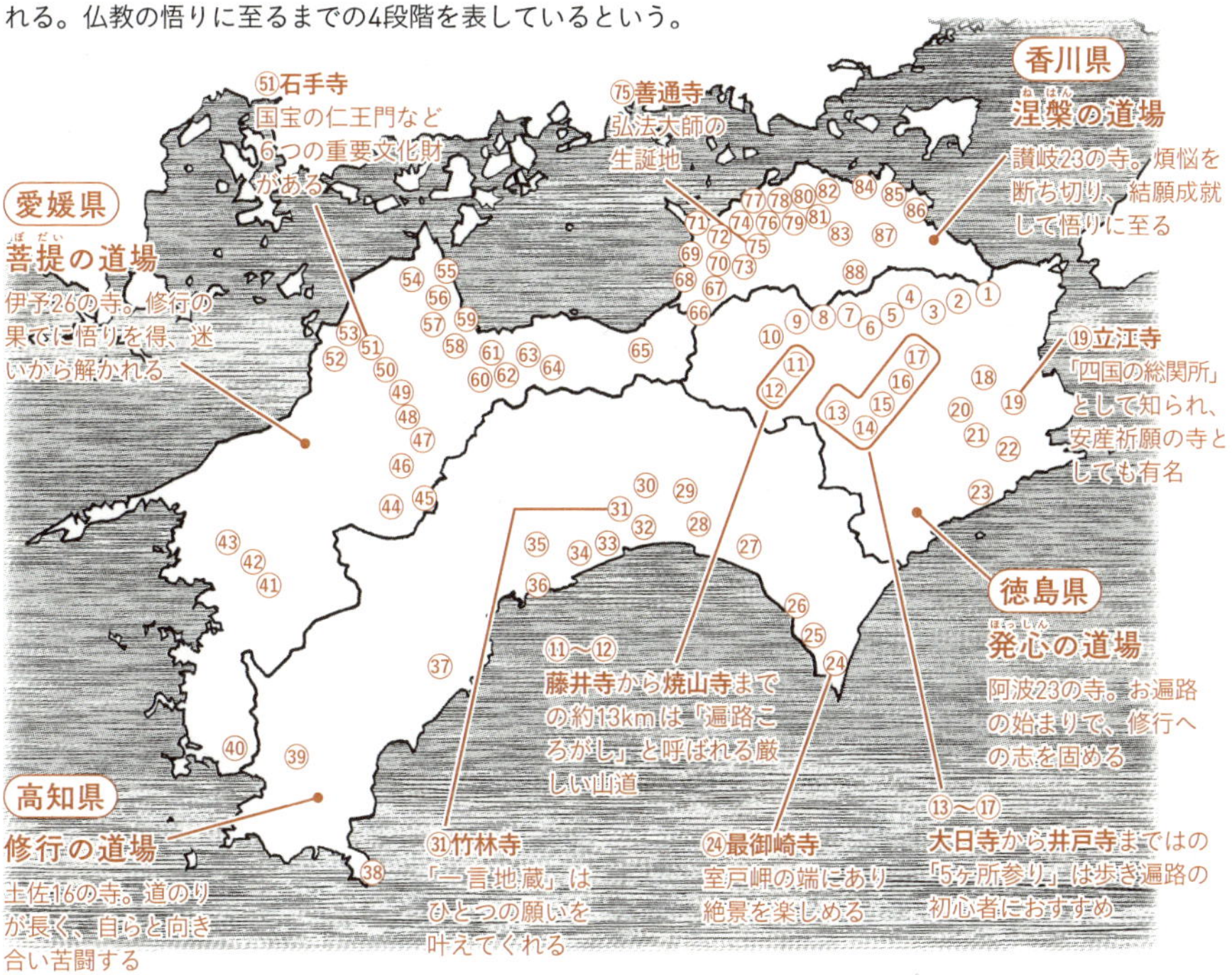
香川県
涅槃《ねはん》の道場
讃岐23の寺。煩悩を断ち切り、結願成就して悟りに至る
⑦⑤善通寺
弘法大師の生誕地
⑤①石手寺
国宝の仁王門など6つの重要文化財がある
愛媛県
菩提《ぼだい》の道場
伊予26の寺。修行の果てに悟りを得、迷いから解かれる
⑲立江寺
「四国の総関所」として知られ、安産祈願の寺としても有名
徳島県
発心《ほっしん》の道場
阿波23の寺。お遍路の始まりで、修行への志を固める
⑪〜⑫
藤井寺から焼山寺までの約13kmは「遍路ころがし」と呼ばれる厳しい山道
高知県
修行の道場
土佐16の寺。道のりが長く、自らと向き合い苦闘する
㉛竹林寺
「一言地蔵」はひとつの願いを叶えてくれる
㉔最御崎寺
室戸岬の端にあり絶景を楽しめる
⑬〜⑰
大日寺から井戸寺まではの「5ヶ所参り」は歩き遍路の初心者におすすめ

四国八十八ヶ所札所一覧

徳島県　発心の道場			
①	第1番	竺和山	霊山寺
②	第2番	日照山	極楽寺
③	第3番	亀光山	金泉寺
④	第4番	黒巌山	大日寺
⑤	第5番	無尽山	地蔵寺
⑥	第6番	温泉山	安楽寺
⑦	第7番	光明山	十楽寺
⑧	第8番	普明山	熊谷寺
⑨	第9番	正覚山	法輪寺
⑩	第10番	得度山	切幡寺
⑪	第11番	金剛山	藤井寺
⑫	第12番	摩廬山	焼山寺
⑬	第13番	大栗山	大日寺
⑭	第14番	盛寿山	常楽寺
⑮	第15番	薬王山	國分寺
⑯	第16番	光耀山	観音寺
⑰	第17番	瑠璃山	井戸寺
⑱	第18番	母養山	恩山寺
⑲	第19番	橋池山	立江寺
⑳	第20番	霊鷲山	鶴林寺
㉑	第21番	舎心山	太龍寺
㉒	第22番	白水山	平等寺
㉓	第23番	医王山	薬王寺

高知県　修行の道場			
㉔	第24番	室戸山	最御崎寺
㉕	第25番	宝珠山	津照寺
㉖	第26番	龍頭山	金剛頂寺
㉗	第27番	竹林山	神峯寺
㉘	第28番	法界山	大日寺
㉙	第29番	摩尼山	国分寺
㉚	第30番	百々山	善楽寺
㉛	第31番	五台山	竹林寺
㉜	第32番	八葉山	禅師峰寺
㉝	第33番	高福山	雪蹊寺
㉞	第34番	本尾山	種間寺
㉟	第35番	醫王山	清瀧寺
㊱	第36番	独鈷山	青龍寺
㊲	第37番	藤井山	岩本寺
㊳	第38番	蹉跎山	金剛福寺
㊴	第39番	赤亀山	延光寺
愛媛県　菩提の道場			
㊵	第40番	平城山	観自在寺
㊶	第41番	稲荷山	龍光寺
㊷	第42番	一か山	佛木寺
㊸	第43番	源光山	明石寺
㊹	第44番	菅生山	大寶寺
㊺	第45番	海岸山	岩屋寺

㊻	第46番	医王山	浄瑠璃寺
㊼	第47番	熊野山	八坂寺
㊽	第48番	清滝山	西林寺
㊾	第49番	西林山	浄土寺
㊿	第50番	東山	繁多寺
(51)	第51番	熊野山	石手寺
(52)	第52番	瀧雲山	太山寺
(53)	第53番	須賀山	圓明寺
(54)	第54番	近見山	延命寺
(55)	第55番	別宮山	南光坊
(56)	第56番	金輪山	泰山寺
(57)	第57番	府頭山	栄福寺
(58)	第58番	作礼山	仙遊寺
(59)	第59番	金光山	国分寺
(60)	第60番	石鈇山	横峰寺
(61)	第61番	栴檀山	香園寺
(62)	第62番	天養山	宝寿寺
(63)	第63番	密教山	吉祥寺
(64)	第64番	石鈇山	前神寺
(65)	第65番	由霊山	三角寺
香川県　涅槃の道場			
(66)	第66番	巨鼇山	雲辺寺
(67)	第67番	小松尾山	大興寺
(68)	第68番	七宝山	神恵院

四国遍路では、参拝の際に「杖で橋をつかない」という習慣がある。かつて弘法大師が四国巡礼中、十夜ヶ橋(とよがはし)の下で一夜を明かしたという伝説から、弘法大師が安眠できるよう、巡礼者はこの橋に限らず橋の上で杖をつかないという。

熊《くま》野《の》古《こ》道《どう》巡《めぐ》り

蘇りのルートをたどる日本初の巡礼の道

【三重県・京都府・奈良県・和歌山県】

熊野は、紀伊《きい》半島の南部にあり、主に和歌山県と三重県にまたがる地域のこと。古くから神々がこもる深山の霊場として知られており、訪れた人々は心魂が蘇り、新たな気持ちになることから、「蘇りの地」「人生、出発の地」といわれている。

この地にある熊野本宮《ほんぐう》大社、熊野速玉《はやたま》大社（新宮）、熊野那智《なち》大社、那智山青岸渡《せいがんと》寺を総称して「熊野三山《さんざん》」と呼ぶ。熊野三山の信仰が盛んになるにつれ、複数の参詣道が次第に整備されていった。それらの道は現在「熊野古道」と呼ばれ、随所に濃密な自然が残り、道そのものがパワースポットとなっている。

熊野三山を詣でることで極楽浄土を夢見る

DATA
ご利益：パワーチャージ
アクション：巡礼する

古代
自然崇拝
→ **古来豊かな自然が崇拝されていた土地**

↓

平安時代
神仏習合
→ **三社の主祭神が仏の神様となった**
神仏習合で御祭神は仏の仮の姿とされたことで、熊野を巡礼するようになる。熊野の奥深い自然＝現世の浄土と考えられたのである。

熊野本宮大社の主祭神（家都美御子大神《けつみみこのおおかみ》）
⇒阿弥陀如来《あみだにょらい》

熊野速玉大社の主祭神（熊野速玉大神《くまのはやたまおおかみ》）
⇒薬師如来《やくしにょらい》

熊野那智大社の主祭神（熊野夫須美神《くまのふすみのかみ》）
⇒千手観音《せんじゅかんのん》

↓

10世紀頃
宇多《うだ》天皇が初熊野詣

↓

11～12世紀
上皇や法皇が熊野詣
→ブームの先駆けに

↓

13世紀～
大ブームに
→ **鎌倉～室町時代にかけて大ブームに**
熊野三山は身分に関係なく、老若男女平等に受け入れたことから、熊野詣は庶民にも広がった。

↓

現在に至る

蟻が長い行列を作って行き来するように、多くの人が絶え間なく熊野に参詣に訪れたことから「蟻の熊野参り」という言葉が生まれた

初心者なら、JR紀伊勝浦駅からバスで大門坂近くのバス停で下車し、大門坂を上り熊野那智大社・青岸渡寺を経て那智の滝を目指す約1時間のルートが人気。ほかにもさまざまなコースがあり、和歌山県公式観光サイトのホームページなどで確認できる。

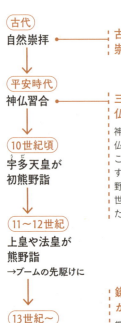

4県をまたがり熊野へと通じる「熊野古道」

京都から熊野三山に至る「紀伊路《きいじ》」、役小角《えんのおづぬ》が開いたとされる吉野の大峯〜熊野三山までの、修験者が修行で使う「大峯奥駈道《おおみねおくがけみち》」などもある。

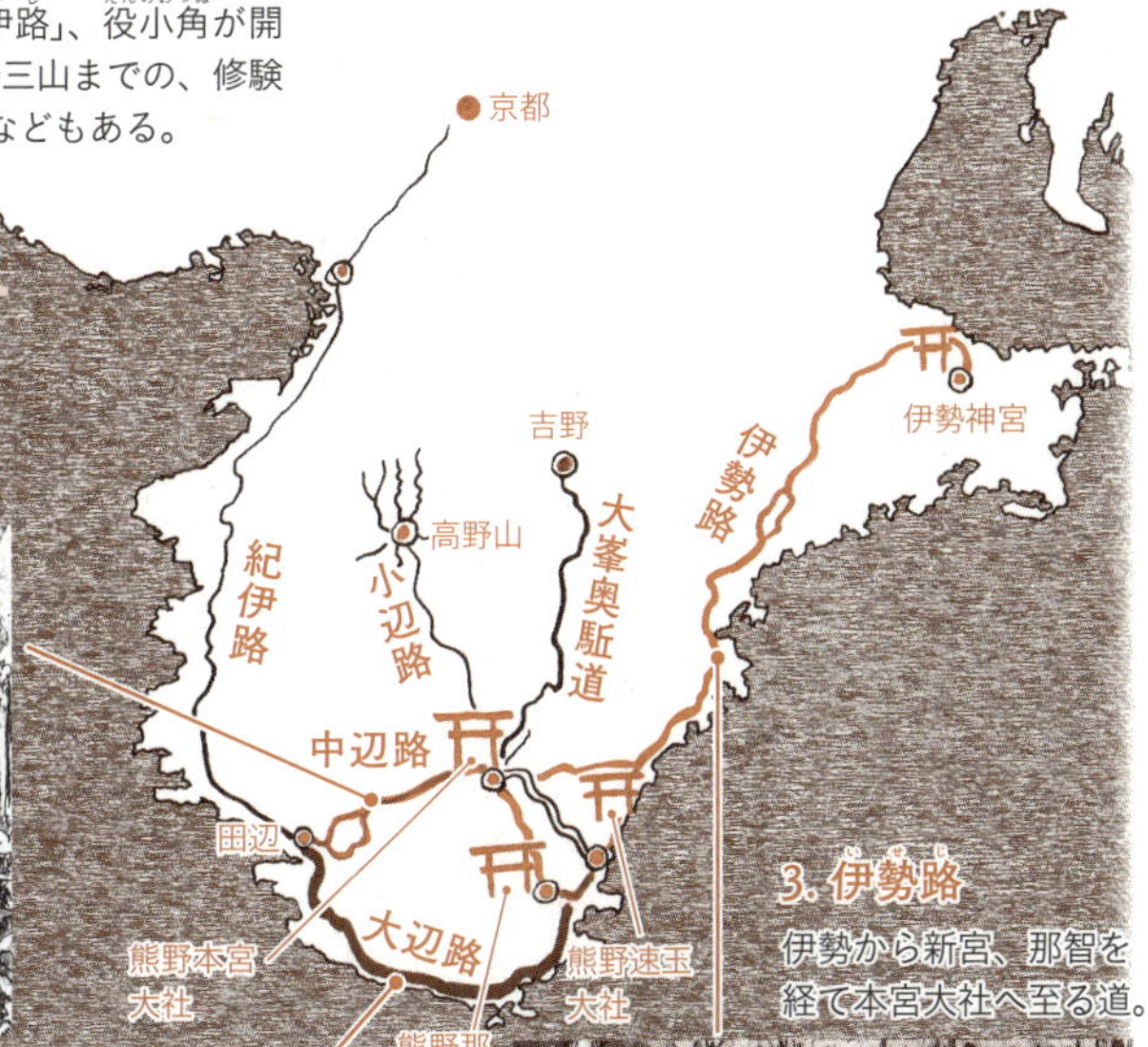

おすすめはこの3ルート

1. 中辺路《なかへち》

田辺から本宮大社までの道で、険しい山道のルート。

不寝王子の跡。熊野神の御子神を祀った王子の史跡が点在する

2. 大辺路《おおへち》

田辺から那智勝浦、新宮を通る道。枯木灘や熊野灘などが望める。

海岸線にあり、海と山の織りなす美しい景観に恵まれている

3. 伊勢路《いせじ》

伊勢から新宮、那智を経て本宮大社へ至る道。

紀伊半島を東回りする路。石畳や竹林など多彩な風景を楽しめる

熊野三山を巡るときのお楽しみ

熊野本宮大社

八咫烏や宝珠などの意匠を刷った熊野牛王神符（くまのごおうしんぷ）を頂ける

ゴトビキ岩（神倉《かみくら》神社）

御神体は神倉山のゴトビキ岩（→P71）

那智の滝と三重塔（青岸渡寺）

朱塗りの塔と那智の滝が見える風景は人気のフォトスポット

大斎原《おおゆのはら》

かつて熊野本宮大社の境内があった地。大鳥居がそびえる

熊野古道を歩くなら、春の新緑と秋の紅葉シーズンは特に人気となっている。初心者コースであっても、長袖や伸縮性のある長ズボン、トレッキングシューズで行くことが推奨されている。

京都《きょうと》五社《ごしゃ》巡《めぐ》り

京の四方と中央を守護する五つの社

【京都府】

平安京は四神相応《しじんそうおう》の思想に基づいて作られたといわれている。

四神相応とは、古代中国に伝わる風水の一種で、理想的な土地の配置を表す考え方。それによると東に川、西に大きな道、南に海や平野、北に山のある土地が理想的とされ、東に青龍《せいりゅう》、西に白虎《びゃっこ》、南に朱雀《すざく》、北に玄武《げんぶ》という方角を司る四つの神獣（四神）が守護しているという。

京都五社巡りでは、平安京に縁《ゆかり》があり、四神にちなんだ五つ神社を巡る。東の八坂《やさか》神社、西の松尾《まつお》大社、南の城南宮《じょうなんきゅう》、北の上賀茂《かみがも》神社、中央の平安神宮《へいあんじんぐう》を巡ることで、開運に恵まれるといわれている。

京の四方と中央を守護する5つの社巡り

東を守護する青龍のご利益は運気上昇や仕事運上昇。西を守護する白虎のご利益は財運や商売繁盛。南を守護する朱雀のご利益は愛情運や人間関係運上昇。北を守護する玄武のご利益は無病長寿や学問の向上とされる。

賀茂別雷神社《かもわけいかづちじんじゃ》（上賀茂《かみがも》神社）
賀茂川が流れる地にあり、北の玄武が守護する
松尾《まつお》大社
桂川の先にあり、西の白虎が守護する
平安神宮《へいあんじんぐう》
京の中央に位置する
八坂《やさか》神社
東山の麓にあり、東の青龍が守護する
城南宮《じょうなんぐう》
鴨川と桂川が出会う地にあり、南の朱雀が守護する
北
中央
西
東
南
玄武《げんぶ》
白虎《びゃっこ》
青龍（蒼龍）
朱雀《すざく》

頂く

五社巡りの色紙

ルートに決まりはなく、最初にお参りした神社で頂ける。5社すべての御朱印を集めると神様のご加護があるかも

DATA
ご利益：開運
アクション：巡礼する

5社いずれかで色紙の初穂料を納め、特製色紙を手に入れてから巡拝を始める。巡拝後、最後の神社にて記念品を受け取れる。東西南北の距離があるため、1日で巡ることも可能だが2日に分けたほうが余裕をもって巡ることができるという。

西 松尾大社

お酒の神様として信仰される

秦氏によって創建された京都最古の神社のひとつ。ご祭神は大山《おおやま》咋神《ぐいのかみ》、市寸島比売命《いちきしまひめのみこと》。「酒造の神様」として信仰を集めており、酒業繁栄、延命長寿、安産などのご利益がある。

境内にある神泉「亀の井」は「よみがえりの水」として知られている

北 賀茂別雷神社（上賀茂神社）

1000年の京の中でもっとも歴史ある神社

7世紀に社殿造営の記録をもつ京都最古の神社。世界文化遺産に登録されている。御祭神は賀茂氏の祖神、賀茂別雷大神。厄除、方除、電気産業の守護神として信仰されている。

5月15日におこなわれる葵祭の様子。『源氏物語』などにも登場する

中央 平安神宮

王朝時代の華やかさが薫る社

平安京の中心地。谷崎《たにざき》潤一郎《じゅんいちろう》など文豪が愛した桜の名所としても有名。御祭神は桓武《かんむ》天皇と孝明《こうめい》天皇で、日本文化の「おや神様」として崇拝されている。ご利益は開運招福や厄除けなど。

現在の平安神宮は、平安京を縮小し、1895年に再現している

東 八坂神社

「祇園《ぎおん》さん」と呼ばれる京都のシンボル的存在

平安遷都以前から存在し京の発展とともに全国から崇拝を集めた。神社の本殿建築は全国最大。御祭神は須佐之《すさの》男命《おのみこと》、櫛名田比売命《くしなだひめのみこと》、八柱御子神《やはしらのみこがみ》。厄除けや商売繁盛、縁結びなど。

7月の祇園祭では、1か月間にわたり疫病退散を祈願する神事がおこなわれる

江戸（東京）の四神相応

四神相応は江戸の都市設計にも影響を与えている。東は早川、西は東海道、南は東京湾（江戸湊）、北は麹町台地から富士山が見える土地に江戸城が建てられた。

南 城南宮

平安遷都の守り神として創建

平安遷都の際に、守り神として皇城（都）の南に創建された。御祭神は国常立尊《くにのとこたちのみこと》、八千矛《やちほこの》神《かみ》、息長帯日売尊《おきながたらしひめのみこと》。方除《ほうよけ》の大社と呼ばれ、新築や引越し、旅行や車の安全などの祈願に訪れる人が多い。

神苑「源氏物語 花の庭」では、春と秋に「曲水の宴」がおこなわれる

近年では、京都市内に点在する33の札所を巡るコンパクトな霊場巡り「洛陽三十三所観音霊場」も知られている。後白河法皇が定めた霊場巡りだと伝わっており、清水寺や東寺、六角堂などの京都市内にある有名なお寺も多く含まれている。

西国三十三所巡り《さいこくさんじゅうさんしょめぐり》

日本でもっとも古い観音巡礼の道

【岐阜県・滋賀県・京都府・大阪府・兵庫県・奈良県・和歌山県】

西国三十三所巡りは、近畿地方の二府五県の、観音菩薩を祀る三十三の寺院を参拝する旅。総距離は約千キロメートルに及ぶ。

起源は奈良時代の七一八年。大和《やまとの》国《くに》の長谷寺《はせでら》の徳道《とくどう》上人が病で仮死状態になったとき、冥土で閻魔大王《えんまだいおう》から三十三の宝印を授かり、三十三の観音霊場を開くように託された。約二百七十年後に花山《かざん》法皇によって再興され、本格的に広まった。

観音菩薩は、三十三の姿に変化して人々を救うと考えられている。すべての寺院を巡ることで観音菩薩の慈悲の心に触れ、優しさを身につけて極楽往生できると伝えられている。

御朱印は極楽浄土への通行手形

御朱印は、徳道上人が閻魔大王から授かった33の宝印が起源といわれており、いわば閻魔大王との約束の証。33の寺院の御朱印をすべて集めると、極楽浄土への通行手形となると考えられている。

頂く

御朱印の頂き方

御朱印を授かる方法は主に4つ。御朱印帳（納経帳）に頂く一般的な方法以外に、専用の掛け軸、白衣、西国観音曼荼羅（八角形の台紙）がある

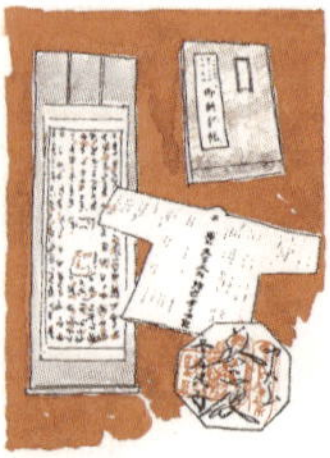

閻魔大王
徳道上人

起請文《きしょうもん》と33の宝印

閻魔大王は徳道上人に「人々を救うために33の観音霊場を開き、観音菩薩の慈悲の心に触れる巡礼を勧めよ」と言い、起請文と33の宝印を授けた

頂く

満願《まんがん》すると極楽往生できる

三十三所すべてを巡ると「満願」となり、極楽浄土に往生できるといわれる。満願後には先達（巡拝の案内などを務める人）の申請ができるようになり、オリジナルアイテムが授与される

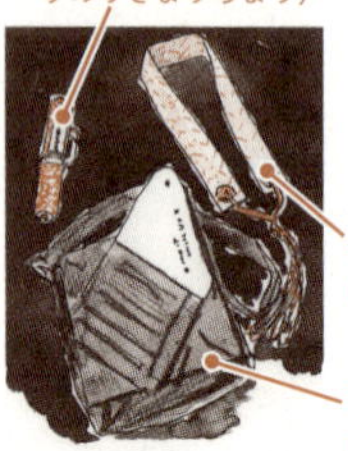

軸装納経帳（じくそうのうきょうちょう）
輪袈裟（わげさ）
頭陀袋（ずだぶくろ）

DATA
ご利益：極楽往生、開運
アクション：巡礼する

観音菩薩は、現世に降りて三十三身に変化し、人々の救いを求める声に駆けつけてくれるといわれている。三十三とは「無限」の意味。古くは西国より始まり、後に「坂東三十三観音霊場」など、全国に三十三所観音霊場が生まれていったという。

約1000kmに及ぶ西国三十三所

巡礼の順番は決まっておらず、巡る順序や時期は自由。長距離のため、徒歩ではなく交通機関を利用しながら数日かけておこなうのが一般的。

見る

⑯清水寺《きよみずでら》の紅葉

約13mもの高さがある国宝「清水の舞台」。春は桜、秋は紅葉の必見スポットとなっている

頂く

㉛長命寺《ちょうめいじ》の土鈴

土鈴は極楽浄土に住むという迦陵頻伽（かりょうびんが）。上半身は人間、下半身が鳥の姿で、美しい声で鳴くといわれている

見る

⑰六波羅蜜寺《ろくはらみつじ》の空也《くうや》上人立像

重要文化財の空也上人立像が見られる。国宝の十一面観音立像、重要文化財の地蔵菩薩坐像も必見

見る

⑧長谷寺《はせでら》の十一面観音像

長谷寺式十一面観世音菩薩と呼ばれ、右手に錫杖、左手に水瓶を持っている。徳道上人が造立したと伝わっている

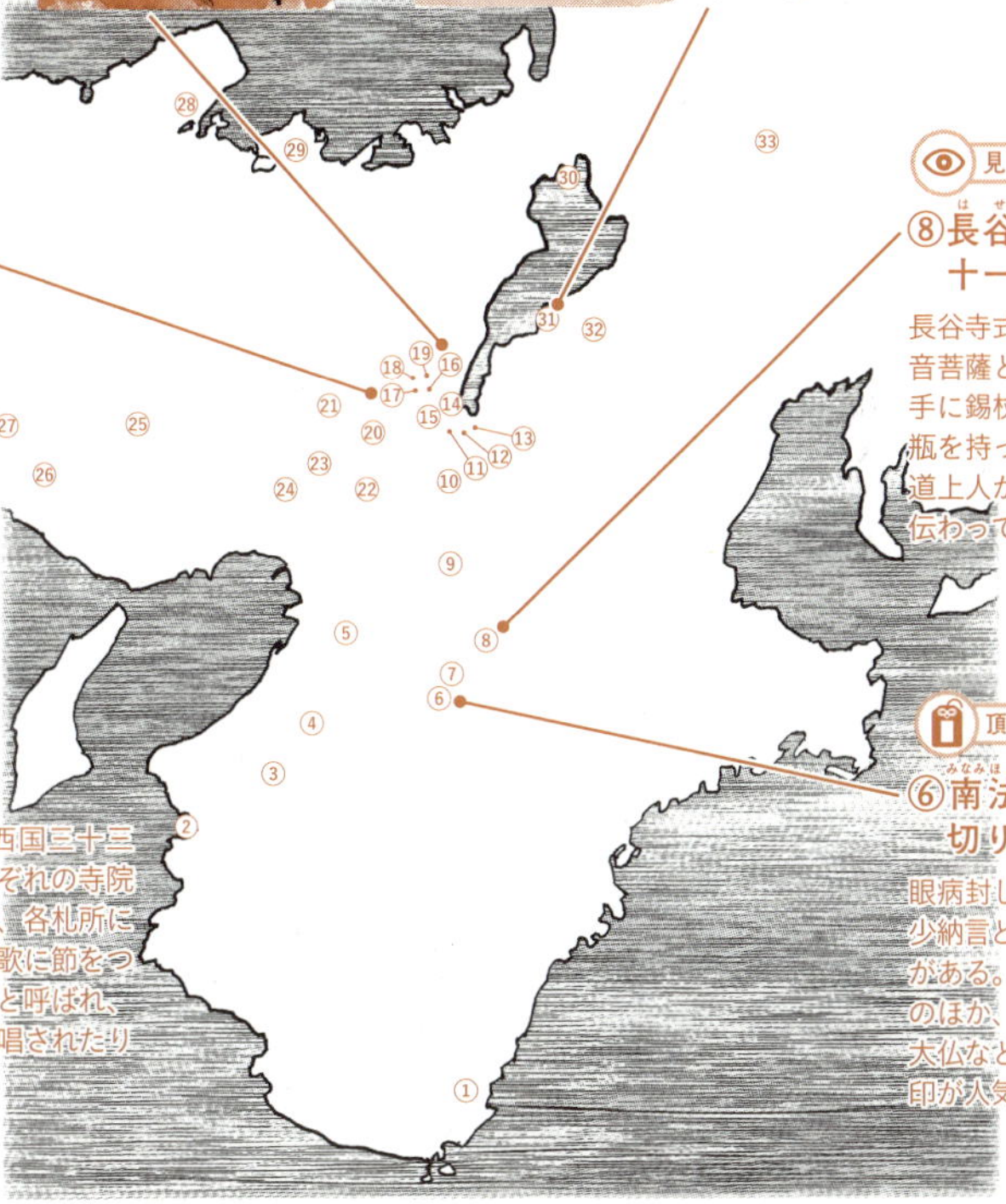

見る

各所にある御詠歌を味わう

花山（かざん）法皇が西国三十三所を巡礼した際、それぞれの寺院で詠んだという和歌が、各札所に記されている。その和歌に節をつけたものは「御詠歌」と呼ばれ、巡礼の際に各寺院で詠唱されたりする

頂く

⑥南法華寺《みなみほっけじ》の切り絵御朱印

眼病封じの寺で、清少納言とも縁(ゆかり)がある。眼のお守りのほか、切り絵や桜大仏など特別な御朱印が人気

札所一覧

①	第1番	那智山	青岸渡寺【和歌山県】
②	第2番	紀三井山	金剛宝寺(紀三井寺)【和歌山県】
③	第3番	風猛山	粉河寺【和歌山県】
④	第4番	槇尾山	施福寺(槇尾寺)【大阪府】
⑤	第5番	紫雲山	葛井寺【大阪府】
⑥	第6番	壷阪山	南法華寺(壷阪寺)【奈良県】
⑦	第7番	東光山	岡寺(龍蓋寺)【奈良県】
⑧	第8番	豊山	長谷寺【奈良県】
⑨	第9番	興福寺	南円堂【奈良県】
⑩	第10番	明星山	三室戸寺【京都府】
⑪	第11番	深雪山	上醍醐 准胝堂(醍醐寺)【京都府】
⑫	第12番	岩間山	正法寺(岩間寺)【滋賀県】
⑬	第13番	石光山	石山寺【滋賀県】
⑭	第14番	長等山	三井寺【滋賀県】
⑮	第15番	新那智山	今熊野観音寺(観音寺)【京都府】
⑯	第16番	音羽山	清水寺【京都府】
⑰	第17番	補陀洛山	六波羅蜜寺【京都府】
⑱	第18番	紫雲山	六角堂 頂法寺【京都府】
⑲	第19番	霊麀山	革堂 行願寺【京都府】
⑳	第20番	西山	善峯寺【京都府】
㉑	第21番	菩提山	穴太寺【京都府】
㉒	第22番	補陀洛山	総持寺【大阪府】
㉓	第23番	応頂山	勝尾寺【大阪府】
㉔	第24番	紫雲山	中山寺【兵庫県】
㉕	第25番	御嶽山	播州清水寺【兵庫県】
㉖	第26番	法華山	一乗寺【兵庫県】
㉗	第27番	書寫山	圓教寺【兵庫県】
㉘	第28番	成相山	成相寺【京都府】
㉙	第29番	青葉山	松尾寺【京都府】
㉚	第30番	竹生島	宝厳寺【滋賀県】
㉛	第31番	姨綺耶山	長命寺【滋賀県】
㉜	第32番	繖山	観音正寺【滋賀県】
㉝	第33番	谷汲山	華厳寺【岐阜県】

お寺では手を叩かず、手を合わせて参拝することが作法。右手が仏様、左手が生きとし生けるものすべてを表し、両手を合わせることで仏様とひとつになるという意味があるという。

鎌倉《かまくら》五山《ござん》巡《めぐ》り【神奈川県】

古都鎌倉を代表する五つの禅寺

鎌倉五山とは、神奈川県鎌倉市にある五つの臨済《りんざい》宗の禅寺のこと。足利義満が室町時代に導入した「五山制度（中国南宋に倣い、五つの禅寺を制定する制度）」により、京都と鎌倉それぞれ五山（五つの寺）が定められ、「京都五山」「鎌倉五山」と呼ばれるようになった。

鎌倉の五山は、第一位が建長寺《けんちょうじ》、第二位が円覚寺《えんがくじ》、第三位が寿福寺《じゅふくじ》、第四位が浄智寺《じょうちじ》、第五位が浄妙寺《じょうみょうじ》。五社はそれぞれ、茶道や精進料理などの禅文化の中心地として発展していった。現在も多くの観光客が足を運び、一日かけて五山を巡る「鎌倉五山巡り」が人気のコースだ。

古都鎌倉を味わえる5つの禅寺

鎌倉時代に創建された五社は、禅寺の文化と歴史を現在に伝える重要な寺院となっている。近くにある鶴岡八幡宮や鎌倉大仏にも足を運びたい。

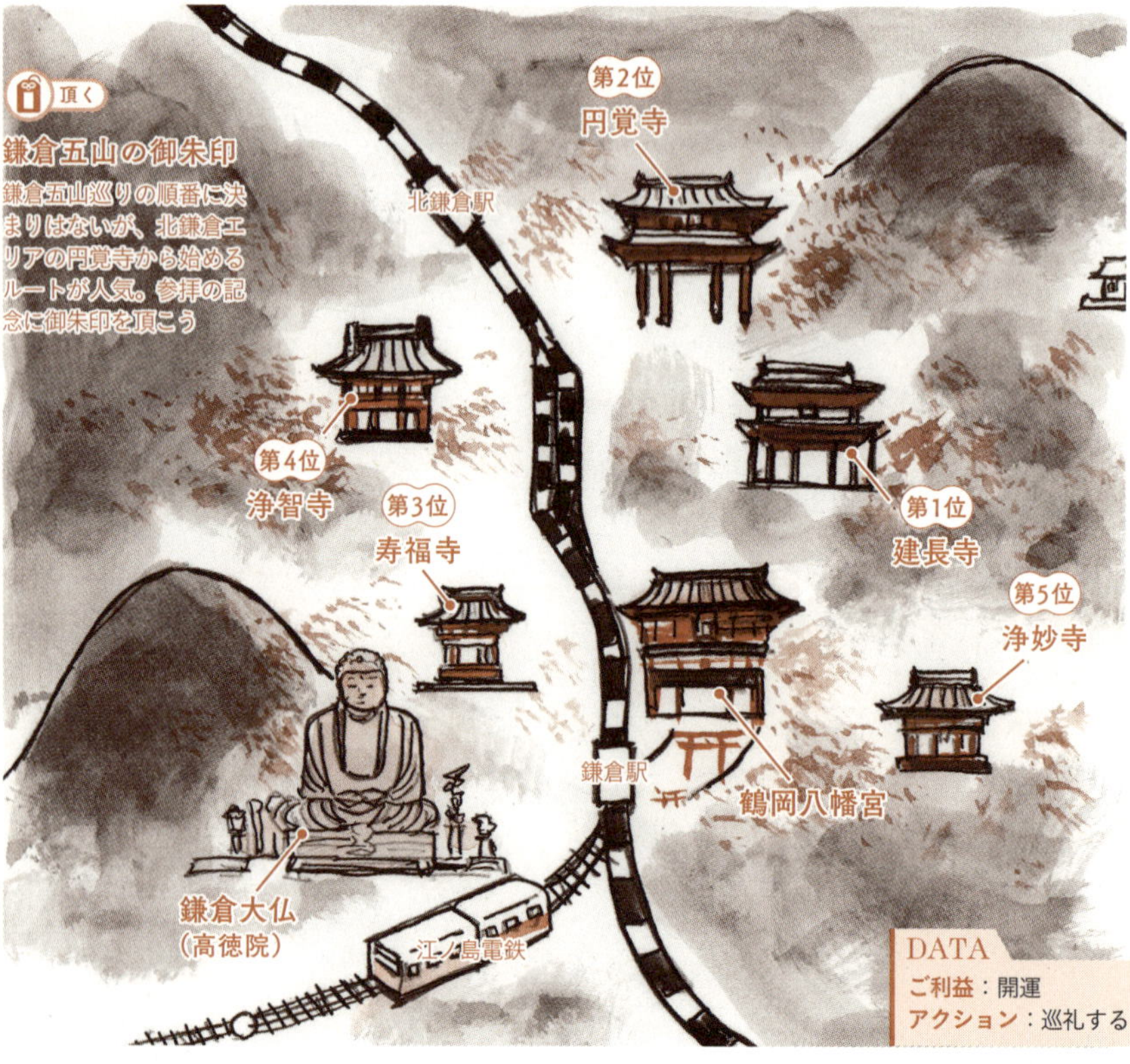

頂く

鎌倉五山の御朱印

鎌倉五山巡りの順番に決まりはないが、北鎌倉エリアの円覚寺から始めるルートが人気。参拝の記念に御朱印を頂こう

DATA
ご利益：開運
アクション：巡礼する

梅や桜、アジサイ、紅葉など、鎌倉では四季折々の景色や自然を楽しめるところも魅力のひとつ。1日で巡ることも可能だが、建長寺や円覚寺は規模が大きいため、2日かけてじっくり巡拝する方法もある。

第4位 金寶山《きんぽうざん》 浄智寺

江の島鎌倉七福神の布袋尊《ほていそん》もいる

臨済宗・円覚寺派の寺院。仏殿にある阿弥陀如来、釈迦如来、弥勒菩薩の3体の仏像は、過去、現在、未来を表すという。やぐらの中にいる、鎌倉・江ノ島七福神のひとつである布袋尊像など、境内は見どころが多い。

鎌倉では珍しい唐様の鐘楼門。2階部分には花頭窓という花形の窓と梵鐘が下げられている

第5位 稲荷山《とうかさん》 浄妙寺

女性の病気平癒を祈願するお寺

臨済宗・建長寺派の寺院。女性の病気に霊験のある神・淡島明神《あわしまみょうじん》立像が安置され、婦人病の祈願所とも呼ばれる。御本尊は釈迦如来で、子宝祈願などにご利益があるという。鎌倉三十三観音霊場などにも指定されている。

境内にあるレストランから、美しい枯山水の庭園を眺めながら食事ができる

鎌倉にあるそのほかの巡礼コース

鎌倉では鎌倉五山以外にもさまざまな巡礼コースがあり、古都鎌倉の歴史と文化を伝えている。「鎌倉・江ノ島七福神巡り」や「鎌倉三十三観音霊場巡り」、「鎌倉二十四ヶ所地蔵巡り」なども人気だ。

鎌倉・江ノ島七福神巡りのひとつ、浄智寺にある布袋尊。お腹を撫でると元気をいただけるという

第1位 巨福山《こふくざん》 建長寺

北条時頼《ほうじょうときより》が創建した日本初の禅寺

臨済宗・建長寺派の大本山。境内最奥には半《はん》僧坊大権現《そうぼうだいごんげん》を祀る本殿がある。震災の際に御神体が無事だったことや、お札を祀っていた家が無事だったことから、家内安全や厄除消除などのご利益があるという。

建長寺半僧坊本殿にある天狗像。10体以上が祀られている

第2位 瑞鹿山《ずいろくさん》 円覚寺

日本最古の禅宗様建築がある

臨済宗・円覚寺派の大本山。山門、国宝の鐘楼、仏殿など見どころが多い。座禅道場では定期的に座禅体験がおこなわれる。境内の弁《べん》天堂《てんどう》には江ノ島弁財天が祀られ、厄除けや合格祈願などのご利益があるという。

円覚寺の山門は、夏目漱石の小説『門』に登場する

第3位 亀谷山《きこくさん》 寿福寺

独特の石畳の山道が続く紅葉の名所

臨済宗・建長寺派の寺院。総門から山門まで緑豊かな参道が続く。普段は山門から中門まで参拝可能で、年2回の特別拝観期間のみ、仏殿を参拝することができる。源実朝《みなもとのさねとも》や北《ほう》条《じょう》政子《まさこ》の墓という五輪塔も見どころ。

寿福寺の参道に続く美しい石畳は「桂敷き」と呼ばれる

鎌倉五山にあるお寺は「鎌倉三十三観音霊場巡り」や「鎌倉二十四ヶ所地蔵巡り」などの御朱印も頂ける。寿福寺は2025年3月現在、御朱印は休止中なので、訪れる際は事前に確認しよう。

江戸《えど》のパワースポット巡《めぐ》り

【東京都】

江戸の風情を残す寺院を巡拝する

DATA
ご利益：開運
アクション：巡礼する

東京に点在する寺社を巡礼するルートのなかでも、江戸時代の風情を色濃く味わえるのが「五色不動」と「六地蔵」巡りだ。江戸の町を囲むように安置された不動明王や地蔵菩薩を巡るルートで、どちらも一日で回れる。当時の人々に信仰されていたことが伝わってくる。

ほかにも、江戸時代中期に始まったという「谷中《やなか》七福神」巡り、神田《かんだ》神社や富岡《とみおか》八幡宮などを含む「東京十社巡り」、入谷鬼《いりやき》子母神《しもじん》などを回る「下谷《したや》七福神《しちふくじん》巡り」など、東京にはさまざまな巡礼コースがある。土地の歴史を味わいながら江戸のパワースポットを訪ねてみたい。

憤怒の形相
火焔
邪悪を断ち切る「降魔の剣」
人々を救い上げる「羂索《けんさく》」

不動明王

「お不動さん」と呼ばれ親しまれてきた仏様。邪悪を退治し、厳しく戒めながら人々の迷いを鎮めてくれる存在。大日如来が憤怒の形相で現れた姿とされる

柔和な表情
宝珠
錫杖

地蔵菩薩

釈迦が入滅後、弥勒菩薩が現れる56億7000万年の長い間、六道輪廻の世界を巡り、あらゆる生き物を救済し続ける仏様。慈悲深く優しい表情をしている。閻魔大王の化身でもある

「五色不動」「六地蔵」ともに、公共交通機関を用いれば、1日で巡ることもできる。ルートに決まりはないが、五色不動は目黒不動から、六地蔵は1番の品川寺から、それぞれ時計回りで1巡するといいともいわれている。

参る

五色不動巡り

徳川家光が、江戸城の鎮護と天下泰平を祈願して、江戸の東西南北と中央に5種6か所の不動尊（不動明王像）を配置したと伝えられている。五色（青・白・赤・黒・黄）は中国の五行思想に基づく方角の色で、邪気を払う魔除けの効果があると考えられている。目黄不動は2か所ある。

目白不動 金乗院《こんじょういん》（豊島区）
真言宗豊山派の寺院。目白不動明王は秘仏。不動尊の黒い手をかたどった護身守りがある

目青不動 最勝寺《さいしょうじ》（教学院《きょうがくいん》）（世田谷区）
天台宗の寺院。教学院とも呼ばれる。不動堂に安置された目青不動明王像は秘仏で、前立不動明王像を拝める

目黒不動 瀧泉寺《りゅうせんじ》（目黒区）
天台宗の寺院。不動明王像は慈覚大師作と伝わる。大師が独鈷を投げて湧き出させた「独鈷の瀧」からは今も水が流れている

目赤不動 南谷寺《なんこくじ》（文京区）
天台宗の寺院。万行和尚の夢告により創建されたという。悪運退散や災難消除などのご利益がある

目黄不動 永久寺《えいきゅうじ》（台東区）
天台宗の寺院。お堂の小窓から目黄不動明王像を拝める

目黄不動 最勝寺《さいしょうじ》（江戸川区）
天台宗の寺院で、大正初期に現在の場所に移転。木造不動明王坐像は高さ127cm

参る

六地蔵巡り

江戸の主要な街道の出入口6か所に安置されたという6つの地蔵菩薩像。深川の地蔵坊正元《しょうげん》が、病気平癒を地蔵菩薩に祈ったところ治癒したことから、京都の六地蔵に倣って作られた。六地蔵のうち第6番の永代寺は、明治元年の廃仏毀釈《はいぶつきしゃく》（仏教の排斥運動）により失われてしまった。

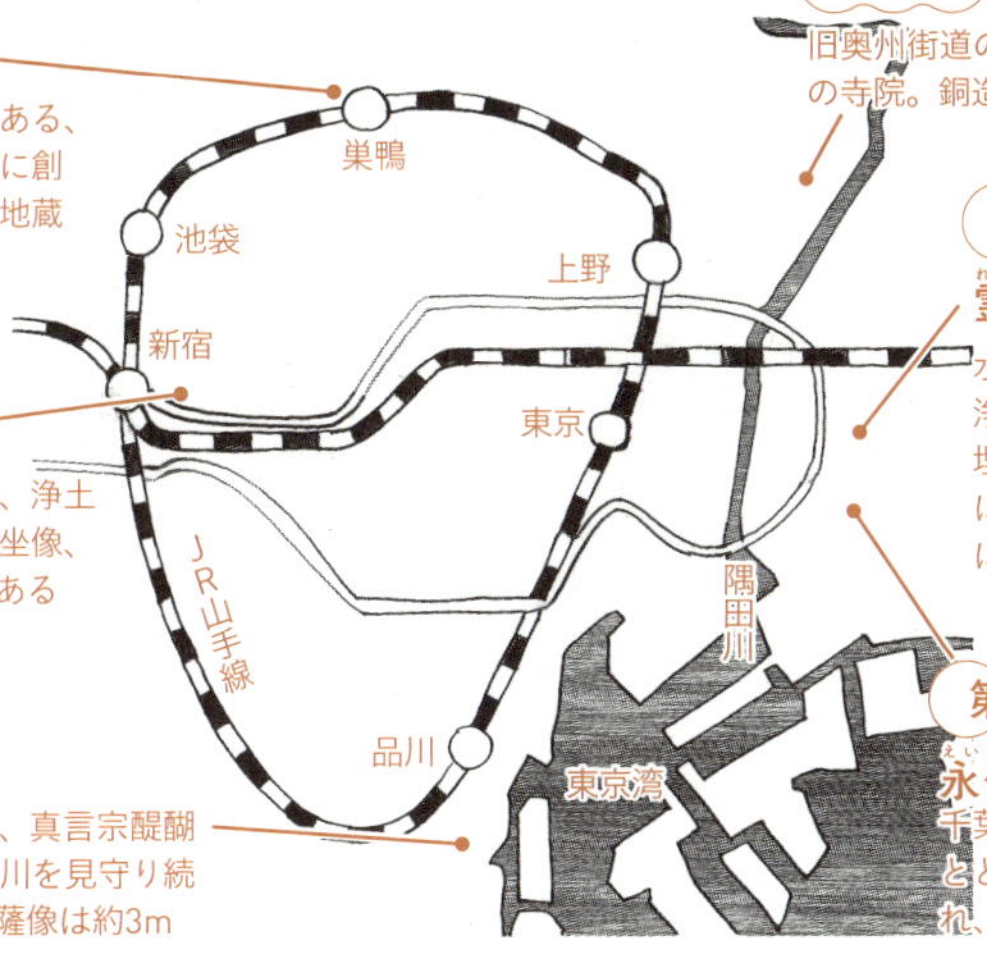

第3番 眞性寺《しんしょうじ》（豊島区）
中山道の出入口の巣鴨にある、真言宗の寺院。奈良時代に創建された古刹。唐銅製の地蔵菩薩像は約3.5m

第2番 太宗寺《たいそうじ》（新宿区）
旧甲州街道の宿場にある、浄土宗の寺院。銅造地蔵菩薩坐像、閻魔像、奪衣婆像などがある

第1番 品川寺《ほんせんじ》（品川区）
旧東海道の品川宿にある、真言宗醍醐派の寺院。1300年間、品川を見守り続けている古刹で、地蔵菩薩像は約3m

第4番 東禅寺《とうぜんじ》（台東区）
旧奥州街道の鎮守とされた、曹洞宗の寺院。銅造の地蔵菩薩像がある

第5番 霊巌寺《れいがんじ》（江東区）
水戸街道沿いに鎮座した、浄土宗の寺院。隅田川を埋め立ててできた霊巌島に創建され、後に現在地に移転した

第6番 永代寺《えいたいじ》（江東区）
千葉街道にあったが、廃寺とともに地蔵菩薩像も壊され、現存していない

江戸のパワースポットといえば、七福神巡りも有名。下町を巡る「谷中（やなか）七福神」、映画『男はつらいよ』で知られる葛飾区柴又（しばまた）を巡る「柴又七福神」、鬼子母神のある「雑司ヶ谷七福神」などがある。

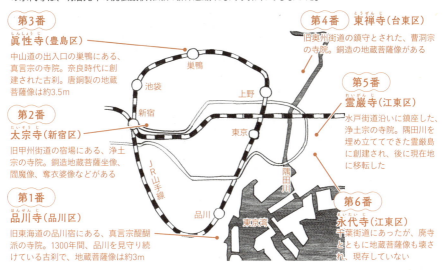

秩父《ちちぶ》札所《ふだしょ》三十四《さんじゅうよん》観音《かんのん》霊場《れいじょう》巡《めぐ》り

【埼玉県】

願いを叶える三十四の秩父札所巡り

秩父札所三十四観音霊場とは、秩父市を中心とした三十四か所の観音様を祀る寺院。室町時代後期には秩父札所巡りが定着し、西国《さいごく》三十三所（↓P180）、坂東《ばんどう》三十三観音と合わせて「日本百観音」の札所のひとつである。約百キロメートルの自然豊かな巡礼道をたどりながら各札所の観音様にお祈りすると、心の癒しとご利益が得られるという。

秩父札所では十二年に一度の午《うま》年に「午歳総開帳《そうかいちょう》」という伝統行事がおこなわれる。この期間は、通常は秘仏となっている札所の御本尊が一斉に公開されて、秩父地方全体がパワースポットになるといわれる。

12年に一度の「午歳総開帳」で秘仏を一斉公開

秩父札所で通常拝見できる34か所の観音様は御本尊の前に置かれた御前立本尊で、御本尊は秘仏として厨子の扉の中にいる。だが12年に一度の午年には、厨子の扉を開いて御本尊を一斉にご開帳するので、御本尊を直接拝むことができる。なぜ午年かというと、秩父札所が午年に開創されたから、観音様の眷属が馬だからなどの説がある。

見る

「午歳総開帳」の年に秘仏を見る

総開帳期間中は、観音様の御手とつながった手綱に触れられ、より深いご縁を結ぶことができる。また、普段の御朱印だけでなく、御開帳記念印も頂ける

観音様

さまざまな姿に変化し、世の中のあらゆる生き物を救ってくれる仏様

3つの顔
宝冠には馬の頭
憤怒の形相
厄除
招福

馬頭《ばとう》観音

観音様の変化身である六観音のひとつ。第28番橋立堂で祀られている

秩父札所34ヶ所の特徴を描いたオリジナルデザインの散華（蓮の花にかたどった紙）や台紙ももらえる

DATA
ご利益：心の癒し、開運
アクション：巡礼する

当初、秩父札所は西国や坂東と同様に33か所だったという。16世紀後半には西国・坂東とあわせて巡礼されるようになり、99より100のほうがきりがよかったことなどから1寺が加えられ、江戸の人々が巡礼しやすいよう現在の番付になったという。

秩父札所三十四観音の巡礼の道

秩父市に25か所、横瀬町《よこぜまち》に6か所、小鹿野町《おがのまち》に2か所、皆野町《みなのまち》に1か所の計34か所。参拝の証として、秩父札所各所で御朱印をいただける。コースに決まりはないが、初めての場合は札所の順番通りが推奨される。

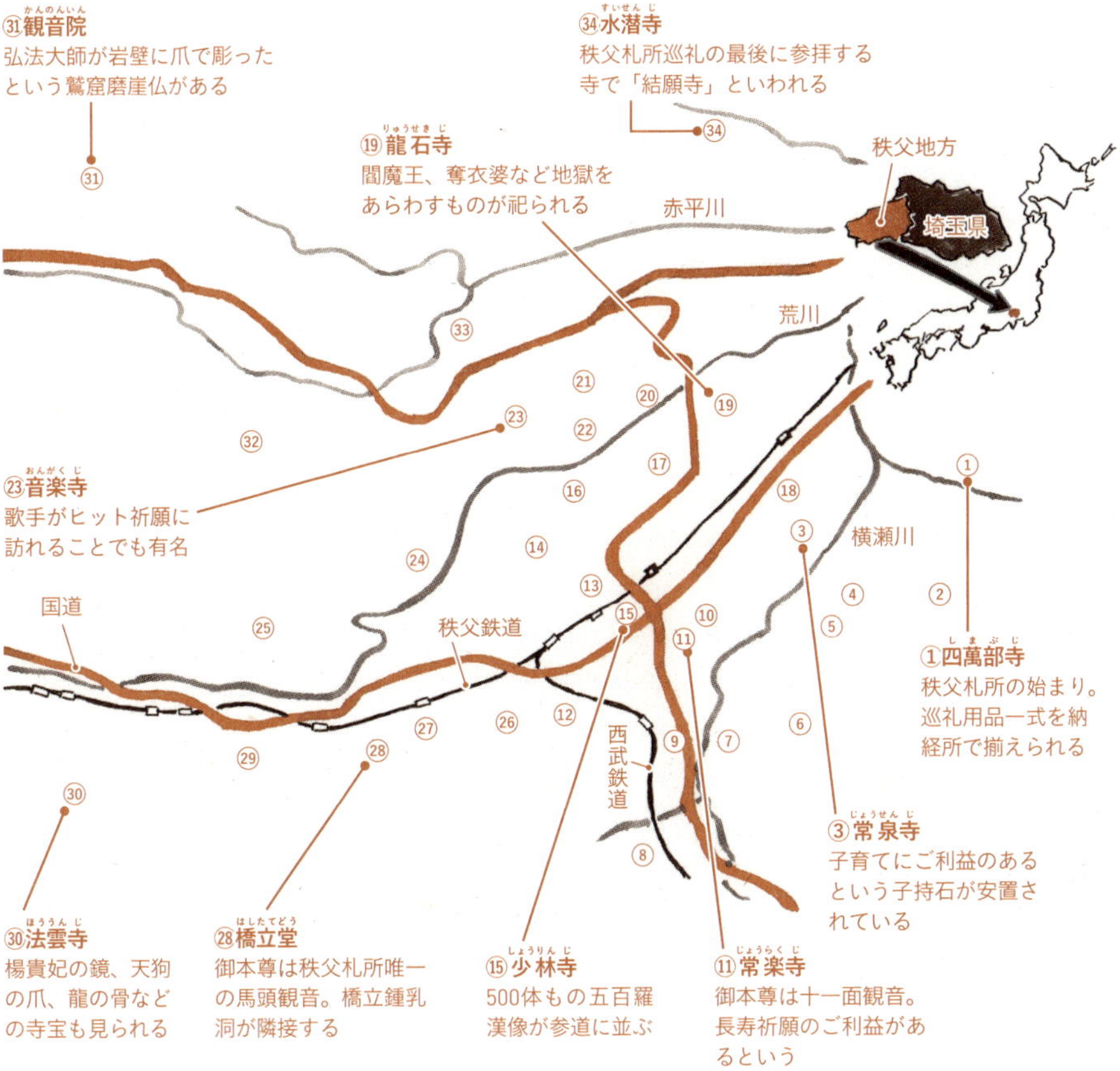
㉛観音院《かんのんいん》
弘法大師が岩壁に爪で彫ったという鷲窟磨崖仏がある
㉞水潜寺《すいせんじ》
秩父札所巡礼の最後に参拝する寺で「結願寺」といわれる
⑲龍石寺《りゅうせきじ》
閻魔王、奪衣婆など地獄をあらわすものが祀られる
秩父地方
埼玉県
赤平川
荒川
㉓音楽寺《おんがくじ》
歌手がヒット祈願に訪れることでも有名
横瀬川
国道
秩父鉄道
西武鉄道
①四萬部寺《しまぶじ》
秩父札所の始まり。巡礼用品一式を納経所で揃えられる
③常泉寺《じょうせんじ》
子育てにご利益のあるという子持石が安置されている
㉚法雲寺《ほううんじ》
楊貴妃の鏡、天狗の爪、龍の骨などの寺宝も見られる
㉘橋立堂《はしたてどう》
御本尊は秩父札所唯一の馬頭観音。橋立鍾乳洞が隣接する
⑮少林寺《しょうりんじ》
500体もの五百羅漢像が参道に並ぶ
⑪常楽寺《じょうらくじ》
御本尊は十一面観音。長寿祈願のご利益があるという

札所一覧

①	第1番	誦経山	四萬部寺	⑬	第13番	旗下山	慈眼寺	㉕	第25番	岩谷山	久昌寺
②	第2番	大棚山	真福寺	⑭	第14番	長岳山	今宮坊	㉖	第26番	万松山	円融寺
③	第3番	岩本山	常泉寺	⑮	第15番	母巣山	少林寺	㉗	第27番	竜河山	大渕寺
④	第4番	高谷山	金昌寺	⑯	第16番	無量山	西光寺	㉘	第28番	石龍山	橋立堂
⑤	第5番	小川山	語歌堂	⑰	第17番	実正山	定林寺	㉙	第29番	笹戸山	長泉院
⑥	第6番	向陽山	卜雲寺	⑱	第18番	白道山	神門寺	㉚	第30番	瑞龍山	法雲寺
⑦	第7番	青苔山	法長寺	⑲	第19番	飛渕山	龍石寺	㉛	第31番	鷲窟山	観音院
⑧	第8番	清泰山	西善寺	⑳	第20番	法王山	岩之上堂	㉜	第32番	般若山	法性寺
⑨	第9番	明星山	明智寺	㉑	第21番	要光山	観音寺	㉝	第33番	延命山	菊水寺
⑩	第10番	萬松山	大慈寺	㉒	第22番	華台山	童子堂	㉞	第34番	日沢山	水潜寺
⑪	第11番	南石山	常楽寺	㉓	第23番	松風山	音楽寺				
⑫	第12番	佛道山	野坂寺	㉔	第24番	光智山	法泉寺				

秩父札所は約100kmの道のり。道中は整備されているため、最近は自転車によるサイクル巡礼もおこなわれており、34か所すべてのスタンプを集めると、秩父札所連合会より「サイクル先達」に認定される。秩父札所公式サイトを確認しよう。

ながさき巡礼《じゅんれい》【長崎県】

キリスト教関連の文化遺産を訪ねる旅

ながさき巡礼とは、長崎と天草《あまくさ》地方の潜伏キリシタンにまつわる聖地を巡る旅。「潜伏キリシタン」とは、十七世紀から十九世紀にかけて、日本でキリスト教が禁止されていた時代、潜伏しながら密かに信仰を守り続けてきた人々のこと。

長崎と天草地方には、潜伏キリシタンの歴史的背景を語るうえで大切な遺跡が数多く残っている。ながさき巡礼では、大浦《おおうら》天主堂や各地の集落など、世界文化遺産に登録された十二の構成遺産を中心に各地を巡りながら、厳しい弾圧の中で信仰を継承し続けた人々が歩んだ歴史の足跡をたどっていく。

潜伏キリシタンの集落や遺跡を巡る巡礼路

巡礼の道は、平戸《ひらど》市から始まり、長崎市の大浦天主堂をゴールとする全35の巡礼路。美しい自然の中、集落や天主堂、史跡、戦場跡など、さまざまな歴史の道をたどる。

浦上《うらかみ》教会（浦上天主堂）

エリアⅢの巡礼路⑬にある、旧浦上天主堂。東洋一と呼ばれたレンガ造りのロマネスク様式大聖堂だったが、原爆により崩壊。後に当時の姿に似せて復元され、現在もミサがおこなわれている

潜伏キリシタンの人々
密かに祈りや信仰儀式をおこなった

原《はら》城跡と天草四郎《あまくさしろう》の像

エリアⅤの巡礼路㉜にある、島原・天草一揆の激戦の舞台。キリシタンの信仰を表す遺物が多く出土している。本丸跡には、弱冠16歳で総大将となった天草四郎の像がたたずみ、目を閉じて祈りを捧げている

DATA
ご利益：パワーチャージ
アクション：巡礼する

巡礼路の始点や終点には、バスや鉄道、定期船など公共交通機関が接続している。海辺や山間部などさまざまな環境があり、公共交通機関の本数が少ない地域もあるので、日没の時間や交通手段などを事前によく確認することが推奨される。

約468kmのながさき巡礼の道

全35の巡礼路は、5つのエリアに分かれており、全距離は約468km。12の構成遺産(A～L)は、海を囲むように長崎・天草地方に点在している。巡礼路はどのエリアからでも始めることができる。

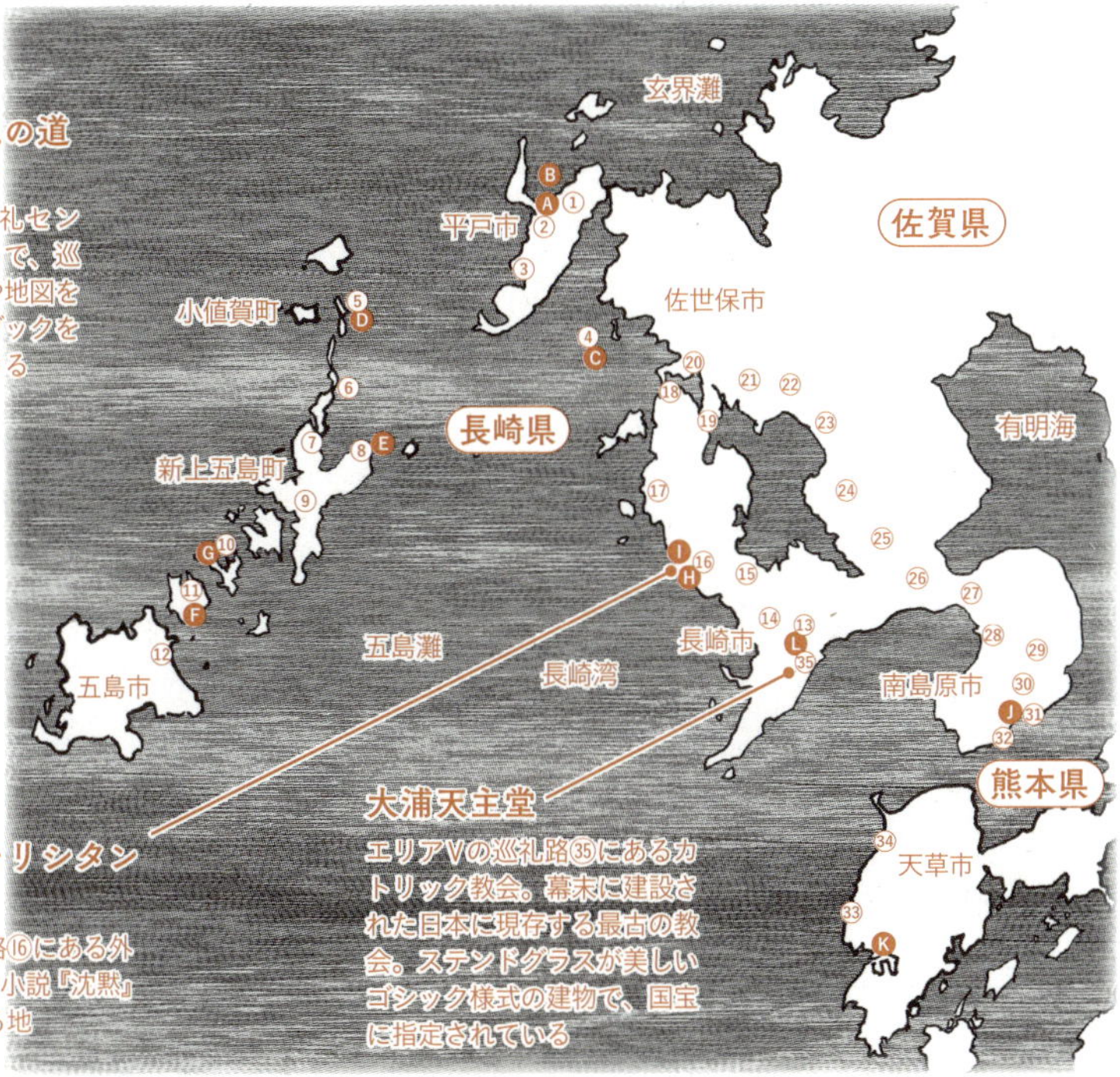

頂く

世界遺産巡礼の道リーフレット

NPO法人長崎巡礼センターの公式サイトで、巡礼路の見どころや地図を掲載したルートブックをダウンロードできる

見る

外海《そとめ》の潜伏キリシタンの足跡

エリアIIIの巡礼路⑯にある外海は、遠藤周作の小説『沈黙』の舞台ともいえる地

大浦天主堂

エリアVの巡礼路㉟にあるカトリック教会。幕末に建設された日本に現存する最古の教会。ステンドグラスが美しいゴシック様式の建物で、国宝に指定されている

12の構成遺産

A	平戸の聖地と集落(春日集落と安満岳)(→エリアI)
B	平戸の聖地と集落(中江ノ島)(→エリアI)
C	黒島の集落(→エリアII)
D	野崎島の集落跡(→エリアII)
E	頭ヶ島の集落(→エリアII)
F	久賀島の集落(→エリアII)
G	奈留島の江上集落(江上天守堂とその周辺)(→エリアII)
H	外海の出津集落(→エリアIII)
I	外海の大野集落(→エリアIII)
J	原城跡(→エリアV)
K	天草の﨑津集落(→エリアV)
L	大浦天主堂(→エリアV)

5エリア・35巡礼路一覧

エリアI「密かな聖地を巡る道」平戸市
① 平戸市街～生月
② 生月～根獅子
③ 寝獅子～津吉

エリアII「新天地への開拓移住の道」平戸市・佐世保市・小値賀町・新上五島町・五島市
④ 津吉～黒島
⑤ 野崎島
⑥ 津和崎～曽根
⑦ 曽根～浦桑～有川
⑧ 有川～頭ヶ島
⑨ 青方～若松
⑩ 奈留島
⑪ 久賀島
⑫ 福江島

エリアIII「希望を与えた予言の道」長崎市
⑬ 旧県庁舎跡地～平和公園
⑭ 平和公園～あぐりの丘
⑮ あぐりの丘～三重
⑯ 三重～神浦

エリアIV「キリシタン大名と少年使節の道」長崎市・西海市・佐世保市・川棚町・波佐見町・東彼杵町・大村市・諫早市・雲仙市
⑰ 神浦～太田和
⑱ 太田和～横瀬～木場
⑲ 木場～西海橋公園
⑳ 西海橋公園～ハウステンボス
㉑ ハウステンボス～波佐見
㉒ 波佐見～川棚
㉓ 川棚～千綿
㉔ 千綿～大村
㉕ 大村～諫早
㉖ 諫早～唐比
㉗ 唐比～千々石

エリアV「キリスト教繁栄と島原・天草一揆の道」雲仙市・南島原市・熊本県天草市・苓北町・長崎市
㉘ 千々石～小浜～雲仙
㉙ 雲仙～高岩山～論所原
㉚ 論所原～西有家
㉛ 西有家～北有馬～南有馬
㉜ 南有馬～口之津
㉝ 﨑津～下田
㉞ 下田～富岡港
㉟ 茂木港～大浦天主堂

巡礼路では博物館や資料館も充実しており、それぞれの地域の歴史や文化を学ぶことができる。なお出津(しつ)教会堂や黒島(くろしま)天主堂など、見学に事前連絡が必要な教会堂もあるので訪れる際は確認しよう。

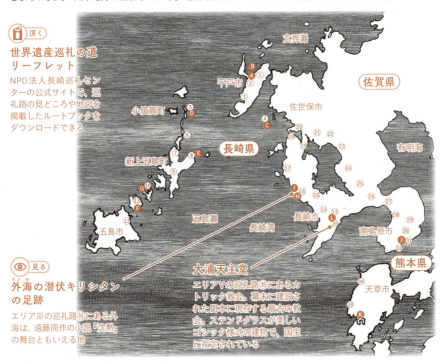

column

北緯35度22分のレイライン

複数の聖地を結ぶと浮かび上がるまっすぐなライン。
この特別な線を神秘的なものだとする説がある。

レイラインとは?

聖地や古代の遺跡などの位置を直線で結んだ線のこと。イギリスの古代遺跡をつないだ線が有名だが、日本にもいくつかのレイラインが存在するという。

北緯35度22分のレイライン 通称「御来光の道」

日本の最高峰・富士山と『出雲風土記』の国引き神話に登場する神山・大山《だいせん》の山頂はいずれも北緯35度22分に位置する。この山頂を結ぶ東西のライン上には多くの聖地が存在し、春分、秋分の日にこの線上を太陽が通ることから「御来光の道」と呼ばれている。

平城京を囲む5つの点「近畿五芒星」

五芒星とは、陰陽道で五行を表すマーク。伊勢神宮(→P18)などを含む近畿地方における重要な聖地を結ぶと、五芒星の形になるという。そしてその中心には飛鳥時代の都である平城京が位置しており、都を守るための結界とする説がある。

北緯35度22分のレイライン上にある聖地

東
- **玉前《たまさき》神社【千葉県】**
- **寒川神社【神奈川県】**(→P152)
- **富士山【山梨県・静岡県】**(→P30)
- **伊吹山【岐阜県】**(→P54)
- **琵琶湖の竹生島《ちくぶしま》【滋賀県】**
- **大山【鳥取県】**
- **出雲大社【島根県】**(→P22)

西

索引

五十音順索引

あ

青島神社（あおしまじんじゃ） P102
赤浜（あかはま） P125
阿寒湖（あかんこ） P100
秋葉山（あきはさん） P60
浅間山（あさまやま） P57
阿蘇山（あそさん） P62
熱田神宮（あつたじんぐう） P122
穴八幡宮（あなはちまんぐう） P157
天が淵（あまがふち） P119
天岩戸神社（あまのいわとじんじゃ） P117
天逆鉾（高千穂峰）（あまのさかほこ たかちほのみね） P25、P84
天橋立（あまのはしだて） P114
天安河原（あまのやすかわら） P117
天の真名井（あめのまない） P106
淡路島（あわじしま） P155
飯縄山（いいつなやま） P61
伊弉諾神宮（いざなぎじんぐう） P115
石の宝殿（生石神社）（いしのほうでん おうしこじんじゃ） P84
石舞台古墳（いしぶたいこふん） P70
伊豆山神社（いずさんじんじゃ） P133
出雲大社（いづもおおやしろ） P22
伊勢神宮（いせじんぐう） P18、P117
石上神宮（いそのかみじんぐう） P121
一条戻橋（いちじょうもどりばし） P127
厳島神社（いつくしまじんじゃ） P146
稲佐の浜（いなさのはま） P121
稲荷山（いなりやま） P52
伊吹山（いぶきやま） P54
今宮戎神社（いまみやえびすじんじゃ） P163
弥谷寺（いやだにじ） P128
入らずの森（氣多大社）（いらずのもり けたたいしゃ） P168
宇佐神宮（うさじんぐう） P161
雲仙地獄（うんぜんじごく） P108
江田神社（えだじんじゃ） P116
江戸のパワースポット巡り（えどのぱわーすぽっとめぐり） P184
恵日寺（えにちじ） P138
江の島（えのしま） P101
縁切榎（えんきりえのき） P83
延命院（えんめいいん） P139
青海神社（おうみじんじゃ） P135
大手神社（おおてじんじゃ） P139
大鳥大社（おおとりたいしゃ） P122
大原神社（おおはらじんじゃ） P139
大湯環状列石（おおゆかんじょうれっせき） P68
隠岐の島（おきのしま） P104
沖ノ島（おきのしま） P148
忍野八海（おしのはっかい） P96
恐山（おそれざん） P38
鬼の手形（おにのてがた） P74
オノゴロ島（おのごろじま） P114
御嶽山（おんたけさん） P61

か

鹿島神宮（かしまじんぐう） P120
春日大社（かすがたいしゃ） P120
葛城山系（かつらぎさんけい） P60
金櫻（かなざくら） P82
金蛇水神社（かなへびすいじんじゃ） P94
鎌倉五山巡り（かまくらござんめぐり） P182
神山の秘水（かみやまのひすい） P106
亀石（かめいし） P73
蒲生の大楠（がもうのおおくす） P81
元三大師堂（がんざんだいしどう） P140
神田明神（かんだみょうじん） P139
北野天満宮（きたのてんまんぐう） P137
鬼ノ城（きのじょう） P124
来宮神社の大楠（きのみやじんじゃのおおくす） P78
吉備津神社（きびつじんじゃ） P125
貴船神社（きふねじんじゃ） P92
京都五社巡り（きょうとごしゃめぐり） P178
キリストの墓（きりすとのはか） P142
金華山黄金山神社（きんかさんこがねやまじんじゃ） P162
草津温泉（くさつおんせん） P109
草薙神社（くさなぎじんじゃ） P123
屈斜路湖（くっしゃろこ） P100
久能山（くのうさん） P37
熊曽の穴（くまそのあな） P123
熊野古道巡り（くまのこどうめぐり） P176
華厳滝（けごんのたき） P99
鯉喰神社（こいくいじんじゃ） P125
弘法の霊水（こうぼうのれいすい） P107
高野山（こうやさん） P42
琴崎八幡宮（ことざきはちまんぐう） P163
ゴトビキ岩（ごとびきいわ） P71
金刀比羅宮（ことひらぐう） P134、P150
金剛峯寺（こんごうぶじ） P42、P129

さ

西郷隆盛像（さいごうたかもりぞう） P141
西国三十三所巡り（さいこくさんじゅうさんしょめぐり） P180
桜島（さくらじま） P63
佐助稲荷神社（さすけいなりじんじゃ） P132
佐野厄よけ大師（さのやくよけだいし） P155
寒川神社（さむかわじんじゃ） P152
鹽竈神社（しおがまじんじゃ） P151
志賀海神社（しかうみじんじゃ） P102
四国八十八ヶ所巡り（しこくはちじゅうはちかしょめぐり） P174
しとどの窟（しとどのいわや） P133
信太森神社（しのだのもりじんじゃ） P127
十二本ヤス（じゅうにほんやす） P81
修善寺（しゅぜんじ） P129
出釈迦寺（しゅっしゃかじ） P128
昇仙峡（しょうせんきょう） P75
浄土ヶ浜（じょうどがはま） P104
白神山地（しらかみさんち） P56
白鳥陵古墳（しらとりのみささぎこふん） P123
白旗神社（しらはたじんじゃ） P130
白峰神宮（しらみねじんぐう） P135
白峯陵（しらみねのみささぎ） P135
白峯寺（しろみねじ） P135
深大寺（じんだいじ） P140
真如堂（しんにょどう） P127

八幡神社（はちまんじんじゃ） P133
花の窟神社（はなのいわやじんじゃ） P115
比叡山（ひえいざん） P40
英彦山（ひこさん） P63
美女杉（びじょすぎ） P83
比婆山久米神社（ひばやまくめじんじゃ） P115
富士山（ふじさん） P30
船魂神社（ふなだまじんじゃ） P131
分杭峠（ぶんくいどうげ） P167
蛇窪神社（へびくぼじんじゃ） P95
遍照寺（へんしょうじ） P127
防府天満宮（ほうふてんまんぐう） P137
法華堂跡（ほっけどうあと） P133
ま
将門塚（まさかどづか） P139、P169
将門の首塚（まさかどのくびづか） P139
摩周湖（ましゅうこ） P100
満濃池（まんのういけ） P128
御蓋山（みかさやま） P57
御厨人窟・神明窟（みくろど・しんめいくつ） P129
三嶋大社（みしまたいしゃ） P133
弥山（みせん） P53
みそぎ池（みそぎいけ） P116
三峰山（みつみねさん） P58
妙義山（みょうぎさん） P56
三輪山（みわやま） P55
宗像大社（むなかたたいしゃ） P148
室生龍穴神社（むろうりゅうけつじんじゃ） P88
明治神宮（めいじじんぐう） P160
藻岩山（もいわやま） P59
モーゼの墓（もーぜのはか） P142
元伊勢三社（もといせさんしゃ） P117
や
焼津神社（やいづじんじゃ） P123
八重垣神社（やえがきじんじゃ） P119
矢喰の岩（やぐいのいわ） P125
屋久島・縄文杉（やくしま・じょうもんすぎ） P76
八坂神社（やさかじんじゃ） P118
安井金比羅宮（やすいこんぴらぐう） P134
八十場の清水（やそばのしみず） P135
山高神代桜（やまたかじんだいざくら） P82
大和三山（やまとさんざん） P36
倭建命の像（やまとたけるのみことのぞう） P123
八幡の藪知らず（やわたのやぶしらず） P169
湯島天満宮（ゆしまてんまんぐう） P137
楊貴妃の墓（ようきひのはか） P142
養老の滝（ようろうのたき） P99
義経神社（よしつねじんじゃ） P131
吉野山（よしのやま） P32
黄泉比良坂（よもつひらさか） P115
四口の神竈（御釜神社）（よんくのしんかま おかまじんじゃ） P84
ら
琉球王国の聖地（りゅうきゅうおうこくのせいち） P164
龍宮神社（りゅうぐうじんじゃ） P103
龍馬山義経寺（りゅうばざんぎけいじ） P131
わ
若狭神宮寺の閼伽井（わかさじんぐうじのあかい） P107
和多都美神社（わたづみじんじゃ） P103
水天宮（すいてんぐう） P156
須我神社（すがじんじゃ） P119
菅原天満宮（すがわらてんまんぐう） P137
須佐神社（すさじんじゃ） P119
素盞嗚神社（すさのおじんじゃ） P118
珠洲岬（すずみさき） P166
諏訪湖（すわこ） P90
諏訪大社（すわたいしゃ） P121
晴明神社（せいめいじんじゃ） P126
銭洗弁財天宇賀福神社（ぜにあらいべんざいてんうがふくじんじゃ） P105
善光寺（ぜんこうじ） P153
千手院（せんしゅいん） P131
浅草寺（せんそうじ） P159
善通寺（ぜんつうじ） P128
千本ナラ（せんぼんなら） P80
た
大雪山（たいせつざん） P59
大雄山海禅寺の七騎塚（たいゆうざんかいぜんじのしちきづか） P138
高尾山（たかおさん） P47
多賀大社（たがたいしゃ） P115
高館義経堂（たかだちぎけいどう） P131
高千穂（たかちほ） P24
武雄の大楠・夫婦檜（たけおのおおくす・めおとひのき） P79
太宰府天満宮（だざいふてんまんぐう） P136
竜飛崎（たっぴざき） P131
楯築神社（たてつきじんじゃ） P125
立山（たてやま） P37
血吸川（ちすいがわ） P125
秩父今宮神社（ちちぶいまみやじんじゃ） P93
秩父札所三十四観音霊場巡り（ちちぶふだしょさんじゅうよんかんのんれいじょうめぐり） P186
筑波山（つくばさん） P46
釣石（つりいし） P72
鶴岡八幡宮（つるおかはちまんぐう） P132
剱岳（つるぎだけ） P168
出羽三山（でわさんざん） P34
東京大神宮（とうきょうだいじんぐう） P157
道後温泉（どうごおんせん） P109
唐人駄場遺跡（とうじんだばいせき） P69
東福寺（とうふくじ） P138
戸隠神社（とがくしじんじゃ） P117
戸隠山（とがくしやま） P50
豊川稲荷東京別院（とよかわいなりとうきょうべついん） P156
な
ながさき巡礼（ながさきじゅんれい） P188
中野不動尊（なかのふどうそん） P162
那智の滝（なちのたき） P98
成田山新勝寺（なりたさんしんしょうじ） P139
南洲神社（なんしゅうじんじゃ） P141
南洲墓地（なんしゅうぼち） P141
新潟総鎮守 白山神社（にいがたそうちんじゅ はくさんじんじゃ） P154
日光三山（にっこうさんざん） P44
子の権現（ねのごんげん） P139
登別地獄谷（のぼりべつじごくだに） P108
は
白兎神社（はくとじんじゃ） P158
箱根山（はこねさん） P48
箱根神社（はこねじんじゃ） P48、P133

都道府県別索引

北海道	阿寒湖（あかんこ）	P100
	屈斜路湖（くっしゃろこ）	P100
	千本ナラ（せんぼんなら）	P80
	大雪山（たいせつざん）	P59
	登別地獄谷（のぼりべつじごくだに）	P108
	船魂神社（ふなだまじんじゃ）	P131
	摩周湖（ましゅうこ）	P100
	藻岩山（もいわやま）	P59
	義経神社（よしつねじんじゃ）	P131
青森県	恐山（おそれざん）	P38
	キリストの墓（きりすとのはか）	P142
	竜飛崎（たっぴざき）	P131
	十二本ヤス（じゅうにほんやす）	P81
	白神山地（しらかみさんち）	P56
	龍馬山義経寺（りゅうばざんぎけいじ）	P131
岩手県	鬼の手形（おにのてがた）	P74
	神山の秘水（かみやまのひすい）	P106
	浄土ヶ浜（じょうどがはま）	P104
	千手院（せんじゅいん）	P131
	高館義経堂（たかだちぎけいどう）	P131
宮城県	金蛇水神社（かなへびすいじんじゃ）	P94
	金華山黄金山神社（きんかさんこがねやまじんじゃ）	P162
	鹽竈神社（しおがまじんじゃ）	P151
	釣石（つりいし）	P72
	四口の神竈（御釜神社）（よんくのしんかま おかまじんじゃ）	P84
秋田県	大湯環状列石（おおゆかんじょうれっせき）	P68
	白神山地（しらかみさんち）	P56
山形県	出羽三山（でわさんざん）	P34
	南洲神社（なんしゅうじんじゃ）	P141
福島県	恵日寺（えにちじ）	P138
	中野不動尊（なかのふどうそん）	P162
茨城県	延命院（えんめいいん）	P139
	鹿島神宮（かしまじんぐう）	P120
	大雄山海禅寺の七騎塚（たいゆうざんかいぜんじのしちきづか）	P138
	筑波山（つくばさん）	P46
	東福寺（とうふくじ）	P138
栃木県	大手神社（おおてじんじゃ）	P139
	大原神社（おおはらじんじゃ）	P139
	華厳滝（けごんのたき）	P99
	佐野厄よけ大師（さのやくよけだいし）	P155
	日光三山（にっこうさんざん）	P44
	子の権現（ねのごんげん）	P139
群馬県	浅間山（あさまやま）	P57
	草津温泉（くさつおんせん）	P109
	妙義山（みょうぎさん）	P56
埼玉県	秩父今宮神社（ちちぶいまみやじんじゃ）	P93
	秩父札所三十四観音霊場巡り（ちちぶふだしょさんじゅうよんかんのんれいじょうめぐり）	P186
	将門の首塚（まさかどのくびづか）	P139
	三峰山（みつみねさん）	P58
千葉県	成田山新勝寺（なりたさんしんしょうじ）	P139
	八幡の藪知らず（やわたのやぶしらず）	P169
東京都	穴八幡宮（あなはちまんぐう）	P157
	江戸のパワースポット巡り（えどのぱわーすぽっとめぐり）	P184
	縁切榎（えんきりえのき）	P83
	神田明神（かんだみょうじん）	P139
	西郷隆盛像（さいごうたかもりぞう）	P141
	深大寺（じんだいじ）	P140
	水天宮（すいてんぐう）	P156
	浅草寺（せんそうじ）	P159
	高尾山（たかおさん）	P47
	東京大神宮（とうきょうだいじんぐう）	P157
	豊川稲荷東京別院（とよかわいなりとうきょうべついん）	P156
	蛇窪神社（へびくぼじんじゃ）	P95
	将門塚（まさかどづか）	P139、P169
	明治神宮（めいじじんぐう）	P160
	湯島天満宮（ゆしまてんまんぐう）	P137
神奈川県	江の島（えのしま）	P101
	鎌倉五山巡り（かまくらござんめぐり）	P182
	佐助稲荷神社（さすけいなりじんじゃ）	P132
	寒川神社（さむかわじんじゃ）	P152
	しとどの窟（しとどのいわや）	P133
	白旗神社（しらはたじんじゃ）	P130
	銭洗弁財天宇賀福神社（ぜにあらいべんざいてんうがふくじんじゃ）	P105
	鶴岡八幡宮（つるおかはちまんぐう）	P132
	箱根山（はこねさん）	P48
	箱根神社（はこねじんじゃ）	P48、P133
	法華堂跡（ほっけどうあと）	P133
新潟県	新潟総鎮守 白山神社（にいがたそうちんじゅ はくさんじんじゃ）	P154
富山県	立山（たてやま）	P37
	剱岳（つるぎだけ）	P168
	美女杉（びじょすぎ）	P83
石川県	入らずの森（氣多大社）（いらずのもり けたたいしゃ）	P168
	珠洲岬（すずみさき）	P166
	モーゼの墓（もーぜのはか）	P142
福井県	若狭神宮寺の閼伽井（わかさじんぐうじのあかい）	P107
山梨県	忍野八海（おしのはっかい）	P96
	金櫻（かなざくら）	P82
	昇仙峡（しょうせんきょう）	P75
	富士山（ふじさん）	P30
	山高神代桜（やまたかじんだいざくら）	P82
長野県	浅間山（あさまやま）	P57
	飯縄山（いいつなやま）	P61
	御嶽山（おんたけさん）	P61
	諏訪湖（すわこ）	P90
	戸隠神社（とがくしじんじゃ）	P117
	戸隠山（とがくしやま）	P50
	諏訪大社（すわたいしゃ）	P121
	善光寺（ぜんこうじ）	P153
	分杭峠（ぶんくいとうげ）	P167
岐阜県	伊吹山（いぶきやま）	P54
	御嶽山（おんたけさん）	P61
	西国三十三所巡り（さいこくさんじゅうさんしょめぐり）	P180
	倭建命の像（やまとたけるのみことのぞう）	P123
	養老の滝（ようろうのたき）	P99
静岡県	秋葉山（あきはさん）	P60
	伊豆山神社（いずさんじんじゃ）	P133
	来宮神社の大楠（きのみやじんじゃのおおくす）	P78
	草薙神社（くさなぎじんじゃ）	P123
	久能山（くのうさん）	P37
	修善寺（しゅぜんじ）	P129
	八幡神社（はちまんじんじゃ）	P133
	富士山（ふじさん）	P30
	三嶋大社（みしまたいしゃ）	P133
	焼津神社（やいづじんじゃ）	P123
愛知県	熱田神宮（あつたじんぐう）	P122

島根県	比婆山久米神社（ひばやまくめじんじゃ）	P115
	八重垣神社（やえがきじんじゃ）	P119
	黄泉比良坂（よもつひらさか）	P115
岡山県	赤浜（あかはま）	P125
	鬼ノ城（きのじょう）	P124
	吉備津神社（きびつじんじゃ）	P125
	鯉喰神社（こいくいじんじゃ）	P125
	楯築神社（たてつきじんじゃ）	P125
	血吸川（ちすいがわ）	P125
	矢喰の岩（やぐいのいわ）	P125
広島県	厳島神社（いつくしまじんじゃ）	P146
	素盞嗚神社（すさのおじんじゃ）	P118
	弥山（みせん）	P53
山口県	琴崎八幡宮（ことざきはちまんぐう）	P163
	防府天満宮（ほうふてんまんぐう）	P137
	楊貴妃の墓（ようきひのはか）	P142
徳島県	弘法の霊水（こうぼうのれいすい）	P107
	四国八十八ヶ所巡り（しこくはちじゅうはちかしょめぐり）	P174
香川県	弥谷寺（いやだにじ）	P128
	青海神社（おうみじんじゃ）	P135
	金刀比羅宮（ことひらぐう）	P134、P150
	四国八十八ヶ所巡り（しこくはちじゅうはちかしょめぐり）	P174
	出釈迦寺（しゅっしゃかじ）	P128
	白峯陵（しらみねのみささぎ）	P135
	白峯寺（しろみねじ）	P135
	善通寺（ぜんつうじ）	P128
	満濃池（まんのういけ）	P128
	八十場の清水（やそばのしみず）	P135
愛媛県	四国八十八ヶ所巡り（しこくはちじゅうはちかしょめぐり）	P174
	道後温泉（どうごおんせん）	P109
高知県	四国八十八ヶ所巡り（しこくはちじゅうはちかしょめぐり）	P174
	唐人駄場遺跡（とうじんだばいせき）	P69
	御厨人窟・神明窟（みくろど・しんめいくつ）	P129
福岡県	沖ノ島（おきのしま）	P148
	志賀海神社（しかうみじんじゃ）	P102
	太宰府天満宮（だざいふてんまんぐう）	P136
	宗像大社（むなかたたいしゃ）	P148
	英彦山（ひこさん）	P63
佐賀県	武雄の大楠・夫婦檜（たけおのおおくす・めおとひのき）	P79
長崎県	雲仙地獄（うんぜんじごく）	P108
	ながさき巡礼（ながさきじゅんれい）	P188
	和多都美神社（わたづみじんじゃ）	P103
熊本県	阿蘇山（あそさん）	P62
大分県	宇佐神宮（うさじんぐう）	P161
宮崎県	青島神社（あおしまじんじゃ）	P102
	天岩戸神社（あまのいわとじんじゃ）	P117
	天逆鉾（高千穂峰）（あまのさかほこ たかちほのみね）	P25、P84
	天安河原（あまのやすかわら）	P117
	江田神社（えだじんじゃ）	P116
	亀石（かめいし）	P73
	高千穂（たかちほ）	P24
	南洲神社（なんしゅうじんじゃ）	P141
	みそぎ池（みそぎいけ）	P116
鹿児島県	蒲生の大楠（がもうのおおくす）	P81
	熊曽の穴（くまそのあな）	P123
	桜島（さくらじま）	P63
	南洲神社（なんしゅうじんじゃ）	P141
	南洲墓地（なんしゅうぼち）	P141
	屋久島・縄文杉（やくしま・じょうもんすぎ）	P76
	龍宮神社（りゅうぐうじんじゃ）	P103
沖縄県	琉球王国の聖地（りゅうきゅうおうこくのせいち）	P164

三重県	伊勢神宮（いせじんぐう）	P18、P117
	熊野古道巡り（くまのこどうめぐり）	P176
	花の窟神社（はなのいわやじんじゃ）	P115
滋賀県	伊吹山（いぶきやま）	P54
	西国三十三所巡り（さいこくさんじゅうさんしょめぐり）	P180
	多賀大社（たがたいしゃ）	P115
	比叡山（ひえいざん）	P40
京都府	天橋立（あまのはしだて）	P114
	一条戻橋（いちじょうもどりばし）	P127
	稲荷山（いなりやま）	P52
	元三大師堂（がんざんだいしどう）	P140
	北野天満宮（きたのてんまんぐう）	P137
	貴船神社（きふねじんじゃ）	P92
	京都五社巡り（きょうとごしゃめぐり）	P178
	熊野古道巡り（くまのこどうめぐり）	P176
	西国三十三所巡り（さいこくさんじゅうさんしょめぐり）	P180
	白峰神宮（しらみねじんぐう）	P135
	真如堂（しんにょどう）	P127
	晴明神社（せいめいじんじゃ）	P126
	比叡山（ひえいざん）	P40
	遍照寺（へんしょうじ）	P127
	元伊勢三社（もといせさんしゃ）	P117
	八坂神社（やさかじんじゃ）	P118
	安井金比羅宮（やすいこんぴらぐう）	P134
大阪府	今宮戎神社（いまみやえびすじんじゃ）	P163
	大鳥大社（おおとりたいしゃ）	P122
	葛城山系（かつらぎさんけい）	P60
	西国三十三所巡り（さいこくさんじゅうさんしょめぐり）	P180
	信太森神社（しのだのもりじんじゃ）	P127
	白鳥陵古墳（しらとりのみささぎこふん）	P123
兵庫県	淡路島（あわじしま）	P155
	伊弉諾神宮（いざなぎじんぐう）	P115
	石の宝殿（生石神社）（いしのほうでん おうしこじんじゃ）	P84
	オノゴロ島（おのごろじま）	P114
	西国三十三所巡り（さいこくさんじゅうさんしょめぐり）	P180
奈良県	石舞台古墳（いしぶたいこふん）	P70
	石上神宮（いそのかみじんぐう）	P121
	春日大社（かすがたいしゃ）	P120
	葛城山系（かつらぎさんけい）	P60
	熊野古道巡り（くまのこどうめぐり）	P176
	西国三十三所巡り（さいこくさんじゅうさんしょめぐり）	P180
	菅原天満宮（すがわらてんまんぐう）	P137
	御蓋山（みかさやま）	P57
	三輪山（みわやま）	P55
	室生龍穴神社（むろうりゅうけつじんじゃ）	P88
	大和三山（やまとさんざん）	P36
	吉野山（よしのやま）	P32
和歌山県	葛城山系（かつらぎさんけい）	P60
	熊野古道巡り（くまのこどうめぐり）	P176
	高野山（こうやさん）	P42
	ゴトビキ岩（ごとびきいわ）	P71
	金剛峯寺（こんごうぶじ）	P42、P129
	西国三十三所巡り（さいこくさんじゅうさんしょめぐり）	P180
	那智の滝（なちのたき）	P98
鳥取県	天の真名井（あめのまない）	P106
	白兎神社（はくとじんじゃ）	P158
島根県	天が淵（あまがふち）	P119
	出雲大社（いづもおおやしろ）	P22
	稲佐の浜（いなさのはま）	P121
	隠岐の島（おきのしま）	P104
	須我神社（すがじんじゃ）	P119
	須佐神社（すさじんじゃ）	P119

ご利益別索引

パワーチャージ	高千穂（たかちほ）	P24
	富士山（ふじさん）	P30
	吉野山（よしのやま）	P32
	出羽三山（でわさんざん）	P34
	大和三山（やまとさんざん）	P36
	立山（たてやま）	P37
	恐山（おそれざん）	P38
	高野山（こうやさん）	P42
	筑波山（つくばさん）	P46
	高尾山（たかおさん）	P47
	稲荷山（いなりやま）	P52
	弥山（みせん）	P53
	伊吹山（いぶきやま）	P54
	三輪山（みわやま）	P55
	妙義山（みょうぎさん）	P56
	白神山地（しらかみさんち）	P56
	御蓋山（みかさやま）	P57
	浅間山（あさまやま）	P57
	大雪山（たいせつざん）	P59
	葛城山系（かつらぎさんけい）	P60
	飯縄山（いいつなやま）	P61
	阿蘇山（あそさん）	P62
	桜島（さくらじま）	P63
	大湯環状列石（おおゆかんじょうれっせき）	P68
	唐人駄場遺跡（とうじんだばいせき）	P69
	石舞台古墳（いしぶたいこふん）	P70
	ゴトビキ岩（ごとびきいわ）	P71
	鬼の手形（おにのてがた）	P74
	昇仙峡（しょうせんきょう）	P75
	屋久島・縄文杉（やくしま・じょうもんすぎ）	P76
	蒲生の大楠（がもうのおおくす）	P81
	十二本ヤス（じゅうにほんやす）	P81
	美女杉（びじょすぎ）	P83
	室生龍穴神社（むろうりゅうけつじんじゃ）	P88
	諏訪湖（すわこ）	P90
	忍野八海（おしのはっかい）	P96
	那智の滝（なちのたき）	P98
	華厳滝（けごんのたき）	P99
	養老の滝（ようろうのたき）	P99
	阿寒湖（あかんこ）	P100
	屈斜路湖（くっしゃろこ）	P100
	摩周湖　（ましゅうこ）	P100
	江の島（えのしま）	P101
	浄土ヶ浜（じょうどがはま）	P104
	隠岐の島（おきのしま）	P104
	淡路島（あわじしま）	P155
	琉球王国の聖地（りゅうきゅうおうこくのせいち）	P164
	珠洲岬（すずみさき）	P166
	分杭峠（ぶんくいどうげ）	P167
	剱岳（つるぎだけ）	P168
	熊野古道巡り（くまのこどうめぐり）	P176
	ながさき巡礼（ながさきじゅんれい）	P188
開運	伊勢神宮（いせじんぐう）	P18、P117
	箱根山（はこねさん）	P48
	戸隠山（とがくしやま）	P50
	四国八十八ヶ所巡り（しこくはちじゅうはちかしょめぐり）	P174
	京都五社巡り（きょうとごしゃめぐり）	P178
	西国三十三所巡り（さいこくさんじゅうさんしょめぐり）	P180
	鎌倉五山巡り（かまくらござんめぐり）	P182
	江戸のパワースポット巡り（えどのぱわーすぽっとめぐり）	P184
	秩父札所三十四観音霊場巡り（ちちぶふだしょさんじゅうよんかんのんれいじょうめぐり）	P186
運気隆昌	貴船神社（きふねじんじゃ）	P92
縁結び	出雲大社（いづもおおやしろ）	P22
	日光三山（にっこうさんざん）	P44
	縁切榎（えんきりえのき）	P83
	貴船神社（きふねじんじゃ）	P92
	青島神社（あおしまじんじゃ）	P102
	和多都美神社（わたづみじんじゃ）	P103
	龍宮神社（りゅうぐうじんじゃ）	P103
	須佐之男命（すさのおのみこと）	P118
	西郷隆盛（さいごうたかもり）	P141
	新潟総鎮守 白山神社（にいがたそうちんじゅ はくさんじんじゃ）	P154
	東京大神宮（とうきょうだいじんぐう）	P157
	白兎神社（はくとじんじゃ）	P158
	琴崎八幡宮（ことざきはちまんぐう）	P163
	入らずの森（氣多大社）（いらずのもり けたたいしゃ）	P168
恋愛成就	藻岩山（もいわやま）	P59
	雲仙地獄（うんぜんじごく）	P108
	東京大神宮（とうきょうだいじんぐう）	P157
縁切り	縁切榎（えんきりえのき）	P83
	崇徳上皇（すとくじょうこう）	P134
安産	弘法大師（こうぼうだいし）	P128
	鹽竈神社（しおがまじんじゃ）	P151
	水天宮（すいてんぐう）	P156
	琴崎八幡宮（ことざきはちまんぐう）	P163
子授け	水天宮（すいてんぐう）	P156
子孫繁栄	伊邪那岐命・伊邪那美命（いざなぎのみこと・いざなみのみこと）	P114
	天照大御神（あまてらすおおみかみ）	P116

自然の恵み	天の真名井（あめのまない）	P106
	神山の秘水（かみやまのひすい）	P106
豊漁祈願	金刀比羅宮（ことひらぐう）	P134、P150
農業生産	英彦山（ひこさん）	P63
衣食住	伊勢神宮（いせじんぐう）	P18、P117
交通安全	志賀海神社（しかうみじんじゃ）	P102
	沖ノ島・宗像大社（おきのしま・むなかたたいしゃ）	P148
航海の安全	金刀比羅宮（ことひらぐう）	P134、P150
	沖ノ島・宗像大社（おきのしま・むなかたたいしゃ）	P148
海上交通の守護	厳島神社（いつくしまじんじゃ）	P146
社運隆昌	源義経（みなもとのよしつね）	P130
出世運	久能山（くのうさん）	P37
出世開運	倭建命（やまとたけるのみこと）	P122
	源頼朝（みなもとのよりとも）	P132
勝運	英彦山（ひこさん）	P63
勝負運	須佐之男命（すさのおのみこと）	P118
	建御雷神（たけみかづちのかみ）	P120
	倭建命（やまとたけるのみこと）	P122
諸願成就	浅草寺（せんそうじ）	P159
心願成就	比叡山（ひえいざん）	P40
	戸隠山（とがくしやま）	P50
	亀石（かめいし）	P73
	千本ナラ（せんぼんなら）	P80
招福	日光三山（にっこうさんざん）	P44
盗難除け	三峰山（みつみねさん）	P58
厄除け	箱根山（はこねさん）	P48
	吉備津彦命 vs 温羅（きびつひこのみことVSうら）	P124
	安倍晴明（あべのせいめい）	P126
	弘法大師（こうぼうだいし）	P128
	元三大師（がんざんだいし）	P140
	寒川神社（さむかわじんじゃ）	P152
	佐野厄よけ大師（さのやくよけだいし）	P155
	中野不動尊（なかのふどうそん）	P162
厄除開運	宇佐神宮（うさじんぐう）	P161
八方除け	寒川神社（さむかわじんじゃ）	P152
方位除け	佐野厄よけ大師（さのやくよけだいし）	P155
煩悩を払う	四国八十八ヶ所巡り（しこくはちじゅうはちかしょめぐり）	P174
魔除け	安倍晴明（あべのせいめい）	P126
	元三大師（がんざいだいし）	P140
火難除け	三峰山（みつみねさん）	P58
	秋葉山（あきはさん）	P60
除災厄除	平将門（たいらのまさかど）	P138

夫婦円満	伊邪那岐命・伊邪那美命（いざなぎのみこと・いざなみのみこと）	P114
	新潟総鎮守 白山神社（にいがたそうちんじゅ　はくさんじんじゃ）	P154
	明治神宮（めいじじんぐう）	P160
	入らずの森（氣多大社）（いらずのもり けたたいしゃ）	P168
家内安全	豊川稲荷東京別院（とよかわいなりとうきょうべついん）	P156
	明治神宮（めいじじんぐう）	P160
	宇佐神宮（うさじんぐう）	P161
健康長寿	来宮神社の大楠（きのみやじんじゃのおおくす）	P78
	吉備津彦命 vs 温羅（きびつひこのみことVSうら）	P124
延命長寿	武雄の大楠・夫婦檜（たけおのおおくす・めおとひのき）	P79
無病息災	山高神代桜（やまたかじんだいざくら）	P82
疲労回復	道後温泉（どうごおんせん）	P109
	草津温泉（くさつおんせん）	P109
美肌効果	草津温泉（くさつおんせん）	P109
心の癒し	秩父札所三十四観音霊場巡り（ちちぶふだしょさんじゅうよんかんのんれいじょうめぐり）	P186
万病に効く	弘法の霊水（こうぼうのれいすい）	P107
	登別地獄谷（のぼりべつじごくだに）	P108
受験合格	釣石（つりいし）	P72
	菅原道真（すがわらのみちざね）	P136
学業成就	源義経（みなもとのよしつね）	P130
	菅原道真（すがわらのみちざね）	P136
智恵・才能	御嶽山（おんたけさん）	P61
武道上達	建御雷神（たけみかづちのかみ）	P120
極楽往生	善光寺（ぜんこうじ）	P153
	西国三十三所巡り（さいこくさんじゅうさんしょめぐり）	P180
金運	金櫻（かなざくら）	P82
	秩父今宮神社（ちちぶいまみやじんじゃ）	P93
	金蛇水神社（かなへびすいじんじゃ）	P94
	蛇窪神社（へびくぼじんじゃ）	P95
	銭洗弁財天宇賀福神社（ぜにあらいべんざいてんうがふくじんじゃ）	P105
	穴八幡宮（あなはちまんぐう）	P157
	金華山黄金山神社（きんかさんこがねやまじんじゃ）	P162
	今宮戎神社（いまみやえびすじんじゃ）	P163
商売繁盛	鹽竈神社（しおがまじんじゃ）	P151
	豊川稲荷東京別院（とよかわいなりとうきょうべついん）	P156
	穴八幡宮（あなはちまんぐう）	P157
	今宮戎神社（いまみやえびすじんじゃ）	P163
五穀豊穣	若狭神宮寺の閼伽井（わかさじんぐうじのあかい）	P107
	天照大御神（あまてらすおおみかみ）	P116

参考文献

- 岡本亮輔『聖地巡礼 - 世界遺産からアニメの舞台まで』中公新書　2015年
- 岡本亮輔『江戸東京の聖地を歩く』ちくま新書　2017年
- 岡本亮輔『宗教と日本人 - 葬式仏教からスピリチュアル文化まで』中公新書　2021年
- 宮田登『江戸のはやり神』法蔵館文庫　2023年
- 鈴木正崇『山岳信仰 - 日本文化の根底を探る』中公新書　2015年
- 五来重『石の宗教』講談社学術文庫　2007年
- 小松和彦『神になった日本人 私たちの心の奥に潜むもの』中公新書ラクレ　2020年
- 中村雅彦『祈りの研究 現世利益の実現』東洋経済新報社　2008年
- 平藤喜久子『日本の神様解剖図鑑』エクスナレッジ　2017年
- 瓜生中『日本の仏様解剖図鑑』エクスナレッジ　2020年
- ジャパンナレッジ　https://japanknowledge.com

※その他、各都道府県の観光サイト、各寺社仏閣ホームページなどを参考にさせていただきました。

profile

監修

岡本亮輔

1979年東京生まれ。筑波大学大学院人文社会科学研究科修了。博士（文学）。北海道大学大学院国際広報メディア・観光学院教授。専攻は宗教学と観光学。著書に『聖地と祈りの宗教社会学―巡礼ツーリズムが生み出す共同性』（春風社）、『聖地巡礼―世界遺産からアニメの舞台まで』（中公新書）『創造論者vs.無神論者 宗教と科学の百年戦争』（講談社選書メチエ）など。

著者

えいとえふ

編集者＆ライターAとFのエディターユニット。著書に『日本怪異伝説事典』『世界怪異伝説事典』（笠間書院）、『創作のための呪術用語辞典』『創作のための魔術＆錬金術用語辞典』（玄光社）など。

デザイン	米倉英弘（米倉デザイン室）
イラスト	古賀マサヲ
DTP	竹下隆雄（TKクリエイト）
編集	久保彩子
印刷・製本	シナノ書籍印刷

日本の聖地
解剖図鑑

2025年5月1日　初版第1刷発行
2025年5月26日　　第2刷発行

監修　岡本亮輔
著者　えいとえふ
発行者　三輪浩之

発行所　株式会社エクスナレッジ
〒106-0032
東京都港区六本木7-2-26
https://www.xknowledge.co.jp/

問合せ先　編集　Tel：03-3403-6796
Fax：03-3403-0582
info@xknowledge.co.jp
販売　Tel：03-3403-1321
Fax：03-3403-1829